Eine neue Dimension

Geist und Psyche

Psychologisch und psychotherapeutisch relevante Aspekte des Tibetischen Buddhismus

von Albrecht Frasch

Die Deutsche Bibliothek - CIP-Einheitsaufnahme

Frasch, Albrecht:
Eine neue Dimension : Geist und Psyche – psychologisch und psychotherapeutisch relevante Aspekte des tibetischen Buddhismus / Albrecht Frasch. – 2. Aufl.
Horst: Tashi-Verl. für Buddhistische Literatur, 1999

ISBN: 3-9806802-3-1

Tel. & Fax: 04126 / 39 44 55
e-mail: tashi-verlag@gmx.de
http://www.tashi-verlag.de

Verfasser: Albrecht Frasch

Satz: Albrecht Frasch
Umschlaggestaltung: Bruno Seibert Medienservice
Umschlagfoto: © Matthias Schütz
Druck und Einband: Libri Books on Demand
Printed in Germany

Vom Zeitpunkt seiner Geburt an ist man auf die Sorge und die Freundlichkeit der eigenen Eltern angewiesen. Später im Leben, wenn man mit den Leiden konfrontiert wird, krank zu werden und dem Alterungsprozeß ausgesetzt zu sein, ist man wiederum von der Freundlichkeit anderer abhängig. Warum sollte man in der Mitte seines Lebens nicht Freundlichkeit gegenüber anderen Wesen üben, wenn man doch am Anfang und am Ende seines Lebens die Freundlichkeit anderer in Anspruch nehmen muß?

S.H. der vierzehnte Dalai Lama

Noch nie war das Verhältnis zum Tod so armselig wie in diesen Zeiten der geistigen Dürre, in der die Menschen nur ans Leben denken und dem Mysterium ausweichen. Sie übersehen dabei, daß sie so der Lust am Leben eine wesentliche Quelle nehmen.

François Mitterand, 1995 *(zitiert nach: Focus 3, 1996, S. 182)*

Inhaltsverzeichnis

Meinen geistigen Lehrern,
denen ich unendlich viel zu verdanken habe

Vorwort

Dieses Buch wendet sich an alle, die der heute noch ‚lebenden' Übertragung des Tibetischen Buddhismus Interesse entgegenbringen, speziell aber an Angehörige von Heilberufen – insbesondere psychologische Berater/Therapeuten – sowie an solche Menschen, die vor der Frage stehen, welcher Therapieform sie sich anvertrauen sollen. Obschon es keine einfachen Antworten offeriert, möchte es all jene, die sich ernsthaft mit der Frage beschäftigen, was das Wesen des Menschen ausmacht und warum seine psychische Befindlichkeit solche Störungen erfahren kann, daß er von leidhaften Geisteszuständen mehr [*psychotisch*] oder weniger [*neurotisch*] vereinnahmt wird, dazu inspirieren, sich konsequenter mit der Natur ihres Geistes zu befassen. Welche Tradition hätte auf diesem Feld mehr zu bieten als die an theoretischem Wissen und spirituellen Methoden so reiche Überlieferung des Tibetischen Buddhismus?

Nicht verhehlen möchte ich, daß ich dieses Buch nicht mit einer Distanziertheit und Unvoreingenommenheit verfassen konnte, die ein Nicht-Buddhist diesem Gegenstand entgegenbringen würde. Allerdings bezweifle ich ernstlich, ob jemand, der nicht dazu bereit ist, sich ‚mit Haut und Haaren' in die theoretische Auseinandersetzung mit dem [*Tibetischen*] Buddhismus und dessen praktischen Übungen – den konzentrativen und meditativen Methoden – hineinzubegeben, dazu in der Lage wäre, diese Materie auf einem angemessenen Niveau zu präsentieren. Ohne mir den Anschein der Objektivität zu geben, habe ich mich bemüht, die Nahtstelle zwischen dem [*Tibetischen*] Buddhismus einerseits und den Gebieten der Psychologie und der Psychotherapie andererseits, die nach einer Abrundung ‚nach innen' – d.h. in das Wesen des menschlichen Geistes bzw. Bewußtseins hinein – verlangen, aufzuzeigen.

Ich bedauere außerordentlich, hauptsächlich solche Quellenangaben zu buddhistischer Originalliteratur anführen zu können, die entweder eigene Übersetzungen aus dem Tibetischen oder eigene Bearbeitungen der mündlichen Kommentierungen zu solchen grundlegenden Texte darstellen, die von den höchsten zeitgenössischen Gelehrten der Kagyü-Tradition des Tibetischen Buddhismus gehalten worden sind. Leider sind bislang nicht einmal im Englischen die grundlegendsten Texte der buddhistischen Philosophie und Psychologie [*insbesondere die Schriften zum Abhidharma*] erschienen. In Großbrittannien, in Indien und in den USA wurden zwar immer schon relativ viele Texte der buddhistischen Literatur verlegt; Stiefkinder der Veröffentlichung blieben allerdings – von einigen wenigen Ausnahmen abgesehen – Publikationen über buddhistische Logik und Erkenntnistheorie, buddhistische Philosophie und Psychologie, obwohl hierzu eine unermeßliche Fülle an tibetischer Originalliteratur existiert.

Leserinnen und Leser, die sich an die Lektüre dieses doch recht komplexen, nicht ganz leicht eingängigen Stoffes wagen, möchte ich gleich zu Beginn in einigen Punkten um Nachsicht ersuchen:

> Zunächst bitte ich um Verständnis dafür, daß ich bei Personenbeschreibungen, Funktionen und Rollen nicht durchweg sowohl die weiblichen als auch die männlichen Formen [*bzw. die weiblichen und männlichen Endungen*] und/oder Personalpronomina ausformulieren konnte. Dies erwies sich bei dem Umfang des darzustellenden Gegenstandes als nicht durchführbar [*die ohnedies schwierige Lesart hätte darunter nur weiter gelitten*]. Wo immer möglich, habe ich jedoch die durch die deutsche Sprache nahegelegte Maskulinisierung in der Darstellung durch Verwendung des Plural oder durch geschlechtsneutrale Formulierungen zu vermeiden gesucht.
>
> Bedauerlicherweise erschweren lange Sätze und verschachtelte Satzkonstruktionen die Lesbarkeit. Dieser Umstand scheint mir dadurch entschuldbar, daß sich komplexe philosophische und psychologische Sachverhalte nur um den Preis eines gewissen Verlustes an Genauigkeit in einfache Formulierungen kleiden liessen. Dieses Buch versteht sich jedoch nicht als populärwissenschaftliche Publikation, die das Niveau der Darstellung ihres Inhaltes der Einfachheit der Darstellung zu opfern bereit ist. Dennoch möchte ich ausdrücklich versichern, daß die Verständlichkeit dieses Buches prinzipiell nicht darunter leidet: Trotz seines ungewöhnlichen Gegenstandes, dicht gepackter Informationen und einer Fülle von in den Text integrierten Definitionen und Erklärungen ist es auch für Laien verständlich, auch wenn – insbesondere wegen der zahlreichen in eckigen Klammern eingefügten Einschübe – der eine oder andere Satz u.U. mehrmals gelesen werden muß.

Ich danke meinen spirituellen Lehrern, die mir den Zugang zu all dem Wissen erst erschlossen haben, auf das ich in diesem Buch Bezug nehme. Gedankt sei ferner meinen Eltern, die meine unkonventionelle Lebensführung immer wieder unterstützt haben. Meiner Frau möchte ich ganz herzlich für ihre Anregungen und das Korrekturlesen des Manuskripts danken. Wenn ich mit diesem Buch nur geringfügig dazu werde beitragen können, daß buddhistisches Gedankengut und buddhistische Erkenntnisse und Einsichten Eingang in das psychologische/psychotherapeutische Vorgehen findet, wären die Anstrengungen aller Beteiligten, die es erst möglich gemacht haben, daß dieses Buch veröffentlicht werden konnte, nicht sinnlos gewesen. Deshalb möchte ich an dieser Stelle auch all denen danken, die dieses Unterfangen in der einen oder anderen Weise unterstützt haben.

Albrecht Frasch

Einführung

Schon als Psychologiestudent vermißte ich alle Aussagen darüber schmerzlich, was denn in dieser Wissenschaft überhaupt unter dem menschlichen Geist bzw. dem menschlichen Bewußtsein, das zu untersuchen und zu beeinflussen sich die Psychologie doch zum Ziel gesetzt hat, zu verstehen ist. Auch während meiner eigenen Forschungstätigkeit am Psychologischen Institut der Universität Heidelberg konnte ich keine Positionen entdecken, die namhafte Forscher über die menschliche Psyche vertreten hätten. Stattdessen scheint mir sämtlichen wissenschaftlichen Arbeiten zur Persönlichkeitstheorie gemeinsam zu sein, daß sie in einer unausgesprochenen Weise auf sog. Menschenbilder rekurrieren, die sehr allgemein gehalten sind und keine weitreichenden Aussagen zur Beschaffenheit der menschlichen Psyche treffen.

Von der Überzeugung geleitet, daß ‚psychische Merkmale' wie beispielsweise die Intelligenz eine physische Basis haben, erhoben bereits im letzten Jahrhundert Wissenschaftler wie Sir Francis Galton an einer Vielzahl von Probanden empirische Daten und ermittelten daraufhin die interindividuellen Unterschiede zwischen den einzelnen Versuchspersonen. Die Verteilung dieser einzelne Personen voneinander unterscheidenden Variablen der Persönlichkeit wurde schließlich einer mathematisch/statistischen Bearbeitung zugeführt, um beispielsweise den von Karl Pearson – einem Schüler Galtons – entwickelten Korrelationskoeffizienten einzelner Meßwerte zu ermitteln. Von diesem und ähnlichen statistischen Koeffizienten erhoffte man sich verläßliche Aussagen über das Konstrukt [*künstlich geschaffener Begriff*] Psyche [*vgl. beispielsweise Galton, F.: Inquiries into Human Faculty and its Development;* MCMILLAN 1883].

Die wohl extremste Position zum Menschenbild wurde von den Theoretikern der in ihrem Ursprungsland ‚Behaviorismus' genannten Verhaltenstheorie [*vgl. beispielsweise Watson, J.B.: Psychology as the Behaviorist*

Views it; PSYCHOLOGICAL REVIEW 1913, *20, S. 158 – 177; oder Watson, J.B.: Behaviorism;* UNIVERSITY OF CHICAGO PRESS 1930] vertreten, die auch heute noch die Ansicht vieler Forscher darüber maßgeblich prägen dürfte, was denn eigentlich unter dem Menschlichen bzw. dem den Menschen Eigentümlichen zu verstehen sei. Der radikale Behaviorismus definiert dementsprechend, daß „ ... Menschen bzw. der menschliche Geist als ‚black boxes' der Erforschung nicht zugänglich sind, sondern es kann lediglich der Ort oder Punkt von Kontingenzen zwischen operantem Verhalten und Reinforcements von Seiten der Umwelt festgestellt werden [*vgl. beispielsweise Skinner, B.F.: Science and Human Behavior;* MCMILLAN 1953]."

Zeitgenössischen Persönlichkeitstheoretikern zufolge handelt es sich bei dem Begriff ›Persönlichkeit‹ um ein „ ... extrem allgemeines Konstrukt, das gleichsam die Summe der auf menschliches Erleben und Verhalten bezogenen Konstrukte, deren Wechselbeziehungen untereinander und Interaktionen mit organismischen, situativen und Außenvariablen darstellt [*vgl. Herrmann, Th.: Lehrbuch der empirischen Persönlichkeitsforschung;* HOGREFE 1976, *S. 34*]." Pawlik definiert die menschliche Persönlichkeit als „ ... die Gesamtheit reliabler inter- und intraindividueller Differenzen im Verhalten sowie deren Ursachen und Wirkungen [*vgl. Pawlik, K.: Zur Frage der psychologischen Interpretation von Persönlichkeitsfaktoren;* ARBEITEN AUS DEM PSYCHOLOGISCHEN INSTITUT DER UNIVERSITÄT HAMBURG 22, 1973]." Diese intra- und interindividuellen Unterschiede werden heute einmal als Reaktionen auf vorgegebene Reize, dann als Gewohnheiten – also gelernte Verbindungen zwischen Reizmustern und bestimmten Reaktionen – oder schließlich als Dispositionen – d.h. als indirekt erfaßte Persönlichkeitsmerkmale bzw. individuelle Persönlichkeitseigenschaften – erfaßt und gemessen. Nach Allport stellen ‚Traits' [*relativ überdauernde Persönlichkeitseigenschaften wie etwa Ängstlichkeit, Aufgeregtheit etc.*] „ ... ein verallgemeinertes und fokalisiertes neuropsychisches System dar, das dem Individuum eigentümlich ist, mit der Fähigkeit, viele

Reize funktionell äquivalent zu machen und konsistente äquivalente Formen von Handlung und Ausdruck einzuleiten und ihren Verlauf zu lenken [*vgl. Allport, G.W.: Persönlichkeit, Struktur, Entwicklung und Erfassung der menschlichen Eigenart;* HAIN, *2. Auflage* 1959, *S. 296*].“ Außerdem sind unter diesen Persönlichkeitsmerkmalen nicht nur „ ... gedankliche und abstrakte Konstruktionen zu verstehen, sondern sie sind empirisch/materielle Realität in Form anatomischer, neuraler und psychischer Strukturen sowie internaler Vermittlungsprozesse; sie haben eine bio-physische Existenz – d.h. sie sind unabhängig vom Beobachter ‚wirklich vorhanden' [*vgl. Allport, G.W.: Traits revisited;* AMERICAN PSYCHOLOGIST 1966, *21*, *110*].“

Gleichgültig ob die die menschliche Psyche untersuchenden Forscher ihrem Forschungsgegenstand durch die Erfassung von Persönlichkeitsmerkmalen, durch die Zuordnung von Individuen zu bestimmten Typen, die Aufschlüsselung faktorenanalytischer Persönlichkeitssysteme oder die Erforschung des ›Unbewußten‹ im Sinne der Psychoanalyse gerecht zu werden versuchen – eine zentrale Aussage über die Beschaffenheit und Funktion der Psyche selbst wollten oder konnten sie bislang nicht liefern. Auch wenn Psychologen eine Vielzahl von Theorien darüber anbieten, was sich am menschlichen Verhalten mit einer gewissen Wahrscheinlichkeit ändern wird, nachdem man bestimmte situative Aspekte in einer bestimmten Weise beeinflußt hat, erwies sich die Psyche, der Persönlichkeitskern [*die Entität, die sich subjektiv als ein ›Ich‹ erlebt*], die Seele oder das dem Menschen Eigentümliche als der direkten Erforschung durch die Wissenschaft nicht zugänglich. Wenn man persönlichkeitspsychologisches Schrifttum daraufhin analysiert, drängt sich einem der Eindruck auf, daß Wissenschaftler anscheinend keine Kernaussagen über die menschliche Psyche treffen wollen und die Frage, worum es sich beim menschlichen Geist bzw. beim menschlichen Bewußtsein handelt, an die Metaphysik oder die Religion weiterreichen.

Mutiger in ihren Aussagen darüber, worum es sich beim menschlichen Geist an sich handelt, zeigen sich Physiologen und neuerdings auch Biotechnologen, deren Wissenschaftszweig die Genforschung in großen Schritten vorantreibt. Natürlich geht es insbesondere in der Humangenetik auch immer um eine Legitimierung von Versuchen, bei denen Forscher durch Manipulation an der Erbsubstanz im Zellkern neue Formen pflanzlichen und tierischen Lebens erzeugen und nicht nur pflanzliche Komplexe, sondern selbst tierische Wesen durch das sog. ‚Klonen' zu duplizieren in der Lage sind. Zwar sind Humanversuche im Großen und Ganzen noch verpönt; eine Wissenschaft, die jedoch den Geist, das Bewußtsein bzw. die Psyche in erster Linie als Eigenschaft des Körperlichen versteht, wird sich nicht lange von Skrupeln zurückhalten lassen – wenn die technischen Gegebenheiten dies gestatten –menschliche Wesen mit bestimmten körperlichen und psychischen Merkmalen zu züchten und herzustellen.

Maßgebliche Vertreter der sog. ‚Hirnforschung' – d.i. ein interdisziplinärer Forschungszweig, an dem Neurobiologen, Mediziner, Psychologen und Informatiker zusammenarbeiten, um den Geist zu ergründen – haben sich dementsprechend a priori auf das Axiom verständigt, daß „ ... geistige Phänomene ein Produkt der materiellen, von physikalischen Gesetzen bestimmten Welt sind [*vgl. beispielsweise Edelman, G.M.: Göttliche Luft, vernichtendes Feuer. Wie der Geist im Gehirn entsteht;* PIPER 1995]." Die zeitgenössische Wissenschaft vertauscht also das auf den Philosophen Descarte zurückgehende Paradigma von der Dualität von Körper und Geist mit der Prämisse, den Geist aus materiellen Vorgängen – den Prozessen im Cortex – heraus zu erklären. Ihrer Ansicht nach kann nur die biologische Phylogenese den Schlüssel zum Verständnis des menschlichen Denkens und Bewußtseins liefern. Andere Forscher versuchen, der komplexen Thematik mithilfe der Heisenberg'schen Unschärferelation gerecht zu werden; sie untersuchen quantenmechanische Mikrotubuli, die in der Lage sollen, das Verhalten von Einzellern zu steuern [*vgl. Pen-*

rose, R.: Schatten des Geistes; SPEKTRUM 1995], oder erklären die synaptischen Verbindungen der Nervenzellen im Cortex zur Schaltstelle zwischen Gehirn und Geist [*vgl. Eccles, J.: Wie das Selbst sein Gehirn steuert;* PIPER 1995].

Auch auf den Gebieten der Philosophie [*insbesondere der Wissenschaftstheorie*] und der Psychologie bemüht man sich, eine Brücke zu den Naturwissenschaften zu schlagen. Beispielsweise wird das Gehirn im ‚spekulativen Modell' Metzingers folgerichtig als informationsverarbeitendes System aufgefaßt, und Wahrnehmungen werden als Gehirnzustände beschrieben, die die aufgenommene Information quasi abbilden [*vgl. Metzinger, Th. (Hrsg.): Bewußtsein. Beiträge aus der Gegenwartsphilosophie;* SCHÖNINGH VERLAG 1995]; wie allerdings der Schritt vom körperlich-neuronalen Prozeß zum Bewußtsein vollzogen werden soll, vermag auch die These von der Vorstellung eines ›Ich‹, das dadurch zustandekomme, daß ein biologisch determiniertes Selbstbild bzw. ‚Selbstbewußtsein' irrtümlich für wirklich gehalten werde, nicht befriedigend zu erklären.

Scheinbar sollen diese und ähnliche wissenschaftstheoretischen Einordnungen des Zusammenhanges zwischen Körper und Geist den Boden für die Vorgehensweisen ebnen, die aufgrund der alle Prognosen sprengenden Erfolge in der Gentechnologie in den Bereich des Möglichen und Machbaren rücken. Da Genom-Analysen bei Neugeborenen, die häufig die Tötung ungewollten ungeborenen Lebens zur Folge haben [*in den USA und Indien es kommt beispielsweise bei Nachweis eines weiblichen Fötus sehr häufig zu Schwangerschaftsabbrüchen*], längst praktiziert werden, und Eingriffe in das Genom der Keimbahnzelle [*also Veränderungen der Erbanlage in Richtung auf gewünschtes Erbgut*] am Menschen immer offener von Medizinern und Biologen diskutiert werden, verbietet es sich schon aus Gründen der Vorsicht, dem Regulativ der wissenschaftlichen Selbstkontrolle uneingeschränkt zu trauen. Strenge Richtlinien sollten das Vorgehen der Wissenschaftler eingrenzen. Stattdessen werden beispielsweise die Rufe aus dem Lager der sog. ‚Bioethiker' [*einer fragwürdigen Vereinigung von Wissenschaftlern, die Behinderte und andere Randgruppen durch die Einschränkung ihrer Rechte – insbesondere der Selbstbestimmung bezüglich des eigenen Körpers – quasi zu lebenden Ersatzteillagern degradiert*] und von Kritikern der vermeintlich zu liberalen und zu teueren Sozialgesetzgebung nach einer abgeschwächten Euthanasie immer lauter. Da die Regierenden grundsätzlich dazu neigen, die Individualrechte zugunsten des technisch Machbaren und dadurch auch wirtschaftlich Verwertbaren zu beschneiden, zeichnet sich bezüglich der Einhaltung ethischer Grundsätze bei der Gentechnologie eine bedrohliche Entwicklung ab. Der Philosoph Zimmerli formuliert dementsprechend: „Der technologische Imperativ, daß das Gekonnte auch gesollt sei, verliert an Plausibilität; dafür hört man immer häufiger, daß die moralische Entwicklung des Menschen mit seiner technischen nicht Schritt halte. ... Mit der Gentechnologie rückt die Möglichkeit zu profundem Frevel in den Bereich des Machbaren. ... So wird denn allerorten der Ruf nach einer neuen Ethik laut, die diese Probleme bewältigen helfen soll [*Zimmerli, C. W.: Dürfen wir, was wir können? Zum Verhältnis von Recht und Moral in der Gentechnik;* VORTRAG VOR DER JURISTISCHEN STUDIENGESELLSCHAFT UND DER LEIBNITZ-GESELLSCHAFT HANNOVER, 1985]." Wer jedoch die öffentliche Diskussion zu diesem Themenkomplex während des mittlerweile verstrichenen Jahrzehnts in der Bundesrepublik Deutschland verfolgt hat, dem drängt sich eher der Eindruck auf, daß dieser Ruf längst wieder verstummt ist.

Auch im Bereich der Psychotherapie ist das Verständnis davon, worum es sich bei der menschlichen Psyche handelt [*d.h. wo die menschliche Psyche herkommt, in welcher Weise sie sich manifestiert, welche Funktionen sie erfüllt, und wohin sie nach dem Tod geht?*], sehr undifferenziert. Natürlich unterscheiden sich die verschiedenen Ansätze weitgehend voneinander, aber dennoch neigt man auch hier generell dazu, die Psyche als etwas Gegebenes – wenn auch gänzlich Unerforschbares – zu betrachten und alle Abweichungen vom sog. ‚Normalen' als behandlungsbedürftig zu erachten.

Die Gesprächspsychotherapie präsentierte bis vor kurzem überhaupt kein Störungsmodell psychischer Dysfunktionen. Erst aufgrund einer jüngst vollzogenen Verschärfung ihrer Ausbildungsrichtlinien, die im Zuge des derzeit anstehenden Psychotherapeutengesetzes für eine ausreichende Wissenschaftlichkeit bei der ,wissenschaftlichen Gesprächspsychotherapie' sorgen sollte, vollzog man hier mittlerweile die Wende zu einem vorwiegend psychoanalytisch orientierten Verständnis psychischer Störungen. Dementsprechend bemüht man sich derzeit um die Erstellung einer Krankheitslehre in der Gesprächspsychotherapie [*vgl. etwa Graessner, D.: Gesprächspsychotherapeutische Krankheitslehre; in:* ZEITSCHRIFT DER GESELLSCHAFT FÜR WISSENSCHAFTLICHE GESPRÄCHSPSYCHOTHERAPIE 98, S. *29-37*]. Der Krankheitsbegriff wird hier momentan folgendermaßen definiert: „Seelische Krankheit wird als krankhafte Störung der Wahrnehmung, der Erlebnisverarbeitung, der sozialen Beziehungen und der Körperfunktionen verstanden. Der Krankheitscharakter kommt im Wesentlichen darin zum Ausdruck, daß sie der willentlichen Steuerung durch den Patienten nicht mehr oder nur zum Teil zugänglich ist [*vgl. Faber, F. & Haarstrick, R.: Kommentar Psychotherapierichtlinien;* JUNGJOHANN 1989]." Gründe für die mangelhafte Steuerbarkeit werden zwar nicht formuliert, scheinen jedoch nach dem ,Vater der Gesprächspsychotherapie' in „ ... einer grundlegenden Inkongruenz des eigenen Selbstbildes mit dem Gesamterleben ... „ zu bestehen, die er in Störungen der frühkindlichen Entwicklung verursacht sieht [*vgl. Rogers, C.R. & Wood, J.K.: Klientenzentrierte Theorie; in Rogers, C.R.: Therapeut und Klient;* KINDLER 1974]. Hier wie in der Verhaltenstherapie, der Gesprächstherapie oder der Psychoanalyse – um nur die großen, allgemein anerkannten Psychotherapieformen zu nennen – wird nicht der Psyche bzw. dem Kern menschlichen Erlebens die hauptsächliche Aufmerksamkeit geschenkt, sondern man konzentriert sich in erster Linie auf die Erstellung eines Störungsmodells – auch wenn nicht klar ist, welche wie beschaffene Entität denn nun den Gegenstand der Störung ausmachen soll.

Anscheinend vermeiden Natur- und Geisteswissenschaftler der verschiedensten Richtungen aus dem Grund die Auseinandersetzung mit dem menschlichen Geist bzw. dem menschlichen Bewußtsein bzw. der menschlichen Psyche, weil jene sich als der direkten Beobachtung nicht zugänglich erweist. Weder vermag man über sich selbst noch über andere zu sagen, was den Kern des eigenen Erlebens bzw. den Kern des Erlebens anderer Menschen ausmacht. Naive – d.h. keinen erkenntnistheoretischen Interessen nachgehende – Zeitgenossen schwanken zwischen den beiden Extrempositionen eines streng materialistisch gefärbten Geist-Begriffs einerseits, der das menschliche Bewußtsein als Entäußerung des menschlichen Gehirns versteht, und eines extrem metaphysisch orientierten Menschenbildes andererseits, das die Dualität zwischen Geist und Materie respektive deren völlige Unvereinbarkeit miteinander betont, hin und her. Das metaphysische Menschenbild verbietet eine Sichtweise, die Geist oder Bewußtsein als Funktion eines körperlichen Organs [*beispielsweise des Gehirns*] auffaßt, und versteht stattdessen den menschlichen Geist entweder unter religiösen oder sonstigen esoterischen Gesichtspunkten: Als religiös wäre hierzulande die Auffassung vom menschlichen Geist als der Seele, die dem Menschen von Gott gegeben [*eigentlich ‚eingehaucht';* DAS ALTE TESTAMENT – *1. Buch Mose 2, 22-23*] worden ist und die dementsprechend das Göttliche im Menschen reflektiert, zu verstehen. Esoterische Auffassungen begreifen das menschliche Bewußtsein zumeist als noch ‚jüngere' oder schon ‚ältere' Seele, die also bereits unterschiedlich häufig wiedergeboren sei und immer noch unter dem Eindruck der Leiden vergangener Existenzen stehe; ihr sei mittels sog. ‚Rückführungen' in frühere Existenzen, die Einsicht in ursprüngliche Verursachungen von Leid erzeuge, oder mit der anhand von Karten, Horoskopen etc. betriebenen Ermittlung günstiger Umstände oder günstiger Zeitpunkte für bestimmte Vorhaben zu helfen. Wie und wann eine solche Seele ursprünglich entstanden ist, darüber werden aber auch in diesen amorphen Systematiken keinerlei Angaben gemacht. Autoren, die solche Ansätze darstellen, beziehen sich – zumeist implizit – auf eine Mischreligion, die christliche, hinduistische, muslimische und buddhistische Elemente enthält und sämtliche in diesen Religionen vertretenen Standpunkte miteinander zu vereinen versucht.

Interessierte Zeitgenossen pendeln auch bei der Diskussion solch zentraler Fragen wie Organverpflanzung, Hirntod, Bestattungsformen etc. je nach diskutiertem Schwerpunkt zwischen dem Beziehen extrem materialistisch gefärbter und einer extrem dualistisch gefärbter Positionen bezüglich der Beschaffenheit des menschlichen Geistes hin und her. Da sich diese Fragen bezüglich des Letztendlichen nicht ad hoc beantworten lassen und da Zentraleuropäer sich traditionellerweise der christlichen Religion verpflichtet fühlt, in die sie sozusagen ‚hineingeboren' wurden, müssen solche Fragen schließlich wieder einmal zurückgestellt oder an kompetentere Stellen weitergeleitet werden. Am undifferenzierten Umgang mit den erwähnten Extrempositionen ändert sich dadurch selbstredend nichts.

Nachdem ich nach Abschluß meiner Forschungsarbeiten ein Jahrzehnt lang die Theorie des Mahayana-Buddhismus studiert habe – zunächst am MARPA INSTITUTE FOR TRANSLATORS in Kathmandu/Nepal und anschließend am KARMAPA INTERNATIONAL BUDDHIST INSTITUTE in New Delhi/Indien, wo ich unter Anleitung von in der Überlieferungslinie stehenden Kapazitäten der Karma-Kagyü-Tradition [*zur Bedeutung der Überlieferungslinie siehe die Ausführungen im fünften Kapitel; s. S. 201ff*] die bedeutsamsten Texte zur buddhistischen Psychologie und zur buddhistischen Erkenntnistheorie studierte, reifte in mir immer mehr der Wunsch heran, Kollegen, die sich in einem wissenschaftlichen oder therapeutischen Rahmen mit Menschen befassen, sowie allgemein an Psychologie Interessierte mit Informationen darüber zu versehen, was der historische Buddha schon vor zweitausendfünfhundert Jahren über die Psyche gesagt hat, und was – wie ich meine – während dieser Zeit in keinster Weise an Aktualität verloren hat.

Ich würde es natürlich begrüßen, wenn ich durch diesen Text dazu beitragen könnte, einige grundsätzliche Mißverständnisse und Vorurteile auszuräumen, die dem Buddhismus immer wieder aus Unwissenheit angelastet werden. Erst recht würde ich mich darüber freuen, wenn ich durch dieses Buch einige in den verschiedenen Heilberufen Tätige erreichen und deren Vorstellung über dasjenige in allen Menschen, das mit ihrem Körper geboren wird, das Leben durchlebt und schließlich ihr Sterben erfährt – nämlich ihren Geist bzw. ihr Bewußtsein – bereichern könnte.

Albrecht Frasch
Berlin, im Januar 1996

I. Das Bewußtsein in der Sicht des Abhidharma

Buddhismus und Psychologie

Buddhismus wird hierzulande in Anlehnung an die Stellung des Christentums insofern als Religion mißverstanden, als ihm fälschlicherweise als Inhalt, Sinn und Zweck die Anbetung des Buddha sowie bestimmter ‚Gottheiten' zugeschrieben wird. Das Verständnis, das dem Buddhismus im Westen entgegengebracht wurde und in großem Maße unverändert heute noch entgegengebracht wird, beruht leider immer noch in erster Linie auf den Artikeln, Berichten und Übersetzungen, die zu Anfang des zwanzigsten Jahrhunderts bis in die frühen dreißiger Jahre hinein von den sog. ‚Altbuddhisten' [*um nur Georg Grimm, W.Y. Evans-Wentz und Paul Dahlke zu nennen*] verbreitet wurden und zum Teil auf einer recht lückenhaften Kenntnis des Gegenstandes beruhten. Außerdem mußten jene ersten Übersetzer auf Wörterbücher zurückgreifen, die Jahrhunderte zuvor von Jesuitenpatern angefertigt worden waren, die einst in das ‚verbotene Land' Tibet aufgebrochen waren, um dort das Christentum zu verbreiten [*ohne jeden Erfolg, obwohl sie i.d.R. nicht gewaltsam an ihrer Missionarstätigkeit behindert wurden; vgl. dazu John Bray: Das Tibetbild der Missionare im 19. und frühen 20. Jahrhundert; in: Thierry Dodin & Heinz Räther (Hrsg.): Mythos Tibet;* DuMont 1997]. So nimmt es nicht Wunder, wenn in jenen ‚alten' Übersetzungen immer wieder christliches Gedankengut durchschimmert, wie es sich beispielsweise in der oben erwähnten Verehrungsvorstellung widerspiegelt [*vgl. beispielsweise die im Jahre 1937 von dem anerkannten Tibetologen W.Y. Evans-Wentz, der ehemals als Professor am Jesus-College in Oxford lehrte, angefertigte Bearbeitung des Werkes: ›Milarepa, Tibets großer Yogi‹, die angesichts des derzeit immens gestiegenen Wissensstandes zur Thematik verwunderlicherweise auch heute noch allgemein als Standardwerk über Tibetischen Buddhismus gilt*].

Hier soll natürlich nicht geleugnet werden, daß die Person des historischen Buddha im Buddhismus verehrt wird – die Statue Buddha Shakyamunis steht in den buddhistischen Ländern auf unzähligen Altären. Obwohl sich sämtliche Buddhisten vor solchen Bildnissen des historischen Buddha rituell verneigen, wird der Buddha nicht in einer gottgleichen Weise angebetet, da er nicht als Schöpfergott angesehen wird, dem Buddhisten für die Erschaffung der Welt und letztlich sogar für die eigene Existenz zu danken hätten. Vielmehr wird er als derjenige verehrt, dem es als letztem auf dieser Erde gelungen ist, den Zustand der vollkommenen Erleuchtung zu verwirklichen [*der Terminus ‚vollkommen vervollkommnete Erleuchtung' ist im tibetischen Schrifttum den tausend Buddhas dieses Weltzeitalters vorbehalten, die aufgrund des Beschreitens des sog. Großen Fahrzeugs des Mahayana – beispielhaft für alle Wesen – zur Erleuchtung gelangten; der vierte dieser ‚Buddha' genannten vollkommen realisierten Individuen namens Shakyamuni verstarb vor cirka zweitausendfünfhundert Jahren. Die Methoden des diamantenen Fahrzeugs des Vajrayana, die von dreien dieser Buddhas – dem vierten, dem sechsten und dem letzten Buddha – gelehrt werden, gestatten die Realisierung der Erleuchtung günstigstenfalls in einer einzigen Lebenszeit, jedoch nur für diejenigen, die sich – ebenso wie Milarepa – jahrzehntelang jeden Moment ihres Lebens der Meditation widmen*]. Insofern verkörpert Buddha im Buddhismus eher ein Prinzip als ein Individuum; es ist Buddha – der erleuchtete Zustand – den jeder praktizierende Buddhist zu verwirklichen trachtet!

Buddha – der erleuchtete Zustand – kennzeichnet die vollkommene Transzendenz aller leidhaften Geisteszustände sowie die Erkenntnis, daß alle Erscheinungen der relativen Welt, die spirituell unentwickelte Menschen für wirklich halten, in einem letztendlichen Sinne bzw. auf der Ebene der absoluten Wirklichkeit nicht existieren. Wer sämtlichen Ereignissen und Geschehnissen mit einer unpersönlichen Distanz zu begegnen vermag, die auch dann noch aufrechterhalten werden kann, wenn die Erfahrungen eine unangenehme, schmerzhafte und leidvolle Qualität annehmen, und wer sich überdies jeden Augenblick seines Lebens vollkommen darüber im Klaren ist, daß alle materiellen Dinge, aber auch alle eigenen Gedanken und Gefühle nur von einer trügerischen, scheinbaren Wirklichkeit sind, die dem Individuum wie die vorgetäuschten Illusionen in der Show eines Illusionisten eine vermeintliche Wirklichkeit lediglich vorgaukeln, und wer deshalb die Totalität der Geschehnisse auf einer vollkommen reinen Ebene wahrzunehmen vermag, der hat Buddha – den erleuchteten Zustand – verwirklicht. Daß es bis dahin jedoch ein langer und dornenreicher Weg ist, wird schon daraus ersichtlich, daß in der Meditation relativ ungeübte Individuen zu keinerlei geistiger Kontrolle mehr in der Lage sind, wenn sie von Erkrankungen, Schmerzen oder sonstigen Bedrohungen in geistigen Aufruhr versetzt worden sind.

Buddhismus (skrt: Dharma, tib: chos) bedeutet wörtlich: ‚Wie die Dinge sind'. Bei dem, was im Westen als ‚Buddhismus' bekannt ist, handelt es sich also eigentlich nicht um eine Religion, sondern eher um einen Fahrplan, wie gewöhnliche Menschen, deren Bewußtseine mit einer Vielzahl negativer Eindrücke belastet sind, es bewerkstelligen können, selbst einen Zustand ständig zunehmender geistiger Klarheit, unvorstellbaren inneren Friedens und der Entfaltung sämtlicher ihrem eigenen Geist innewohnender Qualitäten [*die so phantastisch sind, daß sie von gewöhnlichen Wesen – erführen sie von ihnen – als Märchen abgetan werden würden*] zu verwirklichen. Die Erfüllung dieser Aufgabe kann nur denen gelingen, die sich zunächst theoretisch damit auseinandersetzen, ‚wie die Dinge sind', um dann, wenn ihr intellektuelles Verständnis ein gewisses Niveau erreicht hat, einen gestuften Praxisweg zu beschreiten, der es ihnen gestattet, ihre Konzentrationsfähigkeit auf ein Maß zu steigern, das ihnen den Zugang zu dem Zustand erlaubt, der üblicherweise ‚Meditation' genannt wird. Der Begriff ‚Meditation' soll in diesem Buch weiter verwendet werden, auch wenn er mittlerweile von vielen anderen Religionen und esoterischen Strömungen übernommen wurde und dadurch viele Bedeutungsverschiebungen erfahren hat. Buddhistische Meditation unterscheidet sich wesentlich von Meditationsformen, die in anderen spitituellen Traditionen Verwendung finden, als sie nicht zum Zweck hat, ein vermeintlich wirklich existierendes ›Selbst‹ zur Vollkommenheit zu entwickeln, sondern dem Individuum vielmehr dazu verhilft, aus den tiefsten Tiefen seines eigenen Unterbewußtseins heraus sämtliche irrigen Vorstellungen von einer wirklich existierenden Persönlichkeit bzw. Seele zu entfernen. Was im Licht einer Tradition, die es allen Individuen ermöglicht, sämtliche Merkmale ihres Lebens in eine alle Zusammenhänge überschauende Weisheit und ein liebevolles Mitgefühl für die Leiden der anderen Lebewesen zu transformieren, unter dem Begriff ‚Meditation' zu verstehen ist, wird weiter unten mit der gebotenen Ausführlichkeit erläutert werden. Im Rahmen einer buddhistisch inspirierten Beratung/Psychotherapie kann in diesem Rahmen jedoch allenfalls Konzentration als Vorstufe zu einer solchen Meditation vorgestellt werden.

Eines soll jedoch bereits hier zu Anfang mit aller Deutlichkeit betont werden: Buddhismus geht weit über das hinaus, was einem modernen Verständnis entsprechend unter Religion, Philosophie oder Psychologie zu verstehen ist; wie dieser Text aufzuzeigen versucht, beinhaltet er diese Themenkompexe und liefert für sie auch befriedigendere Antworten, als dies den ‚reinen Wissenschaften' [*in diesem Zusammenhang die Physik einschließlich der Metaphysik, die Medizin einschließlich der Biotechnologie sowie die Philosophie und Psychologie*] jemals gelungen wäre – allerdings nur für diejenigen, die bereit sind, die Ganzheit ihres eigenen Wollens, Denkens, Fühlens und Handelns auf den Prüfstand einer Tradition zu stellen, die sie – zwar mit einem vollkommen unvertrauten ‚psychologischen' Vokabular – unaufhörlich Erkenntnisse von unvergleichlicher Tiefe sammeln läßt. Wer stattdessen das System buddhistischen Wissens ‚von aussen' – also ohne die Bereitschaft, sich dadurch ‚am eigenen Leib' [*d.h. ‚am eigenen Geist'*] zu verändern – prüfen möchte, wird niemals bis zu einem Punkt seiner persönlichen geistigen Entwicklung vordringen können, von dem ab er erfassen könnte, um welche ungeheuren geistigen Dimensionen es sich bei Theorie und Praxis dieser Jahrtausende alten Tradition tatsächlich handelt.

Wer sich selbst als Buddhistin/Buddhisten versteht, glaubt also nicht an irgendetwas – beispielsweise an eine göttliche Entität [*etwa einen Schöpfergott*], sondern ist vielmehr damit befaßt, hartnäckig und häufig sogar unter Einsatz beachtlicher körperlicher und/oder seelischer Unannehmlichkeiten täglich daran zu arbeiten, seine eigenen Einstellungen, seine Gefühle und sein Verhalten bis ins Detail einer kritischen Überprüfung zu unterziehen sowie die Tiefe seiner Einsichtsfähigkeit und seiner Bewußtheit durch die sog. Meditationen permanent ins Unmerkliche und Subtile hinein zu steigern, wodurch er sich der Erkenntnis, die erfaßt, wie die Dinge sind, in der Tat zunehmend annähert.

Karma 1

Die in buddhistischen Texten verwendete Standardformulierung ‚gewöhnliche Menschen, deren Bewußtseine mit einer Vielzahl negativer Eindrücke belastet sind' verweist auf den häufig mißverstandenen Karma-Begriff. Karma ist kein obskurer esoterischer Begriff, sondern kennzeichnet lediglich das allgemeingültige Gesetz von Ursache und Wirkung. Diesem Gesetz zufolge geht nichts vonstatten, ohne spezifische Resultate zu erbringen. Nichts geschieht, ohne daß es dadurch – wenn auch zumeist einer äußerst subtilen Weise, die häufig erst nach langer Zeit, vermischt mit den Konsequenzen vieler anderer Ereignisse – zu einer Vielzahl charakteristischer Veränderungen in der Außenwelt und in der Psyche des vormals Handelnden kommt, die dann als Konfrontation mit bestimmten situativen Veränderungen erfahren werden. Wenn beispielsweise eine bestimmte Person ihre Position als Vorgesetzter in einer Weise mißbraucht, indem sie ihren Untergebenen deren juristisch/moralische Rechte nicht zugesteht, greift sie dadurch ganz massiv in die Leben vieler

Menschen ein und ist somit [*wir würden sagen ‚indirekt', aber die buddhistische Auffassung zeigt, daß diese Verursachungen ‚ganz direkt' in Form von vielen einzelnen Ursache-Wirkungs-Verkettungen geschehen*] für eine Unzahl von Ereignissen verantwortlich, die ohne ihr Zutun nicht in dieser Form eingetreten wären. So kann sich die Verantwortung eines Schädigers – beispielsweise eines ‚ungerechten' Vorgesetzten – selbst auf einen Wohnortwechsel und damit auch auf die Zukunft ganzer Familien sowie deren zukünftiger Sozialpartner erstrecken. Da jede einzelne ‚karmische' Konsequenz wieder von einer unüberschaubaren Vielzahl spezifischer Konsequenzen gefolgt ist, ist die persönliche Verantwortung für eigenes Handeln nach der buddhistischen Lehre immens.

Nach buddhistischem Verständnis trägt jedes Individuum die alleinige Verantwortung dafür, welche Veränderungen es durch eigenes Denken, Reden und Handeln bei anderen Individuen provoziert hat. Sogar dadurch, daß das Individuum andere Personen in einem bestimmten Licht sieht und ihr Verhalten in einer bestimmten Weise bewertet, übt es bereits einen entsprechenden Einfluß auf jene aus, auch wenn sich dieser so unmerklich, fein und subtil zeigt, daß er ihm selbst und den davon Betroffenen meist nicht in vollem Umfange bewußt wird. Um ganz allgemein die Kraft der Gedanken zu veranschaulichen, sei ein Zitat aus dem reichen buddhistischen Aphorismenschatz angeführt. Es lautet: "Was man heute denkt, sagt man morgen, und übermorgen tut man es."

Leichter zu durchschauen wird die Beeinflussung anderer durch die Art und Weise, wie man über sie spricht und wie man mit ihnen spricht. Wer sich das Ausmaß der negativen Beeinflussung anderer durch die eigene Rede vor Augen führen möchte, kann sich dem Experiment unterziehen, sich am Ende einer Reihe von Tagen die Frage vorzulegen, inwieweit man ⇨ schlecht über andere gesprochen hat, ⇨ fahrlässig Informationen weitergegeben hat, die Zwietracht zwischen anderen säen können, oder andere ⇨ ‚nur' in einer Weise direkt angesprochen hat, die deren Eigenschaften, Motive und besondere Lagen nicht in einem ausreichenden Maße würdigten. Wer sich derart nüchtern prüft, wird recht schnell einsehen, daß er nur in einer sehr bedingten und eingeschränkten Weise Herr seiner eigenen Worte ist. Eher scheint man der Sklave seiner Gewohnheitstendenzen zu sein, die in erster Linie festlegen, wie man sich anderen gegenüber auszudrückt [*und natürlich auch, wie man sich generell verhält*]; wenn ein Individuum die Art und Weise, wie es mit anderen und über sie spricht, ändern möchte, muß es sich auf eine sehr lange Zeit der geistigen Umstrukturierung einstellen, bis seine diesbezüglichen Gewohnheitstendenzen eine grundlegende Änderung erfahren haben.

Durch eigenes Handeln, aktives Eingreifen und tatsächliches Tun dagegen üben Individuen den direktesten und effektivsten Einfluß auf andere Menschen aus. Dementsprechend treten hier auch die Wirkungen am unmittelbarsten und stärksten zutage. Deshalb ist das Karma [*eigentlich: ‚die spezifische Wirkung einer bestimmten Handlung'*], das durch das eigene tätliche Verhalten bewirkt wird, am stärksten.

Sterben, Tod und Wiedergeburt

Die Wirkung von Karma erfolgt in Form eines Negativabdrucks: Wer etwas außerordentlich Positives [*beispielsweise die Rettung eines Lebens*] oder außerordentlich Negatives [*beispielsweise jemanden absichtlich zu töten*] getan hat, dem wird das Gleiche irgendwann einmal in der Zukunft selbst widerfahren. Diese Zukunft kann sehr weit entfernt sein – d.h. unter Umständen erst viele Existenzen bzw. viele Lebenszeiten später eintreten. In diesem Zusammenhang erscheint es unumgänglich, auch den mit vielen Mißverständnissen belasteten Inkarnationsbegriff kurz darzustellen. Selbstverständlich kann in diesem Rahmen nur der Versuch einer Einordnung des Inkarnationsbegriffes in Bezug auf das grundlegende buddhistische

Verständnis von der menschlichen Psyche geleistet werden. Wer Erklärungen zu den im Anschluß präsentierten Ausführungen oder gar umfassendere Informationen zu dieser Thematik wünscht, sei auf folgende Werke verwiesen: ① Lama Lodrö: ›Bardo-Teachings – the Way of Death and Rebirth‹, SNOW LION 1987; ② die Neu-Übersetzung des sog. ›Tibetischen Totenbuches‹ [*›Die Befreiung durch Hören im Zwischenzustand‹;* TASHI VERLAG 1999] von Albrecht Frasch; ③ das Vorwort des vierzehnten Dalai Lama zu den ›Stufen zur Unsterblichkeit‹ von Lati Rinpoche in der deutschen Übersetzung von Jeffrey Hopkins, DIEDERICHS 1987; ④ Tsele Natsok Rangdröl: ›The Mirror of Mindfulness‹, RANGJUNG YESHE PUBLICATIONS 1993; ⑤ Lati Rinpoche & Jeffrey Hopkins: ›Death, Intermediate State and Rebirth‹, SNOW LION 1985; ⑥ Chökyi Nyima Rinpoche: ›The Bardo Guidebook‹, RANGJUNG YESHE PUBLICATIONS 1991; ⑦ Sogyal Rinpoche: ›Das Tibetische Buch vom Leben und vom Sterben‹, O.W. BARTH-VERLAG 1996; und ⑧ Tenga Rinpoche: ›Übergang und Befreiung‹, KAMPA 1996.

Wenn ein Mensch auf einem Totenlager [*d.h. in Ruhe*] stirbt, dann lösen sich die fünf Elemente Erde [*Fleisch*], Wasser [*Körperflüssigkeiten*], Feuer [*Körperwärme*], Wind [*Atem*] und Raum [*Körperfunktionen bzw. Körperhöhlungen*] schrittweise ineinander auf. Wenn das Sterben einsetzt, wird zunächst das Erdelement vom Wasserelement absorbiert [*ausführlich: Wenn die Fähigkeit einer bestimmten Energie im feinstofflichen System des Sterbenden soweit verfällt, daß sie nicht länger als Bewußtseinsträger fungieren kann, tritt daraufhin die Fähigkeit der nächstfeineren Energie, dem Bewußtsein als Grundlage zu dienen, in den Vordergrund*], wodurch der Sterbende den Zugriff auf die sichtbare Welt verliert; wenn das Wasserlement vom Feuerelement absorbiert wird, trocknen die Körpersäfte ein und der Sterbende verliert die Fähigkeit zu sprechen; wenn das Feuerelement vom Windelement absorbiert wird, scheint alles um den Sterbenden herum zu verbrennen. Seine Körperwärme, seine Verdauung und sein Geruchssinn vergehen; wenn das Windelement vom Raumelement absorbiert wird, wird die Einatmung des Sterbenden immer flacher, während seine Ausatmung immer länger wird. Alle Körperfunktionen einschließlich der Atmung erlöschen schließlich – aber der Sterbende ist noch bei Bewußtsein – wenn auch von den Ereignissen überrollt und in Panik versetzt! Erst nachdem sich der Lebensfunke des Sterbenden noch weiter in die Region des Herzens, das bereits zu schlagen aufgehört hat, zurückgezogen hat, stürzt sein Bewußtsein in tiefe Dunkelheit und wird für cirka dreieinhalb Tage bewußtlos. Nach dieser Frist erwacht das Bewußtsein des Sterbenden erneut, um sich daraufhin endgültig von seinem Körper zu trennen. Körperliches Anzeichen dafür, daß sich der Geist des nun Gestorbenen von seinem Körper getrennt hat, sind blutiger Schleim, der nach dreieinhalb Tagen aus der Nase oder den Geschlechtsorganen des Toten austritt.

Auch in unserem Kulturkreis herrschte noch vor einer Generation die Sitte, Gestorbene für drei und einen halben Tag aufzubahren – die sog. ‚Totenwache'; erst nach Ablauf dieser Frist wurde der Leichnam zur Bestattung freigegeben. In diesem kirchlich tradierten Brauch drückte sich tiefes Wissen um die Vorgänge beim Sterben aus. Wer nicht ungestört sterben kann, weil er auf der Intensivstation eines Krankenhauses Reanimationen ausgesetzt ist, oder wem Organe entnommen werden, kaum daß er seinen letzten Seufzer getan hat, oder wer vor Ablauf dieser dreieinhalb Tage erd- oder feuerbestattet wird, oder wer gewaltsam oder durch einen Unfall ums Leben kommt, dessen Bewußtsein kann sich nicht in Ruhe aus seiner vorherigen Verkörperung zurückziehen und erfährt stattdessen entsprechend gestörte Geisteszustände wie beispielsweise Zustände schreiender Paranoia. Ein Bewußtsein aber, das sich drei und einen halben Tag nach Einsetzen des Sterbeprozesses in einer geordneten Weise vom Körper lösen konnte, wird anschließend in einen i.d.R. sieben Wochen dauernden Prozeß der ‚Verbeunwußtung' fallen.

Während des gerade verblaßten Lebens machte das Bewußtsein lediglich die hauchdünne oberste Schicht einer Instanz aus, die auch im Tibetischen Buddhismus als ‚Unterbewußtsein' bzw. Basis-Bewußtsein (skrt: Alaya) bezeichnet wird. Aus diesem Unterbewußtsein dringen wie Luftblasen, die sich im Morast unter einem See bilden, fortwährend Eindrücke und Erfahrungen in die bewußte Sphäre hinauf, die sich daraufhin dem Individuum als Projektionen manifestieren, die anschließend von jenem als etwas vermeintlich Wirkliches bzw. materiell in der Außenwelt Existierendes wahrgenommen werden, woraufhin es schließlich wieder handelnd auf diese Eindrücke reagiert; zuletzt sinken diese Eindrücke – um die Nuance der Abweichung der letzten Reaktion von bereits bestehenden Gewohnheitstendenzen bereichert – wieder ins Unterbewußtsein zurück, um sich erst dann wieder zu artikulieren, wenn alle speziell für sie erforderlichen Ursachen und unterstützenden Bedingungen erneut gegeben sind.

Was unter ‚primären' Ursachen und ‚sekundären' Bedingungen zu verstehen ist, sei im Vorgriff auf Erläuterungen zur buddhistischen Psychologie am Beispiel des Wahrnehmungsprozesses veranschaulicht: "Die äusserlichen, greifbaren Objekte haben für den Wahrnehmungsvorgang lediglich die Funktion einer sog. auslösenden oder sekundären Bedingung. Das Mentalbewußtsein [*d.i. diejenige Form des Bewußtseins, deren Objekte Gedanken sind*] stellt die primäre Ursache für den visuellen Wahrnehmungsprozeß dar [*vgl. Acharya Tenpai Gyaltsens und Khenpo Chöthrak Thenpel Rinpoches Kommentar zu den ersten beiden Kapiteln von Dharmakirtis ›Pramanavartikka‹*; KIBI 1993/94, *unveröffentlichtes Manuskript, Bearbeiter: Albrecht Frasch, S. 10f*]." Dem sog. ‚Mentalbewußtsein' kommt also in der buddhistischen Psychologie eine herausragende Rolle zu, wie weiter unten noch zu zeigen ist.

Die hauchdünne Schicht bewußter Eindrücke, die während des gerade vergangenen Lebens gesammelt worden sind, sinkt nun während der bereits erwähnten sieben Wochen dauernden ‚Verbeunwußtung' zurück in das sämtliche Eindrücke aus unzähligen Lebenszeiten repräsentierende Unterbewußtsein. Dort kombinieren sich die geistigen Abdrücke aller vergangenen Taten, Worte und Gedanken der gerade vergangenen Lebenszeit mit dem Sediment sämtlicher geistiger Abdrücke, die die Taten, Worte und Gedanken unermeßlich vieler Lebenszeiten, die seit anfangsloser Zeit angesammelt worden sind, im Unterbewußtsein hinterlassen haben. Resultat dieses Prozesses fortschreitender ‚Verunbewußtung' bzw. dieser Kombination der bewußten Eindrücke des gerade vergangenen Lebens mit allen übrigen Eindrücken, die bereits im Unterbewußtsein lagerten, ist ein ‚volles' Unterbewußtsein und ein völlig ‚leeres' neues Bewußtsein. Im Reservoir des alle Eindrücke endloser Lebenszeiten speichernden Unterbewußtseins lagert demzufolge alles nur erdenkliche Gute ebenso wie alles nur erdenkliche Schlechte – ob es im gerade vergangenen Leben Gestalt annehmen konnte, liegt einzig daran, ob die jeweils für diese Ereignisse erforderlichen primären Ursachen und sekundären Bedingungen gegeben waren – wenn nicht, dann wird in irgendeiner Zukunft, deren zeitliche Erstreckung ja ebenfalls endlos ist, noch genug Zeit dafür sein.

Es ist dieses vollkommen ausgeleerte Bewußtsein – d.h. diese blinde Wesenhaftigkeit, die jeder Neigung, sich als Individuum zu erfahren, ermangelt, bzw. dieses vollkommen nackt seinen Erfahrungen ausgelieferte leere Bewußtsein – sowie das nun ‚volle' Unterbewußtsein, dem es quasi aufliegt [*und das sich in der zukünftigen Existenz lediglich in gewissen Eignungen und Neigungen, in Visionen, Träumen und Intuitionen zeigen wird*], das nach Ablauf jenes siebenwöchigen Verbeunwußtungsprozesses die Verbindung mit einer mütterlichen Eizelle und einem väterlichen Samenfaden eingeht und zu einem neuen Wesen heranreift. Das Bewußtsein des neuen Wesens hat auf diese Weise zwar viel mit seiner letzten Verkörperung zu tun – allerdings nur in einer vollkommen unbewußten, dem Bewußtsein nicht direkt zugänglichen Art und Weise. Obwohl Inkarnation eines bestimmten Wesens, kann jedem Individuum die Verbindung mit seiner vergangenen Verkörperung ebensowenig jemals bewußt werden, wie ihm die Vorausschau auf seine zukünftigen Existenzen möglich ist. Dennoch – und dies wird mit aller Deutlichkeit wieder und immer wieder betont – legen Individuen durch sämtliche Taten, die sie jeden Moment mit Körper, Rede und Geist begehen, ‚Spuren' [*die sog. Gewohnheitstendenzen*] in ihr Unterbewußtsein, die sich dann erneut Bahn brechen und entsprechende Situationen generieren werden, sobald wieder die gleichen Umstände [*die primären Ursachen und die sekundären Bedingungen!*] herrschen wie bei der Ausübung der ursprünglichen Tat – nur daß sie diesmal die Rolle des Objekts respektive Opfers [*also desjenigen, dem die Tat widerfährt*] innehaben.

Wer bisher die moralische Verantwortung für die Taten seiner Vergangenheit gescheut hat, ist im Licht des Gesetzes von Ursache und Wirkung dazu aufgerufen, erneut zu überdenken, ob es nicht nur möglich, sondern sogar unausweichlich ist, daß in diesem Leben die Taten vergangener Existenzen reif werden müssen. Wer bereits eine gewisse Offenheit gegenüber dieser Thematik in sich erzeugen konnte, wird der Frage grosses Interesse entgegenbringen, in welcher Weise er sein ‚Karma' – d.h. den permanenten Fluß der sich ihm darbietenden Ereignisse – verbessern kann, damit er endlich vom ständigen Auf und Ab psychischer Aktivität befreit werden und daran arbeiten kann, seinen Bewußtseinsstrom vom Auftauchen leidhafter Eindrücke dauerhaft zu reinigen.

Der buddhistische Geist- bzw. Bewußtseinsbegriff

Zentraler Begriff buddhistischer Theorie und Praxis ist also der Geist. Das Menschenbild des buddhistischen Verständnisses faßt den Menschen in erster Linie als ‚Erleber' auf. Der Erleber repräsentiert diejenige Instanz, die jede Sekunde, ja selbst jeden unmerklich kurz vorüberfliegenden Augenblick alles, was in den verschiedensten Situationen geschieht [*d.h. sich verändert, auch wenn es nicht bewußt erfahren wird*] erfährt. Im

Zusammenhang mit einer buddhistisch inspirierten Auffassung von sich selbst als dem ‚Erleber' und einer Welt, die zunächst einmal als Projektionsfläche des sie erlebenden Geistes aufgefaßt wird, geht es im Wesentlichen darum, daß sich das Individuum zunehmend seiner ganzen Entscheidungsfreiheit darüber bewußt wird, welche Erfahrungen es künftig machen und auf welche Erfahrungen es künftig verzichten möchte. Verzichten deshalb, weil jene sich langfristig nicht nur als nicht wünschenswert, sondern sogar als leidbringend erweisen werden; aus diesem Grund übt sich das Individuum auf der Ebene des äußeren Verhaltens bis in sehr subtile Ebenen hinein darin, in der Zukunft auf solche Erfahrungen tatsächlich konsequent zu verzichten [*indem es von jetzt an sämtliche Verhaltensweisen strikt vermeidet, die ‚karmisch' zu entsprechend leidhaften Erfahrungen führen werden*], während es sich gleichzeitig solche Eigenschaften antrainiert, die langfristig zu wünschenswerten und glückbringenden Erfahrungen führen werden – auch und gerade dann, wenn damit persönliche Nachteile sowie eine Gefährdung des Selbstbildes einhergehen.

Der Geist, die Persönlichkeit bzw. dasjenige, das den Erlebniskern oder die Psyche des Menschen ausmacht, wird im Buddhismus also nicht als Entäußerung körperlicher Prozesse [*beispielsweise der Tätigkeit bestimmter Strukturen des Gehirns*] aufgefaßt, sondern beschreibt eine eigene geistige Dimension. Dementsprechend kennzeichnet der Terminus ‚Geist' oder ‚Psyche' das individuelle Niveau der Erkenntnis, das in diesem und in vorangegangenen Existenzen aufgrund der Übung von geistiger Disziplin [*d.h. bestimmter meditativer Techniken; siehe S. 183ff*] sowie aufgrund der Ausübung der sog. ‚vollkommenen Handlungen' [*siehe S. 139ff*] bereits realisiert werden konnte.

Dieses individuelle Niveau der prinzipiellen Erkenntnisfähigkeit wird durch die Ausübung unmoralischer Handlungen [*genauer: durch die Ausübung des Gegenteils der sog. ‚vollkommenen Handlungen'*] und durch die mangelnde Übung geistiger Disziplin zunehmend gröber und stumpft immer mehr ab, so daß Individuen, die sich bewußt über die Belange ihrer Mitmenschen hinwegsetzen bzw. direkt oder indirekt deren Schädigung bewirken, die Zusammenhänge zwischen ihrem Verhalten und den aus jenem resultierenden Konsequenzen zunehmend weniger einsichtig werden können. Generell bedingt ein Mangel an Moral und geistiger Disziplin ein Nachlassen der subtilen intellektuellen Fähigkeiten, das sich als Abnahme der Erkenntnistiefe bezüglich der ganzen Vielfalt momentan wirksamer Zusammenhänge bemerkbar macht.

Die Ausübung von moralischem Verhalten [*genauer: die Ausübung der sog. ‚vollkommenen Handlungen'; s. S. 139ff*] und die Übung geistiger Disziplin [*d.h. die Übung bestimmter meditativer Techniken*] dagegen hebt langfristig das Niveau der subtilen individuellen Erkenntnisfähigkeit immer weiter an, so daß die entsprechenden Individuen auf den verschiedenen Ebenen der Wirklichkeit eine zunehmend subtile und vielschichtige Einsicht in die Zusammenhänge der momentanen Gegebenheiten gewinnen.

Die Grenze der Einsichtsfähigkeit ist in dem Sinne nach oben und unten offen, als die Tiefe der Einsicht in die Art und Weise der Zusammenhänge der unterschiedlichsten Ereignisse untereinander immer präziser werden kann, auch wenn sich jene recht bald einer Faßlichkeit in und Schilderbarkeit durch Worte und Begriffe entzieht. Dennoch wird die zunehmende Tiefe der Einsichtsfähigkeit – auch Weisheit genannt – tatsächlich als geistige Offenheit und Freudefähigkeit erlebt und erfahren. Die zunehmende Verringerung der individuellen Einsichtsfähigkeit ist ebenso unbegrenzt, als – von Bosheit und geistiger Abgestumpftheit genährt – die Einsicht in die Vielschichtigkeit momentan herrschender Zusammenhänge immer weiter nachläßt, auch wenn dies dem Umfeld der betreffenden Individuen zumeist nicht direkt bewußt wird, weil jene ihre mangelnde Einsicht hinter sprachlichen Floskeln verbergen bzw. auf unbestreitbare monokausale Zusammenhänge verweisen, ohne dem individuellen Muster unterschiedlicher Verursachungsfaktoren in der Zeit gerecht zu werden [*indem sie ihre Argumente aggressiv und geschickt vortragen, gelingt es diesen Personen häufig, überzeugend aufzutreten und sogar von vielen für klug und durchsetzungsfähig gehalten zu werden*]. Die abnehmende Tiefe der Einsichtsfähigkeit wird dementsprechend als geistige Dogmatisierung, intellektuelle Verflachung und die Abnahme der Fähigkeit, Freude zu erleben, erfahren.

Daß der Geist [*in diesem Zusammenhang die zunehmende Subtilität der Erkenntnis, die aufgrund vorangegangener Übung außerordentlich geschickter und tiefgründiger Methoden bereits realisiert werden konnte*] keine Manifestation körperlicher Prozesse ist, ja überhaupt keine körperliche Entsprechung besitzt [*dieser Auffassung widersprechen heute vor allem die Mediziner und Biotechnologen, die vertreten, daß der Sitz des Geistes bedeutungsgleich mit den Funktionen des Gehirns sei*], zeigt sich nach buddhistischer Auffassung daran, daß sich beispielsweise in den körperlichen Organen eines Genies oder eines außerordentlichen weisen oder gebildeten Menschen nichts Körperliches fnden läßt, das dessen Genius, Weisheit oder weitreichende Kenntnisse bewirkt hätte bzw. widerspiegelt. Ebensowenig manifestieren sich auf der körperlichen Ebene grundsätzlich Bosheit, moralischer Verfall oder gar die Persönlichkeitsmerkmale, die weiter unten [*als die sog. ‚psychischen Funktionen'*] ausführlich besprochen werden sollen.

Geist ist gemäß einer buddhistischen Auffassung in einem aktiven Sinne als aus einer endlosen Folge von Momenten der Bewußtheit oder des Wissens zusammengesetzt zu verstehen. Bewußtsein [*genauer: individuelle Bewußtseinsströme*] ist ein Phänomen, das sich lediglich auf der relativen Ebene der Wirklichkeit [*d.h. lediglich in Beziehung zu den Ereignissen, die den individuellen Trägern von Geist widerfahren*] manifestiert und folglich permanente Veränderungen innerhalb eines zeitlichen Spektrums reflektiert. Geist setzt sich dementsprechend aus lauter einzelnen Geisteszuständen bzw. unendlich vielen aufeinanderfolgenden Momenten der Erkenntnis zusammen. Geist ist diesem Verständnis entsprechend nicht mit einem generellen Reservoir von Information oder gar dem Gehirn zu verwechseln, sondern besteht aus einem Kontinuum einzelner Bewußtheitsmomente, die die aktiven Agenten des Wissens bzw. der bewußt erfahrenen Eindrücke darstellen. Geistige Eindrücke sind in diesem Zusammenhang als sämtliche einem Individuum bewußt werdenden geistigen Inhalte zu verstehen. Geist stellt demzufolge die geistige bzw. bewußtseinsmäßige Komponente einer jeden bewußt werdenden Erfahrung dar.

Geist ist in diesem Sinne als ⇨ Bewußtsein bzw. ⇨ Bewußtheit bzw. als ⇨ der unaufhörliche Bewußtseinsstrom bzw. als ⇨ der mentale Zustand bzw. als ⇨ das aus unangebrachten Schlußfolgerungen, die sich an vorangegangenen Erfahrungen orientieren, resultierende begriffliche Erkennen [*unrein*] oder als ⇨ die unbegriffliche direkte und unmittelbare Erkenntnis sämtlicher Gegebenheiten [*rein*] zu verstehen. Geist wird als die unsubstantielle, weder materielle noch in irgendeinem physischen Organ materiell verankerte, leuchtende, klare und deutliche Fähigkeit des Individuums definiert, wahrnehmen und verstehen zu können. Bewußtwerdung setzt grundsätzlich voraus, daß Momente primärer Erkenntnis bzw. ursprünglichen Bewußtseins, die erst im Augenblick des Ergreifens des momentanen Wahrnehmungsobjektes entstehen und quasi die reine Bewußtheit der für jeden Wahrnehmungsprozeß bzw. für jeden einzelnen Wahrnehmungsmoment relevanten Objektdaten darstellen [*dies sind die fünf Sinnesbewußtseine und das sog. Denk- oder Mentalbewußtsein, das im Gegensatz zu den Sinnesbewußtseinen kein materielles, sondern ‚lediglich' ein kognitiv-mentales Wahrnehmungsobjekt besitzt*], auf die [*im zweiten Kapitel datailliert dargestellten*] individuellen psychischen Funktionen treffen, die die Auswahl der wahrzunehmenden Objekte vornehmen und im Einzelnen bestimmen, in welchen Kontext das wahrnehmende Subjekt diese einzelnen Erfahrungen stellt, wie sie sie im Einzelnen erlebt und deutet und wie sie schließlich handelnd auf sie reagiert. Dementsprechend repräsentieren diese psychischen Funktionen diejenigen kognitiven Muster, die aus dem Insgesamt definierender Merkmale jeweils aktuell wahrzunehmender Objekte bestimmte erinnerungsrelevante Qualitäten herausgreift und identifiziert [*genauer: interpretiert*]. Sie treten niemals alleine in Erscheinung, sondern sind stets in einen Moment primärer Erkenntnis eingebettet.

Primäre Erkenntnis

Was ist nun gemäß der buddhistischen Logik unter einem Moment primärer Erkenntnis zu verstehen? Dieser Begriff kennzeichnet die reine Erkenntnis bzw. das ,nackte' Bewußtsein, das erst genau in dem Moment entsteht, in dem das Bewußtsein nach seinen Wahrnehmungsobjekten greift, indem es gemäß individueller Vorlieben bestimmte Muster von Merkmalen, die jene Objekte charakterisieren, erfaßt und wahrnimmt. Die Wahrnehmungsobjekte für die primäre Erkenntnis rekrutieren sich aus den äußerlich wahrnehmbaren Objekten der fünf Sinne Form, Geräusch, Geruch, Geschmack und taktile Objekte/Körpersensationen; darüberhinaus sind ihnen auch die unmateriellen Objekte der ,unwillkürlichen Gedanken' [*d.h. der Ideen, nicht jedoch der entweder in Form von Erinnerungen oder als die momentane Wahrnehmungssituationen interpretierenden willkürlichen Gedanken*] zuzurechnen. Solange die Wahrnehmungsobjekte [*bzw. bestimmte Aspekte von ihnen, die in diesem Sinne als eigenständiges Wahrnehmungsobjekt aufgefaßt werden*] für jeweils einen unvorstellbar kurzen Moment einfach nur wahrgenommen werden, ohne daß ihnen bestimmte Deutungen oder Interpretationen beigemessen werden, handelt es sich um einen Moment primärer [*in diesem Zusammenhang ,ursprünglicher'*] Erkenntnis. Der Terminus ,ursprüngliche Erkenntnis' verweist darauf, daß ein Geisteszustand, der es vermag, dieser für den ungeübten Geist unvermeidlichen Gewohnheitstendenz zu widerstehen, seine Wahrnehmungsobjekte [*also die Objekte der fünf Sinne oder einen sog. ‚unwillkürlichen' Gedanken*] mit Benennungen zu versehen, zu deuten und zu interpretieren, insofern an sich ‚rein' ist, als er – und nur er – direkt und unmittelbar erfaßt, wie die Dinge tatsächlich sind, ohne sie begrifflich zu verzerren und in unangemessene – da willkürlich aus der für den ungeübten Geist unüberschaubaren Vielfalt gegebener Relationen herausgegriffene – Zusammenhänge zu stellen.

Dieser ‚reine' Geisteszustand, den in der Meditation ungeübte bzw. meditativ unverwirklichte Individuen nur äußerst selten als Momente grosser geistiger Klarheit, mit denen äußerst starke Erlebnisse von Freude einhergehen, erfahren, ist der permanente Geisteszustand eines voll erleuchteten Individuums, der dann ‚höchste' bzw. ‚ursprüngliche' Weisheit genannt wird. Individuen, die durch ihr überaus konsequentes Üben von Meditation bereits hohe Stufen der Erkenntnis erlangt haben [*in der tibetischen Tradition des Buddhismus die ‚Rinpoche' genannten hohen Lamas*], haben solange zu diesem vollkommen reinen Geisteszustand ursprünglicher Weisheit Zugang, solange sie sich in Meditation befinden. Zwischen ihren Meditationssitzungen jedoch sind auch diese ‚realisierten' Individuen – wenn auch längst nicht so stark wie in Meditation ungeübte Personen – immer noch den Impulsen ihrer störenden Gefühle und ihrer Interpretationen der Situationen, die sie gerade durchleben, ausgesetzt – auch wenn sie bereits ihre Gedanken und Gefühle und die [*quasi ständig aus der Sphäre ihres Unterbewußtseins hervorquellenden*] Phänomene der Außenwelt als traumgleiche Illusionen zu erleben vermögen und deshalb grundsätzlich niemals negativ auf irgendwelche Geschehnisse – so provokant jene auch immer sein mögen – reagieren.

Nicht in Meditation geübte Individuen können sich mithilfe bestimmter Psychopharmaka, ‚bewußtseinserweiternder' Drogen oder Alkohol in Zustände versetzen, die dem gerade beschriebenen Zustand reiner Erkenntnis zwar nicht entsprechen, jenem aber zumindestens nahekommen. Dies gelingt jenen Individuen [*vorausgesetzt, sie haben dadurch, daß sie zuvor in ausreichendem Maße altruistisch gehandelt haben, genügend positive Eindrücke in ihrem Unterbewußtsein angesammelt*] dadurch, daß sie diejenigen physiologischen Strukturen ihres Cortex, die mit der Identifikation wahrgenommener Reize befaßt sind, durch die chemisch induzierte Zerstörung einer Vielzahl von Neuronen und Pyramidalbahnen so massiv stören, daß die bisherige Identifikation des Wahrnehmungsfeldes nicht mehr einwandfrei gelingt. Stattdessen muß das Gehirn eine erneute Einordnung längst vertrauter Gegenstände vornehmen, womit auf der Erlebnisseite die subjektive Erfahrung von ‚Neuheit' und ‚Frische' zustandekommt – als ob das Individuum die betreffenden Objekte noch nie gesehen, gehört usw. hätte. Damit geht eine Grundstimmung einher, für die die Psychiatrie den Begriff ‚läppisch' geprägt hat – erwachsene Menschen bestaunen den Anblick ihrer eigenen Hand oder wälzen sich lachend auf dem Boden herum, während sie Zustände großen Glücks durchleben.

Die buddhistische Sichtweise wertet Drogengenuß folgendermaßen: Durch Drogenkonsum wird nicht die Wahrnehmung bestimmter Objekte selbst, sondern lediglich deren üblicherweise im Anschluß an den Wahrnehmungsvorgang erfolgender Identifikationsprozeß beeinträchtigt. An diesem Identifikationsprozeß sind bestimmte cortikale Strukturen maßgeblich beteiligt – auch wenn es sich hier um ein ständiges Wechselspiel zwischen geistigen und körperlichen Prozessen handelt. Bei der Freude, die durch das Verfallen in die genannten ‚läppischen' Geisteszustände erfahren wird, handelt es sich allerdings gemäß der buddhistischen Psychologie um solche Erfahrungen von Freude, die ansonsten erst in der Zukunft erlebt werden würden, jedoch unter Drogengenuß in Abwesenheit der sie hervorrufenden Ursachen und sekundären Bedingungen in kondensierter Form sowie im zeitlichen Vorgriff auf das Manifest-werden der entsprechenden primären Ursachen und sekundären Bedingungen erlebt werden. Folge des durch Drogen provozierten und in dieser Weise vorgezogenen Freude-Erlebens sind unmittelbar im Anschluß an das Verebben der Wirkung der Droge erlebte Phasen der Depression, die nur dadurch aufgefangen werden können, daß die künstlichen ‚Freudemacher' erneut konsumiert werden. Dies betrifft die sog. ‚weichen' Drogen [*von Haschisch bis zum LSD*], vor deren Konsum also grundsätzlich zu warnen ist. ‚Harte' Drogen [*Kokain und Heroin, Crack und moderne Designerdrogen*] wirken nicht bewußtseinserweiternd, sondern stellen im Tibetischen Buddhismus eher negative, u.U. dämonische Kraftkreise dar, die es den ihnen verfallenen Personen nicht mehr gestatten, sich aus ihrem Wirkungsbereich wieder zurückzuziehen; diese Kraftfelder werden im Licht des Tibetischen Buddhismus deshalb personifiziert, weil der Kraft dieser harten Drogen, die die Süchtigen völlig an sich bindet und ihnen quasi die Lebenskraft ‚aussaugt', während sie gleichzeitig ihren totalen moralischen Verfall bewirkt, durchaus eine geistige bzw. eine bewußtseinsmäßige Komponente zukommt. Ihr Genuß ist ebenso wie außerordentlich negatives [*d.h. andere in sehr starkem Maße schädigendes*] Verhalten nicht nur keineswegs mit dem Beschreiten eines spirituellen Entwicklungsweges vereinbar, sondern beschreibt vielmehr eine entgegengesetzte, auf eine krankhafte Übersteigerung des ›Ego‹, die eine Zunahme der persönlichen Macht über andere Individuen zum Ziel hat, hinauslaufende geistige Entwicklung. Die Fälle, in denen sich Süchtige nicht nur langfristig harter Rauschdrogen entziehen, sondern anschließend sogar eine spirituelle Gegenentwicklung in die Wege leiten konnten, sind außerordentlich selten; den meisten Betroffenen könnte nur ein spirituell verwirklichtes Wesen [*im Tibetischen Buddhismus als ‚Rinpoche' – Verehrungswürdiger – tituliert*] aus diesen dämonischen Kraftkreisen heraushelfen [*nur verfügen jene Süchtigen zumeist nicht mehr über ein ausreichendes Maß positiver geistiger Eindrücke in ihrem Unterbewußtsein, das es ihnen gestatten würde, spirituell hochrealisierte Individuen als solche zu erkennen; zudem hindert der durch die Droge ins Krankhafte übersteigerte Stolz sie daran, jene verwirklichten Individuen in spiritueller Hinsicht als überlegen anzuerkennen*].

Unwillkürliche und willkürliche Gedanken

An dieser Stelle soll auch gleich darauf hingewiesen werden, daß ein buddhistisches Verständnis von den psychischen Vorgängen [*die im Mahayana-Buddhismus in dem Zweig buddhistischer Belehrungen präsentiert werden, der ›Abhidharma‹ genannt wird; vgl. dazu Khenpo Chöthrak Thenpels Kommentar zu Vasubandhus ›Abhidharmakosha‹; Bearbeiter: Albrecht Frasch, unveröffentlichtes Manuskript,* KIBI 1992] eine grundsätzliche Unterscheidung zwischen den unwillkürlichen und den willkürlichen Gedanken trifft. Unwillkürliche Gedanken sind sämtliche Gedanken, die einem Individuum spontan einfallen; sie werden in die Ideen [*die dann unvermutet Lösungen für anstehende Probleme präsentieren, wenn sich sein bewußtes und angestrengtes Denken über eine bestimmte Problematik erschöpft hat und sich folglich bezüglich der anstehenden Problemlösung eine erzwungene Ruhephase einstellt*] und in die Erinnerungen unterteilt. Der Geist, der sich in Meditation befindet, betrachtet diese unwillkürlichen Gedanken – jedoch ohne sie in irgendeiner Form aufzugreifen und weiterzuspinnen, verweilt friedlich und unaktiv eine kurze Zeit bei ihnen und läßt sie sich wieder von selbst in sich selbst hinein auflösen.

Ein Geist, der nicht in Meditation geübt ist, besitzt jedoch nicht die Fähigkeit, jene unwillkürlichen Gedanken [*und ebenso die Objekte der fünf Sinne – welchem von jenen seine Wahrnehmung sich auch immer gerade zuwendet*] vorüberziehen zu lassen, ohne jene aufzugreifen und weiterzudenken. Es ist jenes Weiterdenken unwillkürlicher Gedanken – also der Ideen und Erinnerungen – die den menschlichen Intellekt ausmachen. An und für sich als Qualität des menschlichen Geistes überbewertet, besitzt die Intelligenz [*also das Durcharbeiten willkürlicher Gedanken*] eher planerische und gestalterische Funktion, da nicht das Weiterdenken bestimmter unwillkürlicher Gedanken der Problemlösung dienlich ist, sondern die Problemlösung durch die unwillkürlichen Gedanken selbst bewerkstelligt wird [*"Heureka ... "*], nachdem sich die willkürlichen Gedanken erschöpft haben und gezwungenermaßen zur Ruhe gekommen sind. Die willkürlichen Gedanken sind die Objekte des sechsten Sinnesbewußtseins – des sog. Denk- bzw. Mentalbewußtseins, von dem sie willkürlich erzeugt werden, um Wahrnehmungsobjekte mit bewährten Interpretationen zu versehen oder vertraute Zusammenhänge zwischen logischen Operationen [*d.h. mehr oder weniger abstrakten Gedanken*] zu stiften, um aktuelle Ereignisse erklärbar zu machen und damit das erlebende Subjekt die Illusion aufrechterhalten kann, in einer permanent in Veränderung befindlichen äußeren Welt – selbst permanenten substantiellen Veränderungen unterworfen – den Überblick zu behalten.

Der Zusammenhang zwischen Intellekt und Konzentration

So nützlich er in bestimmten Situationen auch immer sein mag, so negativ wirkt sich der Verstand [*wie der Intellekt ja umgangssprachlich genannt wird*] immer dann aus, wenn das Individuum seinen erschöpften Geist, der nur noch begrenzt dazu in der Lage ist, komplexen Anforderungen zu genügen, entspannen und in einen Zustand der Ruhe versetzen will, um ihm nach einer kreativen Pause wieder Höchstleistungen abverlangen zu können. Plötzlich wird ihm bewußt, in welchem Maße seine Gedanken permanent umherhasten, selbst die bedeutungslosesten Wahrnehmungsobjekte ergreifen, um sogleich zu irgendeinem anderen Wahrnehmungsobjekt zu wandern, bei dem sie ebenfalls keinen einzigen Moment verweilen – kurz: Der ungeübte Geist ist nicht dazu in der Lage, sich wenigstens für kurze Zeit auf ein einziges Wahrnehmungsobjekt zu konzentrieren, sondern hastet ständig von einem Wahrnehmungsobjekt zum nächsten – ob er sich dessen bewußt ist oder nicht. Auch wenn es zunächst wie ein Widerspruch klingen mag: Konzentration auf ein einziges geistiges Objekt und das anschließende Halten dieser Konzentration für einen relativ langen Zeitraum [*dies sind zwar ‚nur' wenige Minuten, Ungeübten erscheint diese Zeitspanne jedoch wie eine kleine Ewigkeit, solan-*

ge ihnen die Konzentration ihrer geistigen Aufmerksamkeit auf ein und dasselbe Wahrnehmungsobjekt noch nicht geläufig ist] ist die Grundvoraussetzung für geistige Ruhe!

Ebenso wie zwischen unwillkürlichen und willkürlichen Gedanken zu unterscheiden ist, unterscheidet man zwischen den ‚unreinen' Bewußtseinen und dem ‚reinen' Bewußtsein. Beide Formen des Bewußtseins leisten das Ergreifen und Bewußtwerden bestimmter Wahrnehmungsobjekte. Die Wahrnehmungsobjekte des ‚unreinen' Bewußtseins sind alternierend visuelle Formen, Töne, Gerüche, Geschmäcker und taktile Reize bzw. Empfindungen aus dem Körperinneren. Das Wahrnehmungsobjekt des ‚reinen Bewußtseins' ist das Bewußtsein selbst, so daß im Zustand des reinen Bewußtseins das Bewußtsein quasi seiner selbst gewahr wird. Deshalb wird das reine Bewußtsein traditionellerweise auch ‚das seiner selbst gewahre Bewußtsein' genannt [*vgl. beispielsweise Khenpo Chöthrak Thenpel Rinpoches Kommentar zu Shantarakshitas ›Madhyamakalamkara‹*, KIBI 1993, *unveröffentlichtes Manuskript, Bearbeiter: Albrecht Frasch, S. 13ff; und zu Chandrakirtis ›Madhyamakavatara‹;* KIBI 1993-95, *unveröffentlichtes Manuskript, Bearbeiter: Albrecht Frasch, S. 112ff*].

Wer seine Konzentration durch bestimmte Übungen soweit steigern konnte, daß er jene zwei bis drei Minuten durchgehend zu halten vermag, ohne innerlich von dem Wahrnehmungsobjekt abzuweichen, auf das er sich ausgerichtet hat, der kann sie prinzipiell einen beliebig langen Zeitraum beibehalten. Befindet sich ein Individuum allerdings noch am Anfang seiner Übung von Konzentration, dann wird es stattdessen permanent erleben, wie unaufhörlich und von welch quälender Länge so kurze Zeiträume wie eine Minute dauern können. Jeder, dem daran gelegen ist, in die Dimension direkten geistigen Erkennens [*Meditation*] vorzudringen, muß zuvor geübt haben, seinen Geist unvermittelt in einen Zustand geistiger Konzentration zu versetzen; nur dadurch kann es gelingen, sich von dem Diktat der willkürlichen Gedanken über die momentanen innerlichen wie äußerlichen Ereignisse zu befreien.

Der Wahrnehmungsprozeß

Nun sind es aber nicht nur die von innen kommenden unwillkürlichen Gedanken, von denen sich der ungeübte Geist fortwährend mitreißen läßt, indem er sie zwanghaft einige gedankliche Stationen weiterdenkt und so eine nur Sekundenbruchteile in Anspruch nehmende Gedankenverkettung schafft, der er im nachhinein – sozusagen implizit – eine zwingende Logik unterstellt [*bzw. die er unreflektiert als seine persönliche Logik übernimmt*]; der Geist reagiert in der gleichen Weise auf alle von ihm erfaßten äußerlichen Wahrnehmungsobjekte – seien dies visuelle Formen, Töne, Gerüche, Geschmäcker oder taktile Empfindungen bzw. Empfindungen aus dem eigenen Körperinneren. Kaum ist das Auge auf etwas Sichtbares gefallen oder hat ein Geräusch das Ohr erreicht [*entsprechendes gilt für die drei übrigen Sinnesempfindungen*], wird dieser Stimulus schon vom unruhigen, immer nach Ablenkung gierenden Bewußtsein ergriffen und [*gemäß der Abhidharmabelehrungen*] dadurch identifiziert, daß es durch Vergleich mit allen bekannten ähnlichen Reizen diejenigen ausschließt, die keinesfalls den aktuellen Reiz darstellen [*‚Identifikation durch Ausschluß'*].

In einem sich direkt anschließenden zweiten Schritt erfolgt die passende Benennung oder Bezeichnung, indem der Stimulus – also z.B. die gesehene Form oder das gehörte Geräusch – automatisch mit einem Namen assoziiert wird. Dieser Vorgang nimmt eine dermaßen kurze Zeitspanne in Anspruch bzw. verläuft mit einer dermaßen großen Geschwindigkeit, daß er sich üblicherweise jeder bewußten Kontrolle und Einflußnahme entzieht: Die Wahrnehmung, Identifikation und Bezeichnung der visuellen, akustischen, gustatorischen, olfaktorischen und kinästhetischen Stimuli geschieht [*in Übereinstimmung mit den Erkenntnissen der modernen Wahrnehmungsphysiologie*] in solch verschwindend kurzen Sekundenbruchteilen, daß eine dermaßen große Anzahl einzelner Wahrnehmungsakte kürzeste Zeiträume füllen, daß aufgrund der sehr viel trägeren Aufmerksamkeitsspanne eines in Meditation ungeübten Individuums lediglich einige wenige der sich jenem ständig darbietenden Sinnesreize und unwillkürlichen Gedanken – und zwar jene, mit denen das wahrnehmende Individuum aus den verschiedensten Gründen bereits vertraut ist – aufgegriffen werden und ins Bewußtsein vordringen können. In Meditation ungeübte Personen können meistens nur einige wenige unterschiedliche Reize pro Sekunde bewußt identifizieren, auch wenn – wie gesagt – ihre Sinnesorgane und die mit ihnen verbundenen Sinnesbewußtseine eine sehr viel höhere Reizaufnahme leisten [*aus diesem Grund können nur Millisekunden währende Expositionen bestimmter visueller Wahrnehmungsobjekte – beispielsweise die Einblendung eines Getränkes – die in einen Kinofilm eingeblendet werden, die Motivationslage ahnungsloser Zuschauer unbewußt beeinflussen; zur sog. ‚unterschwelligen Wahrnehmung' vgl. etwa Dixon, N.F.: Subliminal Perception: The Nature of a Controversy;* McGRAW HILL 1971]. Weil das wahrnehmende Bewußtsein von in Meditation ungeübten Individuen zu lange an bereits vergangenen Sinneseindrücken anhaftet, bleibt die ‚Ausbeute' der vom Bewußtsein identifizierten Wahrnehmungsobjekte außerordentlich gering; deutlicher gesagt: Je konsequenter ein Individuum sich – idealerweise in einem Zustand größtmöglicher geistiger Sammlung, der Meditation genannt wird – darin übt, an seinen Wahrnehmungsobjekten nicht begrifflich anzuhaften, umso größer wird die Anzahl wahrgenommener Objekte pro Zeiteinheit und umso nuancierter wird seine Wahrnehmung von Veränderungen in komplexen Situationen werden. Wer sich bereits einige Jahre konsequent in Meditation geübt hat, kann aus eigener Erfahrung bestätigen, daß mit zunehmender Übung auch die Schärfe und Dichte der Wahrnehmungsfähigkeit unbegrenzt zunimmt. Wer Gelegenheit hat, einem sog. ‚großen Praktizierenden' oder gar einem durch Meditation Verwirklichten zu begegnen, wird dadurch einen lebendigen Eindruck von diesem Aspekt des geistigen Wachstums, der jedem unmittelbar einsichtig wird und alle Anwesenden [*gleichgültig ob sie über Vorerfahrung in kontemplativen/meditativen Methoden verfügen oder nicht*] sehr stark inspiriert, gewinnen. Überdies wird jeder, der einen geistigen Entwicklungsweg beschreitet, zwangsläufig feststellen, daß seine Wahrnehmung zunehmend unabhängig von seinen eigenen Einschätzungen und Bewertungen der situativen Gegebenheiten sowie von seinen eigenen Vorerfahrungen und Vorurteilen wird.

Ausnahme von der üblicherweise bei nicht in Meditation geübten Individuen äußerst ineffizienten Bewußtwerdung der physiologisch erfaßten bzw. mittels der Sinnesorgane wahrgenommenen Wahrnehmungsobjekte sind ① Gefahrensituationen, ② die Momente, die dem Überwältigtsein von einer neuen, äußerst intensiven Erfahrung folgen [*beispielsweise die ‚erste Liebe'*], sowie ③ die einem gewaltsamen Tod unmittelbar vorausgehende Momente, in denen das eigene Leben quasi noch einmal an einem vorüberzieht: Gerät man in eine dieser Situationen, dann ist auch der in Meditation ungeübte Geist dazu in der Lage, sehr viel mehr als nur einige wenige Eindrücke pro Sekunde bewußt zu verarbeiten.

Welche Stimuli aus dem in einem unvorstellbaren Stakkato auf das Individuum einprasselnden Sturm von Reizen herausgefiltert und dem Bewußtsein zugänglich gemacht werden, hängt einzig von den persönlichen Vorlieben und Abneigungen des betreffenden Individuums ab. Stimuli, mit denen weder etwas herausragend Positives noch etwas ungewöhnlich Unangenehmes assoziiert ist, verbleiben in einem Bereich der Gleichgültigkeit – sie werden nicht vom Bewußtsein ergriffen und weiter modifiziert. Stimuli, über die aber bereits Vorerfahrungen vorliegen, indem sie über Kontingenz [*raum-zeitliche Nähe*] an andere Ereignisse erinnern, die seinerzeit als außerordentlich angenehm bzw. unangenehm erfahren wurden, werden bevorzugt aufgegriffen, weil in Bezug auf jene bereits Gewohnheitstendenzen bestehen, unmittelbar auf sie zu reagieren, um sie als etwas besonders Wünschenswertes zu erlangen bzw. als etwas besonders wenig Wünschenswertes zu vermeiden.

Die drei archaischen Empfindungen

Wenn ein Individuum geboren wird, befindet sich – gemessen an der Reife bzw. dem spirituellen Entwicklungstand dieses individuellen Bewußtseinsstroms – dessen Geist resp. Bewußtsein zunächst in einem Zustand relativer Unwissenheit. Diese Sphäre archaischer Unbewußtheit fächert sich im Verlauf seiner Individuation immer weiter auf, so daß sich das Individuum zunächst zunehmend mit Personen, Ereignissen oder Objekten konfrontiert sieht, die ihm in irgendeiner Weise verlockend oder unangenehm erscheinen, weshalb es sie unbedingt besitzen und behalten [*Begierde*] oder sie vermeiden [*Abneigung*] möchte oder ihnen unentschieden entgegentritt, weil sich ihre begehrlichen und ihre Abneigung wekkenden Aspekte in etwa die Waage halten [*Gleichgültigkeit*].

Alle drei Alternativen, den Ereignissen des alltäglichen Lebens zu begegnen, fungieren aus buddhistischer Sicht gleichermaßen lediglich als Fußangeln für die eigene Erkenntnisfähigkeit, denn auf diese Weise gerät das Individuum, sobald es einer Person, einem Gegenstand oder einem Ort gegenüber Sympathie und andere positive Gefühle entwickelt, grundsätzlich in eine Abhängigkeit jenen gegenüber, die ihm suggeriert, es würde nur dann froh werden, wenn es jene in Besitz nehmen könnte. Auch wenn diese Mechanismen zumeist nicht bewußt werden, giert das Individuum seinen als angenehm erfahrenen Wahrnehmungsobjekten regelrecht nach und gerät dadurch in einen Zustand großer Unruhe und Aufgewühltheit, der es erst dann wieder innerlich zur Ruhe kommen läßt, sobald es ihm gelungen ist, die Objekte seiner Begierde zu vereinnahmen. Noch weitreichender sind die negativen Konsequenzen, wenn das Individuum bestimmten Menschen oder Dingen gegenüber eine Abneigung ausbildet. Diese Abneigungen wirken als ständige Provokationen, starke Gefühle von Ärger, Ekel, Wut, Zorn oder Haß [*gemäß der sog. ‚Vajrayana-Belehrungen' innerhalb des Mahayana lediglich verschiedene Abstufungen von Aggressivität, deren leichte Formen den Dingen nur aus dem Weg gehen bzw. sich nur verbal entladen möchten, deren stärkste Formen jedoch gezielt verletzen und vernichten wollen*] aufzubauen, die dann unkontrolliert aus ihm herausbrechen, wenn ihm die abgelehnten Personen oder Objekte zu nahe kommen. Aggressivität in ihren unterschiedlichen Ausprägungen hat also die Funktion, sich der unliebsam erscheinenden Menschen oder Dinge mehr oder weniger gewaltsam zu entledigen. Dies kann ebensogut ein Kind sein, das einen durch trotziges Verhalten stört [*Ärger*], eine an einer ansteckenden Krankheit leidende Person, die einem so nahe kommt, daß man Ansteckung befürchtet [*Ekel*], ein Ehepartner, der einen mit den immer gleichen Vorwürfen drangsaliert [*kurzes Aufflackern von Wut*], das Erscheinen eines einem feindlich gesonnenen Wesens [*Zorn*] bzw. das Erscheinen von Vertretern einer Gruppe, Nationalität, Rasse oder Religion, die man so sehr verabscheut, daß man sie mit allen Mitteln vernichten möchte, wo immer sie sich zeigen [*Haß*]. Diese verschiedenen Abstufungen von Abneigung bzw. Aggression werden weiter unten im Zusammenhang mit den sog. ‚psychischen Funktionen' in einer davon leicht abweichenden Weise definiert.

Jede aggressive Handlung, selbst wenn sie dem Individuum zunächst zu einem Moment der psychischen Entlastung verhelfen sollte [*weshalb viele Psychotherapeuten das Ausleben aggressiver Gefühle wenig weitsichtig als ‚gesund, natürlich und heilsam' empfehlen*], ‚verbrennt' die positiven Eindrükke, die das betreffende Individuum während unvorstellbar langer Zeiträume durch selbstlose Bemühungen in sein Unterbewußtsein eingespeist hat, so daß ihm in seiner persönlichen Zukunft weniger positive Ereignisse bevorstehen. ‚Zorn ist die Unfähigkeit, Leid zu ertragen' lautet denn auch die klassische Definition für Aggression [*vgl. Acharya Thobchus Kommentar zu Khenpo Tshultrim Gyamtso Rinpoches ›Darlegung der Wissenschaft der Bewußtseinszustände, genannt Kern des Ozeans der Logiktexte‹;* KIBI 1994, *unveröffentlichtes Manuskript, Übersetzer: Karl Brunnhölzl, Bearbeiter: Albrecht Frasch, S. 47*].

Die aktive Entäußerung negativer Gefühle wird zwangsläufig zum Bumerang, auch wenn die Zeitspanne, die verstreicht, bis dem Akteur die Quittung für den dadurch angerichteten Schaden präsentiert wird, meist so lang ist, daß ihm nicht mehr bewußt wird, daß ihm jetzt nur widerfährt, wozu er durch eigenes Handeln in der Vergangenheit selbst die Affinität hergestellt hat. Da jedes Individuum unzählige Vorleben vorzuweisen hat, in denen jeder außerordentlich negative, ja gräßliche Taten begangen hat, ist es in diesem Zusammenhang zu verstehen, wenn aus entsprechend negativen karmischen Ursachen Ängste bis hin zu paranoiden Wahnvorstellungen Individuen in psychische Überlastungszustände versetzen, die sie nicht mehr kontrollieren können, ja die sie widrigstenfalls in unwirkliche Welten katapultieren können, aus denen sie sich aus eigener Kraft nicht mehr befreien können [*psychotischer Realitätsverlust*]. Selbst als ‚seelisch gesund' eingestufte Personen geraten ⇨ durch andauernde Streßsituationen, ⇨ wenn plötzlich und unvermutet permanente Überbelastung von ihnen abfällt, ⇨ durch einen schweren Verlust oder ⇨ in Phasen der Rekonvaleszenz nach Alkohol-Abusus in solche psychischen Ausnahmezustände [*die in letzterem Falle oft nur durch die erneute Flucht in den Alkohol aufzuhalten sind*], denen – solange eine neurologisch/psychiatrische Behandlung indiziert ist – mit viel Ruhe und Schlaf, gedämpftem Licht, wenn immer dies möglich ist, dem Verbringen in eine heitere Umgebung und Ablenkung von grüblerischen Gedanken und Gesprächen begegnet werden kann; die Betroffenen müssen in dieser förderlichen Umgebung erst wieder lernen, Ruhe vor ihren quälenden karmischen Phantasien zu finden und der Wut, die sie bewußt oder im psychoanalytischen Sinne ‚verdrängtermaßen' immer wieder überflutet, Herr zu werden und ihren Frieden mit diesen immer wieder aus den Tiefen ihres Unterbewußtseins emporquellenden seelischen Eindrücken zu finden. Anders gesagt: Den unheilsamen psychischen Gewohnheitstendenzen sind solange ihnen entgegenwirkende heilsame Tendenzen entgegenzusetzen, bis jene selbst wiederum verläßlich zu Gewohnheitstendenzen geworden sind.

Vergleichsweise harmlos muten denn auch die Konsequenzen eines unentschiedenen Schwankens zwischen zu bestimmten Situationen hintendierenden und von ihnen wegweisenden Bemühungen an, die schließlich zu keinen Handlungen und deshalb auch zu keinen nachhaltigen Beeinflussungen des individuellen Bewußtseinsstroms gedeihen.

In einer anderen Systematik, die die Transformation der störenden Gefühle in die entsprechenden Weisheiten durch tantrische Übungen zum Gegenstand hat [*vgl. beispielsweise Albrecht Fraschs Übersetzung des sog. ›Tibetischen Totenbuches‹;* TASHI-VERLAG 1999] ist von fünf oder sogar sechs grundlegenden ‚störenden Gefühlen' die Rede, die unmittelbar auf den ersten Moment des Erlebens hin folgen und die eigenen Reaktionen zumeist in einer unterbewußt erfolgenden und deshalb auch in einer unbewußt bleibenden Weise determinieren. Zusätzlich zur Begierde [*dann ‚Leidenschaft' genannt*], Abneigung [*dann ‚Aggression' genannt*] sowie Gleichgültigkeit [*dann ‚Ignoranz' genannt*] gehorcht der Geist des Individuums dem Diktat seines Neides [*das Individuum wünscht nicht, daß andere besitzen, was es selbst nicht besitzt*], seiner Eifersucht [*es wünscht nicht, daß andere besitzen, was es selbst besitzt*] und seines Stolzes [*es hält sich selbst für besser und deshalb des Vorteils für würdiger als andere*] blind. Alle Menschen reagieren unterbewußt auf jede Wendung einer Situation, auf jede Konfrontation mit unvertrauten Personen oder mit einem neuen Ereignis jeden Moment mit – mindestens – einem dieser sechs Gefühle! Deshalb wird empfohlen, sich womöglich in jeder Lage und in jedem Augenblick daraufhin zu prüfen, von welchem dieser sechs Störgefühle man gerade überwiegend beeinflußt wird [*grundsätzlich steht jedes Individuum jeden Moment entweder unter dem Einfluß von Leidenschaft und den Gefühlen von Neid und Geiz, die mit Leidenschaft assoziiert sind, unter dem Einfluß von Aggression und den Gefühlen des Stolzes und der Eifersucht, die mit Aggression assoziiert sind, oder unter dem Einfluß von Ignoranz!*]. Daraufhin gilt es die entsprechenden Gegenmittel einzusetzen, um den eigenen Geist wieder in einen ruhigen, gefaßten Zustand zu versetzen:

Ertappt man sich dabei, daß man unter bestimmten Umständen immer wieder unter dem Einfluß des störenden Gefühls der Begierde handelt, sollte man lernen, bezüglich der Begierde in einem erweckenden Objekte Großzügigkeit zu üben; man sollte also üben, genau diejenigen Objekte mit Bedürftigen zu teilen, an denen man besonders hängt und die man gerne ausschließlich für sich reservieren möchte. Sollte man bemerken, daß man wieder einmal unmerklich unter den Einfluß des störenden Gefühls der Aggression geraten ist, dann ist es nützlich, Überlegungen darüber anzustellen, inwieweit diejenigen, auf die man zornig ist und denen man Schaden zufügen möchte, selbst leidhafte Geisteszustände erfahren, und ihnen gegenüber Liebe und Mitgefühl [*siehe S. 67*] entwickeln. Sollte einem bewußt werden, daß man wieder einmal unmerklich von einem dumpfen, gleichgültigen Geisteszustand vereinnahmt wurde, dann wird empfohlen, die zwölf Glieder des abhängigen Entstehens zu reflektieren, damit man verstehen kann, wie alle [*relativen*] Phänomene, mit denen sich ein gewöhnlicher Geist beschäftigt, in gegenseitiger Abhängigkeit auseinander hervorgehen [*s. S. 95-138*]. Fällt einem auf, daß man anderen mißgünstig nicht gönnt, was man entweder nicht zu teilen bereit ist, oder daß man von der Geisteshaltung vereinnahmt ist, daß andere auch nicht besitzen sollen, was man selbst nicht besitzen kann, dann soll man darüber nachdenken, daß nicht nur man selbst, sondern alle Lebewesen danach streben, Glück zu erleben und Leid zu vermeiden. Und sollte einem schließlich klar werden, daß man unmerklich von Stolz gegenüber anderen Wesen vereinnahmt ist, sollte man im Geist die anderen an die eigene Stelle setzen. Man sollte jedenfalls grundsätzlich davon ausgehen, daß man in jedem Moment – auch wenn einem dies anfänglich nicht bewußt werden wird – unter dem Einfluß zumindestens eines dieser sechs Störgefühle steht, und zwar insbesondere dann, wenn man vollkommen überzeugt davon ist, daß man keinesfalls von einem dieser störenden Gefühle zu bestimmten Handlungen veranlaßt würde! Gerade wenn man die Existenz eines bestimmten Störgefühls vehement leugnet, ist dies ein Indiz dafür, daß genau jenes die eigene Befindlichkeit und momentane Handlungsbereitschaft subtil beherrscht! Man macht sich seine unbewußten Strategien dadurch transparent, indem man sich wieder und immer wieder daraufhin überprüft, welches der sechs Störgefühle einen gerade am stärksten beeinflußt, um sodann ganz stereotyp und unsentimental das entsprechende Gegenmittel anzuwenden. Solange man dagegen seinen Störgefühlen ‚blind' [*d.h. ohne sich im Klaren darüber zu sein, daß man gerade unter ihrem Einfluß handelt*] ausgeliefert bleibt, wird man weiterhin von seinen handlungsorientierten Emotionen beherrscht und von jenen immer wieder von seinen ursprünglichen Plänen abgebracht werden. Jeder Prozeß geistiger Gesundung beinhaltet deshalb notwendigerweise dieses Element der zunehmenden Kontrolle über die eigenen störenden Gefühle.

II. Die Ausformung der archaischen Gefühle zu den psychischen Funktionen

Die gerade geschilderten positiven, negativen sowie neutralen psychischen Tendenzen, den Objekten, die dem Geist zum Gegenstand werden können – also anderen Menschen und äußeren Dingen – zu begegnen, stellen natürlich nicht den Endpunkt der stark kognitiv gefärbten Entwicklung der menschlichen Erfahrungsfähigkeit dar. Nur Neugeborene bzw. sehr naive, intellektuell relativ unentwickelte Individuen handeln vorwiegend unter dem Diktat dieser simplen geistigen Regungen. Vielmehr fächert sich das Repertoire der psychischen Bewertungen [*Emotionen*] und kognitiven Gewohnheitstendenzen, zu denen der individuelle Bewußtseinsstrom befähigt ist, der sich andauernd mit irgendwelchen äußeren [*Menschen, Objekte*] oder inneren Ereignissen [*unwillkürliche Gedanken, zumeist Erinnerungen*] konfrontiert sieht, auf dem nächst-feineren und subtileren Niveau zu einem System primärer [*d.h. voneinander unabhängiger*] und sekundärer [*d.h. voneinander abhängiger*] psychischer Funktionen auf, die die Reaktionen der Individuen steuern.

Die im folgenden ausführlich dargestellten psychischen Funktionen mögen all jenen, die sich noch nicht damit vertraut gemacht haben, jene auf das eigene Erleben und Handeln anzuwenden, zunächst einmal künstlich oder irgendwie willkürlich aus einer Unzahl möglicher Ausprägungen herausgegriffen erscheinen. Wer sie dagegen quasi zu einer Leitlinie der Deutung seiner häufig verworrenen psychischen Befindlichkeit gemacht hat, für den stellen sie quasi einen ‚Schnitt' durch die unüberschaubare Vielfalt psychischer Reaktionsmuster dar, der vom Endpunkt der geistigen Entwicklung des Menschen aus vorgenommen worden ist [*der historische Buddha hat sie so gelehrt*] und nur insofern eine Daseinsberechtigung haben, als die Anwendung jenes Systems psychischer Funktionen jedes Individuum von seinem psychischen Status Quo zu einer außerordentlich effektiven geistigen Entwicklung veranlassen, die weit über eine Gesundung der Seele oder die Gestaltung eines zufriedenen, sinnerfüllten Lebens hinausgeht. Demzufolge ist es auch die Auseinandersetzung mit und die zunehmende Kontrolle von eben jenen psychischen Funktionen, die die Grundfesten des Jahrtausende alten buddhistischen Menschenbildes ausmachen und den Geist eines jeden Individuums [*und letztendlich sogar seinen Körper*] klären und gesund und stark machen, weil sie von jedem – übt sie oder er sich nur konsequent genug in der Beherrschung dieser psychischen Funktionen – erfahren und in einer unvergleichlich sinnvollen Weise zur Optimierung eigener psychischer Vorgänge genutzt werden können. Deshalb lassen sich die im folgenden geschilderten psychischen Funktionen als idealistische Endpunkte einer Entwicklung des menschlichen Bewußtseins ansehen, zu denen sich alle Individuen – und seien sie noch so unterschiedlich – einmal hinentwickeln werden, wenn sie ihren Geistesstrom einer Prozedur der zunehmenden ‚Reinigung' und Bewußtwerdung unterziehen, die ihn schließlich von allen negativen karmischen Eindrücken [*den Sünden des christlichen Verständnisses*] befreit und ihm darüberhinaus zur Verwirklichung der wahren Natur des eigenen Geistes [*der Zustand, der üblicherweise ‚Buddha' oder Erleuchtung genannt wird*] verhilft.

Dieses Freiwerden des individuellen Bewußtseinsstroms von negativen, also in der Gegenwart und in der Zukunft leidbringenden karmischen Eindrücken durch das Anwenden bestimmter meditativer Techniken [*das in der christlichen Terminologie ‚Läuterung' genannt wird*] wird in den klassischen buddhistischen Texten zumeist als ‚Reinigung' bezeichnet. Ich möchte diesen Begriff hier übernehmen, weil er in anschaulicher Weise Verständnis dafür zu wecken vermag, daß sich alle negativen Eindrücke nur dadurch aus dem eigenen Unterbewußtsein herauslöschen lassen, indem das Individuum sich vielfältiger und langwieriger Mühen und Anstrengungen unterzieht. Auch wenn eine solche Sichtweise der herrschenden Sichtweise widerspricht, nach der unter einer Psychotherapie in erster

Linie ein von außen angeregter heilender Einfluß zu verstehen sei, so kann man sich bei eingehender Prüfung nicht der Einsicht entziehen, daß jedes Individuum letztendlich selbst für alle widrigen Umstände und schmerzhaften, leidbringenden Ereignisse – die ihm nur deshalb zustoßen können, weil es in seiner persönlichen Vergangenheit durch entsprechendes Handeln für eine Affinität für jene im eigenen Geistesstrom gesorgt hat – verantwortlich ist, auch wenn die Existenz, in der die entsprechenden karmischen Eindrücke angelegt worden sind, bereits unvorstellbar weit zurückliegen mag.

Die psychischen Funktionen beschreiben die individuellen Weisen des Erlebens bzw. unterscheiden Individuen bezüglich ihrer selbstbestimmten, altruistische Ziele verfolgenden geistigen Entwicklung voneinander. In diesem Zusammenhang sei daran erinnert, daß der buddhistische Entwicklungsweg nicht die Erzeugung größtmöglichen persönlichen Glücks zum Ziel hat, sondern sich vielmehr damit befaßt, das eigene Leid und das Leid der zahllosen Lebewesen gleichermaßen zu einem Ende zu bringen. Nur für solche Menschen, die sich zutiefst einem altruistischen Ideal verpflichtet fühlen, hat der historische Buddha quasi den Idealtypus der menschlichen Persönlichkeit entworfen; wer beispielsweise einem helfenden Beruf nachgeht, weil er wirklich eine Verpflichtung in sich verspürt, anderen leidenden Wesen zu helfen, für den macht es Sinn, sich selbst und andere an diesem Idealtypus der menschlichen Persönlichkeit zu messen. Ich möchte noch einmal in aller Deutlichkeit betonen, daß in diesem Buch kein ‚objektives' Persönlichkeitsmodell entworfen wird, sondern daß nur solche Personen [*seien sie auf der Seite derer, die andere Menschen behandeln, seien sie auf der Seite der Behandelten, oder seien sie einfach nur an der eigenen geistigen Entwicklung interessiert*] davon profitieren, mit dem hier vorgestellten Modell in der einen oder anderen Weise zu arbeiten, denen es um ihre eigene geistige [*man könnte auch sagen: spirituelle*] Entwicklung geht! Die subtile Struktur der Persönlichkeit, die auf der Einordnung in die hier vorgestellten psychischen Funktionen beruht, geht nicht auf experimentelle Untersuchungen oder wissenschaftliche Erkenntnisse, sondern auf die Aussagen des höchst verwirklichten aller Wesen überhaupt – des historischen Buddha – zurück.

Wenn auch nicht ‚objektiv', so lassen sich trotzdem sämtliche Individuen mittels des im folgenden ausführlich dargestellten Modells der subtilen Persönlichkeit einordnen – gleichgültig ob ihnen an ihrer geistigen Entwicklung gelegen ist oder nicht. Die Charaktere aller Menschen und dadurch ihre Weisen, sich selbst und ihre Welt zu erfahren, unterscheiden sich grundlegend voneinander. Diese Unterschiede lassen sich letztlich auf interindividuelle Unterschiede in der Beherrschung dieser sog. ‚psychischen Funktionen' zurückführen. Obwohl sich meist nur solche Individuen, die ernsthaft eine spirituelle Entwicklung im Sinne des buddhistischen Verständnisses betreiben, in der unüberschaubaren Vielzahl von Situationen das Wirksamwerden dieser verschiedenen psychischen Funktionen bewußt machen, stellen sie eigenständige, gesonderte psychische Funktionen dar, deren jede unverwechselbar für alle Individuen wirksam wird. Die Unterschiede zwischen einzelnen dieser psychischen Funktionen können äußerst subtil sein. Die hier vorgestellte Zusammenfassung der psychischen Funktionen beruht im wesentlichen auf ⇨ Khenpo Chöthrak Thenpel Rinpoches Kommentar zu Shakya Panditas ›Schatz der Begründungen und gültigen Erkenntnisse‹; KIBI 1991, unveröffentlichtes Manuskript, Bearbeiter: Albrecht Frasch, S. 10 -17 [*in Anlehnung an die Ausführungen des ›Abhidharmasamucchaya‹*]; ⇨ Khenpo Chöthrak Thenpel Rinpoches Kommentar zu Vasubandhus ›Abhidharmakosha‹, KIBI 1991, unveröffentlichtes Manuskript, Bearbeiter: Albrecht Frasch, S. 28 - 40; ⇨ Geshe Rabtens ›The Mind and its Functions‹, THARPA CHÖ LING 1981; sowie ⇨ Acharya Thobchus Kommentar zu Khenpo Tshultrim Gyamtso Rinpoches ›Darlegung der Wissenschaft der Bewußtseinszustände, genannt Kern des Ozeans der Logiktexte‹; KIBI 1994, unveröffentlichtes Manuskript, Übersetzer: Karl Brunnhölzl, Bearbeiter: Albrecht Frasch, S. 40 - 48.

Die an jedem psychischen Ereignis beteiligten psychischen Funktionen

Der verstehende Geist bedient sich zunächst einmal fünf solcher mentaler Faktoren, die an jedem einzelnen Bewußtwerdungsprozeß beteiligt sind; sie sind die bestimmenden mentalen Merkmale eines jeden einzelnen Bewußtseinsmoments – wie grob oder subtil jener auch immer sein mag. Sie können als Eckpfeiler oder als als inhärente subtile ‚Gestalt' einer jeden Erkenntnis verstanden werden, ohne die die kognitiven Prozesse [*abstrakte willentliche Vorgänge*] und die Wahrnehmungen, die durch die fünf Sinnesbewußtseine erfolgen, gar nicht zustandekommen könnten:

⊗ EMPFINDUNG ist diejenige eigenständige psychische Funktion der Erkenntnis, die freudige, schmerzhafte oder gleichgültige Gefühlsqualitäten registriert. Freude und Schmerz sind also keine Gegenstände des Gefühls, sondern sie sind Qualität der Erfahrung selbst, d.h. sie sind selbst von der Natur der Bewußtheit bzw. entstehen erst in Abhängigkeit davon, daß der Geist in Berührung mit Objekten kommt, denen gegenüber bestimmte Prädispositionen bestehen. Die hauptsächliche Funktion dieser psychischen Funktion ist es, dem Individuum die volle Erfahrung reifender Effekte früherer Handlungen ins Bewußtsein zu rufen. Wie bereits in der obigen Darstellung der archaischen Empfindungen ⇨ Begierde, ⇨ Abneigung und ⇨ Unentschiedenheit aufgezeigt, tendieren alle Menschen dazu, auf angenehme Gefühle begierig, auf unangenehme Gefühle zurückweisend und auf gleichermaßen mit positiven und negativen Anteilen vermischte Gefühle verwirrt zu reagieren. Sofort, wenn ein positives Gefühl auftaucht, kommt es automatisch bei jedem Individuum zu einem subtilen Impuls, der eine solche Erfahrung andauern lassen bzw. beliebig häufig wiederholbar machen möchte. So entstehen Anhaftung und Sehnsucht. Kommt es zu schmerzlichen Gefühlen, dann funktionieren die Gewohnheitstendenzen völlig entgegengesetzt: Zunächst nur von der Dauer kürzester Sekundenbruchteile und deshalb deutlich unterhalb der Wahrnehmungsschwelle entstehen starke Impule, sich der auslösenden Objekte dieses negativen Gefühls zu entledigen: das Resultat sind Abneigung und Ärger. Bei Indifferenz, also nahezu gleich starker Beteiligung von positiven und negativen Gefühlsanteilen, neigt das Bewußtsein [*bzw. die Bewußtheit*] dazu, dumpf und unklar zu werden, wodurch Konfusion und Verwirrung induziert werden. Solange diese Mechanismen unbewußt und unkontrolliert ablaufen, erfährt das Individuum unbefriedigende und quälende Geisteszustände.

⊗ UNTERSCHEIDUNG stellt die dem Geist innewohnende subtile Fähigkeit dar, das Objekt, auf das das Bewußtsein sich gerade ausrichtet, zu identifizieren, indem es die jenes von ähnlichen Objekten unterscheidenden charakteristischen Merkmale erkennt. Diese psychische Funktion beschreibt also denjenigen Aspekt des Erkennens, der unterscheidende Merkmale hervorhebt und bewußt macht. Unterscheidung kennzeichnet folglich die Qualität des Geistes, seine geistigen Objekte [*die willkürlichen Gedanken*] mittels Benennungen und Begriffen und seine wahrgenommenen Objekte mittels Differenzierungen zu erkennen. Die Erkennung unterscheidender Merkmale muß aber nicht notwendigerweise über Bezeichnungen und Benennungen erfolgen: Kleinkinder, die noch nicht gelernt haben, unterschiedlichen Objekten entsprechende Zeichen zuzuordnen, sind ebenfalls bereits zu dieser elementaren kognitiven Leistung in der Lage; ansonsten könnten sie nicht lernen, sich in einer ihnen vollkommen unbekannten, hochkomplexen Welt zurechtzufinden.

⊗ ABSICHT [*Motivation*] ist diejenige eigenständige Bewußtseinskomponente, die das ‚ursprüngliche Bewußtsein' [*siehe oben*] sowie die übrigen es begleitenden psychischen Funktionen auf sein bzw. ihr Objekt zubewegen. Diese psychische Funktion ist sowohl bewußtes als auch automatisch motivierendes Element des Bewußtseins, das den Geist dazu veranlaßt, sich auf bestimmte Objekte auszurichten, jene zu ergreifen und weiterzuverarbeiten. Absicht bzw. Motivation ist das aktuelle Prinzip von

Aktivität, von Handlung und damit von Karma, dessen Ausdruck es ist und das es wiederum bewirkt. Karmische Gewohnheitstendenzen bestimmen, welchen Objekten Individuen ihre Aufmerksamkeit schenken und wie sie auf jene reagieren, wodurch sie erneut [*karmische*] Gewohnheitstendenzen in ihren Geistesstrom verankern. Absicht ist insofern ein formatives Element, als der Geist, der ständig wie danach trachtet, irgendwelche Objekte zu ergreifen, unter dem Einfluß der Eindrücke, die gerade aus seinem Unterbewußtsein heraus auftauchen, sich mehr oder weniger willentlich bzw. willkürlich [*also absichtlich*] entscheidet, welche Objekte er aus der Fülle sich ihm gerade darbietender Phänomene herausgreift, um sich ihnen zuzuwenden.

⊗ KONTAKT ist diejenige eigenständige Bewußtseinskomponente, die dann, wenn die drei unmittelbaren Bedingungen für jeden Wahrnehmungsvorgang [*bzw. für jeden willkürlichen Denkprozeß*] – nämlich das Objekt einer Sinneswahrnehmung [*bzw. eines Denkvorganges*], das entsprechende Sinnesorgan [*bzw. die an kognitiven Vorgängen beteiligten cortikalen Strukturen*] und ein Moment ursprünglichen ‚nackten' Bewußtseins – zusammenkommen, dafür sorgt, daß die ursprüngliche Bewußtheit dieses Objekt ergreifen kann. Obwohl diese psychische Funktion als notwendige Bedingung für das Wirksamwerden der psychischen Funktion der Empfindungen fungiert – daß also erst durch erfolgten Kontakt angenehme, unangenehme oder neutrale Gefühle überhaupt in Erscheinung treten können – trifft es jedoch nicht zu, daß sie die Ursachen für die gleichzeitig in Erscheinung tretenden konkreten Gefühle bereitstellen [*diese Ursachen beruhen auf entsprechenden ‚karmischen' Vorerfahrungen mit den entsprechenden Wahrnehmungsobjekten*]. Dennoch ist es im konkreten Einzelfall die psychische Funktion des Kontaktes, die als eigenständige Bewußtseinskomponente allen nur denkbaren emotionalen Störungen [*vgl. die wieter unten erfolgende Darstellung der negativen psychischen Funktionen*] vorausgeht.

⊗ AUFMERKSAMKEIT ist diejenige eigenständige mentale Qualität, die das ursprüngliche Bewußtsein und die übrigen psychischen Funktionen permanent auf seine Objekte ausrichtet und diese Ausrichtung für eine gewisse Zeit aufrechterhält. Aufmerksamkeit fokussiert den Geist auf seine Objekte und hält ihn eine [*bei Ungeübten maximal wenige Sekunden währende*] Zeitspanne bei diesen, ohne es ihm zu gestatten, davon abzuschweifen. So bildet diese psychische Funktion die Grundlage für alle höher entwickelten geistigen Funktionen [*beispielsweise die Erinnerung*]. Sie ist nicht mit der bereits geschilderten psychischen Funktion ‚Absicht' bzw. ‚Motivation' zu verwechseln, die den Geist eher auf ein generelles Bezugsfeld [*etwa eine Landschaft*] ausrichtet, während Aufmerksamkeit den Geist auf die spezifischen Details des Wahrnehmungsfeldes [*Berge, Bäume etc. innerhalb eines ganzen Panoramas*] ausrichtet.

Die psychischen Funktionen, die die Aufmerksamkeit spezifizieren

Die folgenden sieben psychischen Funktionen bestimmen im Einzelnen, in welcher individuell eigentümlichen Weise die Aufmerksamkeit des Individuums eine Ausrichtung auf bestimmte Objekte bewirkt. ⊗ INTERESSE bezeichnet die absichtlichen Bemühungen, nach bestimmten Kenntnissen zu streben [*Grundlage für jede Form der Anstrengung*]. Das Interesse an den meisten Objekten, auf die sich die Aufmerksamkeit ausrichtet, hat bedauerlicherweise letztlich [*auch wenn kurzfristig erst einmal Bedürfnisbefriedigung und Genuß erfahren werden*] Leiden für andere und das Individuum selbst zur Konsequenz, da es egozentrisch orientiert ist. ⊗ ÜBERZEUGUNG bringen Individuen solchen Objekten entgegen, über deren Qualitäten sie sich so sicher sind, daß sie in ihren Bestrebungen zu ihnen hin nicht mehr abgelenkt werden können. Dieser Faktor unterstützt die ‚Erinnerung'. ⊗ ERINNERUNG beschreibt die mentale Qualität, sich Phänomene wieder und immer wieder ins Bewußtsein zu rufen, bis sie nicht mehr in Vergessenheit geraten können, so daß nach und nach Wissen aufgebaut werden kann [*erst ein dichtes Netz gleichzeitig erinnerter geistiger Gegenstände gestattet einen zunehmend angemessenen Überblick über jeweils aktuelle Zusammenhänge und die Identifikation intellektueller ‚Brüche' und Diskrepanzen*]. ⊗ KONZENTRATION sorgt dafür, daß die ganze ‚Aufmerksamkeit' eine gewisse Zeit lang ausschließlich und ununterbrochen auf denselben Aspekt eines Objektes gehalten werden kann. Insofern dient sie als Basis für ein Anwachsen von ‚Intelligenz'. Solange diese psychische Funktion nicht ausgiebig geübt worden ist, kann sie nur von sehr begrenzter Dauer sein. Je mehr Individuen ihre Konzentrationsspanne durch Übung ausdehnen, umso schärfer wird sich später ihre ‚Intelligenz' ausbilden! ⊗ INTELLIGENZ ist die mentale Fähigkeit, feine Unterscheidungen zu leisten, indem die Eigenschaften oder der Wert erinnerter Objekte untersucht und miteinander verglichen werden. Deshalb geht mit der untersuchenden, analysierenden Qualität der Intelligenz auch die Fähigkeit einher, Unentschiedenheit und Zweifel auszuräumen sowie die Wirklichkeit schlußfolgernd erkennen zu können. Insofern wirkt Intelligenz der ‚Unwissenheit' entgegen. In Verbindung mit ‚Konzentration' ermöglicht sie eine permanente Zunahme und Vertiefung subtiler Erkenntnisse und Einsichten. ⊗ SCHLÄFRIGKEIT richtet die Sinnesbewußtseine nach innen, läßt das Denk- bzw. Mentalbewußtsein unklar werden und sorgt nach und nach dafür, daß der Geist immer unfähiger wird, den Körper zu kontrollieren. ⊗ BEDAUERN ruft Mißfallen und Reue gegenüber eigenen [*nicht nur negativen, sondern auch positiven!*] Handlungen hervor. Das Kultivieren des Bedauerns negativer Handlungen dient dazu, negative Eindrücke aus dem Bewußtseinsstrom herauszu-‚reinigen'.

Die primären negativen psychischen Funktionen

Die negativen psychischen Funktionen sind für das Entstehen jeder Art von Leiden oder Unzufriedenheit verantwortlich, indem sie intellektuelle Verzerrung und emotionale Konflikte nach sich ziehen. Dies ist so, weil erstens das Bewußtsein selbst bereits mit verschiedenen Gewohnheitstendenzen durchsetzt ist, die die Qualität der Wahrnehmung bestimmter Objekte und Ereignisse beeinflussen; zweitens ist der Wahrnehmungsprozeß davon abhängig, in welcher Weise die Qualitäten des Wahrnehmungsobjekts dem Bewußtsein erscheinen; und drittens müssen verschiedene Bedingungen zusammenkommen, damit Objekt und Bewußtsein aufeinandertreffen können. Diese drei Determinanten bestimmen, auf welche Weise die Wahrnehmung durch die negativen psychischen Funktionen [*traditionellerweise als ‚Plagen' bezeichnet*] gefärbt wird. Die primären negativen psychischen Funktionen [*traditionellerweise als ‚Wurzelplagen' bezeichnet*] zeichnen sich dadurch aus, daß sich Spuren und Andeutungen dieser psychischen Funktionen schnell ausbreiten und das ganze Bewußtsein des von diesen negativen Erfahrungen betroffenen Individuums überschwemmen. Als Resultat dieser psychischen Funktionen entsteht also überwältigendes Leid.

⊗ IGNORANZ ist ein unklarer Geisteszustand, der dadurch zustandekommt, daß sich das Individuum der Verbindlichkeit bzw. Unvermeidbarkeit des Zusammenhangs zwischen Ursache und Wirkung nicht mit der gebotenen Gründlichkeit bewußt wird. Deshalb steht diese Funktion quasi an der Spitze aller anderen negativen psychischen Funktionen, und indem er sie alle auslöst, ruft er anschließend weitere negative – d.h. andere schädigende – Handlungen hervor, die letztendlich negative Lebensumstände nach sich ziehen. ⊗ ANHAFTUNG ist diejenige eigenständige psychische Aktivität, die die Attraktivität von Plätzen, physischen Erscheinungen und Erfahrungsobjekten, auf die sich das Individuum gerade bezieht, stark übertreibt, woraufhin der selbstsüchtige Wunsch entsteht, diese besitzen zu wollen. ⊗ ÄRGER ist diejenige eigenständige psychische Funktion, die die Leiden, die von schädigenden Personen oder Objekten herrühren, dermaßen übertreibt, daß Impulse entstehen, sich der Leid verursachenden Personen oder Objekte gewaltsam zu entledigen. Ärger hat die Funktion, den Geist grob und gestört werden zu lassen, und bildet die Grundlage dafür, daß das Individuum sowohl sich selbst als auch andere quält und dazu beiträgt, daß die Leiden und die Ursachen für Leiden bei ihm selbst und bei anderen immer weiter anwachsen. ⊗ STOLZ ist diejenige eigenständige psychische Funktion, die immer dann, wenn sich Änderungen der Lebensumstände abzeichnen, die damit einhergehende Unsicherheit kompensiert, indem das Individuum das eigene ‚Image' anderen Personen gegenüber übertreibt und deshalb Schwächeren gegenüber Arroganz, Gleichgestellten gegenüber Konkurrenz und Höhergestellten gegenüber Neid ausbildet. Diese mentale Eigenschaft macht es unglücklicherweise unmöglich, sich die Erfahrungen und Kenntnisse anderer nutzbar zu machen. ⊗ STARRSINN beschreibt denjenigen gestörten Zustand der ‚Intelligenz', der im Unterschied zur ‚Ignoranz' dadurch zustandekommt, daß das Individuum unter dem Eindruck, das eigene ›Ich‹ sei keinen permanenten Veränderungen unterworfen, sondern existiere wahrhaft, bestimmte Sichtweisen entwickelt, die selbst dann hartnäckig aufrechterhalten werden, wenn der Gang der Ereignisse jene bereits ad absurdum geführt hat. ⊗ ZWEIFEL kennzeichnet diejenige eigenständige psychische Funktion, die verhindert, daß das Individuum seinen eigenen, unter Einsatz ernsthaftester Bemühungen erworbenen tieferen und weitreichenderen Einsichten auch dann noch Vertrauen schenkt und entschlossen folgt, wenn es dadurch kurzfristig Nachteile erfährt oder sich gerade in einem geängstigten Zustand befindet. Dieser Faktor stört die Entwicklung psychischer Gesundheit besonders nachhaltig. Andauerndes Zaudern und Unentschlossenheit bezüglich bereits als gesichert erachteter Erkenntnisse kann das Individuum nur dadurch überwinden, indem es die Gegenstände seines Zweifels mithilfe intelligenter logischer Schlußfolgerungen konsequent untersucht, daraus die Beweggründe für seinen

Zweifel [*beispielsweise Angst vor resultierenden Konsequenzen*] ableitet, sich dann kompromißlos eingesteht, wo der eigene Zweifel dem aktuellen Erkenntnisstand nicht mehr genügt, und ihn schließlich konsequent als das reibungslose Funktonieren eigener psychischer Vorgänge gefährdende und die weitere geistige Entwicklung hemmende falsche Rücksichtnahme ausräumt.

Die sekundären negativen psychischen Funktionen

Die zuvor dargestellten sechs primären negativen psychischen Funktionen fungieren als Basis für die anschließend aufgeführten sekundären negativen psychischen Funktionen. ⊗ WUT ist diejenige durch ‚Ärger' bedingte sekundäre psychische Funktion, die den ausgesprochenen Wunsch darstellt, andere zu verletzen. ⊗ RACHSUCHT ist diejenige durch ‚Ärger' bedingte sekundäre psychische Funktion, die dafür sorgt, daß das Individuum haßerfüllt auf eine Gelegenheit wartet, Vergeltung an einer anderen Person zu üben, die ihm zuvor ernstlichen Schaden zugefügt hat. ⊗ TROTZ ist diejenige durch ‚Wut' und ‚Rachsucht' bedingte sekundäre psychische Funktion, die das Individuum motiviert, sich insbesondere verbal auf grobe und boshafte Weise zu äußern, um geistige Freude bei einem selbst und anderen zu zerstören. ⊗ NEID ist diejenige durch ‚Ärger' und ‚Anhaftung' an Respekt und materielle Güter bedingte sekundäre psychische Funktion, die es dem Individuum verwehrt mitansehen zu können, daß es anderen gut geht und daß sie Vorteile erfahren. ⊗ SKRUPELLOSIGKEIT ist diejenige durch ‚Ärger' und den vollkommenen Mangel an Mitgefühl bedingte sekundäre psychische Funktion, die das Individuum eine pervertierte Lust verspüren läßt, wenn es andere demütigt, erniedrigt und mißachtet. Sie läßt das Individuum unter dem Eindruck handeln, das Leben und die physische Unversehrtheit anderer Wesen sei im Vergleich zu ihm selbst ohne Wert.

⊗ GEIZ ist diejenige durch ‚Anhaftung' provozierte psychische Funktion, die das Individuum an bereits erlangtem Besitz festhalten und diesen horten läßt; es kann nicht teilen, weil die Anhaftung an Ansehen und materielle Güter im Laufe der Zeit zu stark geworden ist. ⊗ SELBSTGEFÄLLIGKEIT ist diejenige durch ‚Anhaftung' und ‚Stolz' über eigenen Wohlstand und Machtfülle hervorgerufene psychische Funktion, die das Individuum das Glück, das es durch Ausschöpfen sich ihm bietender Gelegenheiten erlebt, prahlerisch übertreiben läßt und überdies die Aktivierung anderer unheilsamer psychischer Funktionen nach sich zieht. ⊗ AUFREGUNG ist diejenige durch ‚Anhaftung' provozierte psychische Funktion, die gleichzeitig auf der Stufe grober Gedanken sowie subtiler geistiger Regungen die eigene Aufmerksamkeit ständig unstet und verwirrt hin- und herschweifen läßt und so die bereits erlangte geistige Ruhe zerstört, indem das Individuum dadurch unter den Einfluß unkontrollierter Phantasien gerät, die um dasjenige kreisen, das es zu erlangen trachtet.

⊗ VERTUSCHEN ist diejenige vorrangig durch ‚Ignoranz' unterstützte psychische Funktion, die das Individuum dazu verleitet, eigene unliebsame Charakterzüge vor sich selbst zu leugnen und vor anderen zu verheimlichen, weshalb ‚Bedauern' nicht wirksam werden kann und eine zunehmende Schwere und ständig zunehmendes Unbehagen im Geist entstehen.

⊗ TRÄGHEIT ist diejenige vorrangig durch ‚Ignoranz' aktivierte psychische Funktion, die das Individuum dazu veranlaßt, seine Objekte nicht mehr zu ergreifen, was seine geistige Wachheit erlahmen und es generell unsensibel werden läßt. Sie hat die Funktion, Körper und Geist schwer und unflexibel werden zu lassen. ⊗ MANGELNDES VERTRAUEN ist diejenige vorrangig durch ‚Ignoranz' unterstützte geistige Tendenz, aufgrund fehlenden Vertrauens gegenüber positiven Phänomenen auch kein Verlangen nach ihnen zu entwickeln. Deshalb dient sie als Ursache für ‚Faulheit' und gleichzeitig für das Abnehmen der Kraft des ‚Vertrauens'. ⊗ VERGEẞLICHKEIT ist diejenige vorrangig durch ‚Ignoranz' bewirkte psychische Funktion, die das Individuum solange von heilsamen geistigen Neigungen ablenkt, bis jene vollkommen in Vergessenheit geraten sind. ⊗ UNACHTSAMKEIT ist ein vorrangig durch ‚Ignoranz' hervorgerufener Zustand sorgloser Indifferenz. Sie kommt dadurch zustande, daß das Individuum sich bestenfalls – wenn überhaupt – noch eine oberflächlich Analyse der Ereignisse gestattet, weshalb ihm das eigene äußerliche, verbale und ‚psychische' Verhalten [*in diesem Zusammenhang sei noch einmal an die Kraft der Gedanken, Motive und Wünsche erinnert*] nicht mehr voll ins Bewußtsein dringt. Dieser Faktor ist grundsätzlich immer dann beteiligt, sobald ‚Intelligenz' und Erkenntnisfähigkeit in irgendeiner Weise getrübt sind. ⊗ FAULHEIT ist diejenige vorrangig durch ‚Ignoranz' unterstützte psychische Funktion, die Objekte nur solange ergreift, wie sie Freude versprechen, allerdings sofort verzagt, sobald von diesen Objekten kein Genuß mehr zu erwarten ist. Diese Funktion bringt die Kraft des ‚Enthusiasmus' zum erliegen, läßt bereits errungene heilsame Tendenzen degenerieren und keine neuen Tugenden entstehen.

Faulheit untergliedert sich in ⇨ GEISTIGE MÜẞIGKEIT; dies ist eine dumpfe Qualität des Geistes, die die geistige Tendenz darstellt, in einen indifferenten Zustand zu geraten, in dem das Individuum kein Interesse an der Frage mehr aufbringt, wie sich die Ereignisse tatsächlich gestalten. Ihr wird durch ‚Enthusiasmus' – das Kultivieren eines wachen und bemühten Geistes – begegnet. Davon wird die Faulheit des ⇨ SELBSTMITLEIDS unterschieden, unter deren Einfluß das Individuum dann gerät, wenn es das eigene Potential als so gering einschätzt, daß es sich nicht mehr zutraut, bemerkenswerte geistige Fortschritte und tiefe Einsichten zu gewinnen; ihr begegnet man durch das Kultivieren desjenigen ‚Enthusiasmus', der eine auf Selbstvertrauen fußende heilsame Beharrlichkeit entwickelt. Schließlich kennt man die Faulheit, die darin besteht, daß man ⇨ VON NEGATIVITÄT BEGEISTERT ANGEZOGEN WIRD. Diese Form der Faulheit wird überwunden, indem das Individuum sich für Dinge begeistern lernt, die heilsam und nützlich sind. Streng genommen stellen in diesem System alle Anstrengungen, die darauf abzielen, gewöhnliche weltliche Vorteile zu erringen, eine dieser drei Formen der Faulheit dar.

⊗ ANMAẞUNG ist diejenige psychische Tendenz, die, entweder von ‚Anhaftung' oder von ‚Ignoranz' hervorgerufen, dann zum Tragen kommt, wenn das Individuum aufgrund offenkundigen Haftens an Ruhm und materiellen Gütern spezielle Fähigkeiten [*beispielsweise ein großes Geschick im Einteilen und Anlegen von Geld*] entwickelt hat und nun an andere die engstirnige Erwartung stellt, daß sie ebenfalls über diese Sonderbegabungen verfügen müßten. ⊗ UNEHRLICHKEIT kann ebenfalls aus ‚Anhaftung' an Ruhm und Macht oder aus ‚Unwissenheit' heraus entstehen und drückt eine sehr stark wirksame Tendenz aus, die eigenen Fehler vor anderen zu verheimlichen, indem das Individuum sich unablässig bemüht, jene zu verwirren.

Die vier verbleibenden psychischen Funktionen werden sowohl durch ‚Anhaftung' als auch durch ‚Abneigung' und ‚Unwissenheit' hervorgerufen. Dementsprechend kennzeichnet ⊗ SCHAMLOSIGKEIT diejenige psychische Tendenz, die nicht einmal dann, wenn es dem Individuum deutlich bewußt [*gemacht*] wird, bereit ist, schädliche bzw. andere schädigende Verhaltensweisen aufzugeben. Sie fungiert als unterstützende Bedingung für die primären negativen psychischen Funktionen und dient als Grundlage dafür, daß das Individuum sich selbst zugesicherte Gelöbnisse und Versprechen nicht einhält. ⊗ RÜCKSICHTSLOSIGKEIT ist diejenige psychische Aktivität, die das Individuum dazu provoziert, die Interessen und Traditionen anderer zu verletzen, weil es ihm partout nicht gelingt, bestimmte negative Verhaltensmuster bei sich selbst zu unterbinden. Wer sowohl Selbstachtung als auch Rücksicht vermissen läßt, übt keinerlei Zurückhaltung mehr, bis er schließlich völlig ungehindert von der Gewalt der anderen negativen psychischen Funktionen hin- und hergeworfen wird wie ein Wagen, dessen Bremsen versagen. ⊗ GEWISSENLOSIGKEIT, wenn von ‚Faulheit' hervorgerufen, ist diejenige psychische Tendenz, die den Wunsch immer stärker werden läßt, ohne jede Zurückhaltung und Tugend handeln zu dürfen. Sie löscht letztlich alle positiven psychischen Funktionen aus. ⊗ VERWIRRUNG schließlich ist diejenige psychische Aktivität, die die ‚Aufmerksamkeit' für eine Vielzahl von Objekten zerstreut, weil das Individuum noch nicht dazu fähig ist, über längere Zeiträume seine Aufmerksamkeit auf heilsame Objekte aufrechtzuerhalten. Verwirrung schwächt die Kraft der Konzentration und löscht sie schließlich aus, weil das Bewußtsein durch Anhaftung, Abneigung oder Ignoranz vom Objekt seiner Konzentration weggeführt wird.

Heilsam bzw. unheilsam bedeutet in der buddhistischen Terminologie, daß Handlungen ausgeführt werden, die entweder dem Wohl und Nutzen bzw. dem Nachteil und Schaden anderer dienen. Dieses Konstrukt ist insofern von herausragender Bedeutung, als in der buddhistischen Theorie keine scharfe Trennung zwischen dem eigenen ›Ich‹ und den ›anderen‹ getroffen wird. Die Nähe und Verbundenheit der eigenen Person zu allen anderen Individuen wird im Buddhismus in einem Maße betont, daß sogar die eigenständige Existenz eines ›Selbst‹ in Frage gestellt wird: Handelndes Subjekt und die Individuen, die die Konsequenzen der Handlungen des Subjekts erfahren, sind unauflöslich als Ursache-Wirkungs-Einheit miteinander verbunden: Wer heute anderen Nutzen oder Schaden zufügt, wird zu einem späteren Zeitpunkt zum Objekt ebensolcher nützlicher bzw. schädigender Aktivitäten werden, auch wenn diesbezüglich die Zeitspanne zwischen einigen Minuten und vielen Lebenszeiten variiert [*siehe die Ausführungen zum Karmabegriff auf S. 24f*].

Da nach den Gesetzen buddhistischer Logik ein ›Ich‹ lediglich als Gegenstück zu allem und allen anderen existieren kann, wird immer wieder betont, daß das Individuum keine bedeutenden Fortschritte in seiner geistigen Entwicklung machen kann, wenn es zumindestens jenen Leiden anderer Wesen gegenüber, derer es Zeuge wird, kein Mitgefühl entgegenbringt. Dieses Mitgefühl äußert sich in dem aufrichtigen, immer wieder geübten Wunsch, andere Personen [*die ihm u. U. sogar sehr geschadet haben oder in eine Konkurrenzsituation mit ihm verwickelt sind*] frei von den Leiden sehen zu wollen, die es bei ihnen wahrgenommen hat.

Solche Wünsche sind zu Beginn eines eigenen geistigen Entwicklungsweges insofern höchstens als ‚fromme Wünsche' zu bezeichnen, als sie zu diesem Zeitpunkt noch nicht echt, sondern nur [*sich selbst gegenüber*] vorgegeben bzw. [*anderen gegenüber*] vorgetäuscht sein können. Die meisten Individuen sind zu Beginn ihrer spirituellen Entwicklung einzig am eigenen Wohl – d.h. eben am Realisieren der eigenen spirituellen Entwicklung – und vielleicht noch zusätzlich am Wohl derer, die sie lieben, interessiert, nicht jedoch am Wohl derer, die sie gar nicht kennen oder die ihnen sogar Schaden zugefügt haben. Deshalb wird empfohlen, sich zu Anfang seines geistigen Gesundungsprozesses in der Aufrichtigkeit dieser altruistischen Wünsche zu üben, indem man jene wieder und immer wieder bekräftigt und sich währenddessen für einzelne Augenblicke fest darauf konzentriert, das Wohl anderer Wesen mit aller Echtheit und Unverfälschtheit zu wünschen. So entsteht nach und nach – wenn auch anfänglich in einer mehr oder weniger künstlichen bzw. gekünstelten Weise – ein immer tieferes, aufrichtigeres und anhaltenderes Interesse daran, daß andere Wesen tatsächlich Glück erleben und Leid vermeiden mögen.

Im Tibetischen Buddhismus spielen die Begriffe Liebe, Mitgefühl, Freude und Gleichmut eine außerordentlich bedeutsame Rolle. Die grundsätzliche Einstellung, anderen Wesen aktiv alles Glück und alle Vorteile dieser Welt zu wünschen, wird in der buddhistischen Philosophie als Liebe bzw. liebevolle Freundlichkeit bezeichnet. Demgegenüber ist Mitgefühl der dauerhaft kultivierte Wunsch, andere mögen keine Leiden erleben. Freude im buddhistischen Sinne entwickelt das Individuum dann, wenn es aufrichtig erfreut reagiert, wenn andere Vorteile erlangen, und Gleichmut hat ein Individuum dann verwirklicht, wenn es ihm gelingt, selbst frei von Gier gegenüber angenehm erscheinenden Objekten und Abneigung gegenüber unangenehm erscheinenden Objekten zu sein und gleichzeitig diese Eigenschaften anderen zu wünschen.

Die positiven psychischen Funktionen

Die positiven psychischen Funktionen stellen elf positive Qualitäten des Geistes dar, die die bisher dargestellten mentalen Aktivitäten dazu veranlassen, einen heilsamen Aspekt einzunehmen und so in letzter Konsequenz für das Zustandekommen von Frieden und Wohlergehen für einen selbst und für andere sorgen, indem sie negativen Weisen geistigen Handelns entgegenwirken und das Individuum letztendlich sogar von jenen befreien. Durch konsequente Anstrengungen lassen sie sich in den eigenen Bewußtseinsstrom integrieren und verwurzeln. ⊗ VERTRAUEN ist diejenige eigenständige psychische Funktion, die, wenn sie sich auf ein tiefgreifendes Verständnis von Ursache und Wirkung bezieht, einen freudevollen Zustand des Geistes frei von den Verwirrungen, die aus den negativen psychischen Funktionen erwachsen, erzeugt. Sie dient dort, wo eine positive Ausrichtung des Geistes noch in keiner Weise besteht, als Basis für die Erzeugung der Funktion ‚Bestrebung', und dort, wo bereits ein gewisser Grundstock jener psychischen Funktion erzeugt werden konnte, als Voraussetzung für eine Vertiefung von jener. Zunächst kultiviert das Individuum also den Wunsch, ein solches Vertrauen zu entwickeln, obwohl jenes noch in keinster Weise existiert; anschließend kultiviert es jenes, bis die Überzeugung in bestimmte Qualitäten unerschütterlich geworden ist. ⊗ SELBSTACHTUNG beschreibt diejenige eigenständige Qualität bewußter Vorgänge, die aus Gründen des persönlichen Gewissens schädliche Handlungen von Körper, Rede und Geist so gut wie möglich zu unterdrükken versucht. Insofern bildet diese Funktion die Basis für jede moralische Disziplin [*siehe ‚die vollkommene Handlung des ethischen Verhaltens'; S. 154ff*]. ⊗ RÜCKSICHTNAHME auf andere ist diejenige eigenständige psychische Funktion, die schädliches Verhalten von Körper, Rede und Geist zum Schutz anderer vermeidet. Dieser Faktor dient als Basis für die Aufrechterhaltung der Reinheit der eigenen moralischen Disziplin sowie als Basis für die Fähigkeit, anderen Personen [*beispielsweise hochverwirklichten Meditationsmeistern*] Vertrauen entgegenzubringen. ⊗ UNBESCHWERTHEIT ist diejenige eigenständige Bewußtseinskomponente, die das Ergreifen und Kleben an Objekten und anderen Personen minimiert und das Individuum somit befähigt, die Ereignisse mit zunehmend mehr Klarheit und Objektivität zu erleben. Dieser Faktor ist das Gegenmittel gegen ‚Anhaftung', und richtet die eigenen Bemühungen nach und nach auf höhere [*spirituelle*] Ziele aus. ⊗ AKZEPTIEREN ist diejenige eigenständige mentale Aktivität, die weder einer Person gegenüber, die dem Individuum gerade Schaden zugefügt hat, noch irgendeinem Instrument, mit dem es geschädigt worden ist, mit Wut und Ärger begegnet, sondern jenen gegeüber vielmehr Geduld aufbringt. Insofern dient dieser Faktor als Grundlage für das Anwachsen der Eigenschaft, anderen Wesen gegenüber liebevolle Freundlichkeit aufzubringen. ⊗ NICHT-VERWIRRUNG ist diejenige eigenständige geistige Qualität, die entweder angeboren, angelernt, von Kontemplation oder gar Meditation herrührend eine Klarheit und Schärfe des Geistes bewirkt, die jede ,Verwirrung' zerstreut. Diese Eigenschaft stellt an sich keine Form der ,Intelligenz' dar, sondern beinhaltet eher die Fähigkeit, neue Erkenntnisse zu sammeln. Deshalb hat diese Funktion eher eine Beziehung zu ,Enthusiasmus' oder ,meditativer Konzentration'. Sie dient allerdings als Voraussetzung dafür, daß ,Intelligenz' anwachsen kann und daß heilsame Qualitäten, die den Bewußtseinsstrom des Individuums letztendlich reinigen, entstehen.

Die drei letztgenannten psychischen Funktionen beschreiben nicht einfach Zustände, die das Fehlen von Anhaftung bzw. Haß oder Verwirrung kennzeichnen, sondern stellen vielmehr ihnen entgegengesetzte Geisteszustände dar, die als Mittel dazu dienen, das Reservoir an anhaftenden, haßerfüllten und verwirrten Handlungen, das aufgrund von vorangegangenen Handlungen als Prädisposition im eigenen Bewußtseinsstrom lagert, mit der Zeit zu erschöpfen.

⊗ ENTHUSIASMUS ist diejenige eigenständige Bewußtseinskomponente, die bestimmt, inwieweit das Individuum sich freudevoll in heilsamer Aktivität engagiert. Er hat einerseits die Funktion, solche heilsamen Qualitäten anzuregen, die bereits im Bewußtseinsstrom des Individuums angelegt sind, auch wenn sie in dieser Existenz noch nicht aktualisiert werden konnten, und andererseits bereits thematisierte heilsame Qualitäten zu stärken. Generell wird Enthusiasmus oder ,freudevolle Anstrengung', wie sie auch zuweilen übersetzt wird, als Gegenmittel für geistige Faulheit oder Disziplinlosigkeit angesehen.

⊗ SCHMIEGSAMKEIT ist diejenige eigenständige mentale Eigenschaft, die den Geist befähigt, mentale und physische Rigidität zu überwinden, wenn Gelegenheit dazu besteht, durch das Brechen, Unterwandern etc. bisheriger psychischer Strukturen heilsame Handlungen auszuführen. Diese geistige Komponente ermöglicht die Überwindung solcher mentaler und physischer Starrheiten, die unpassende geistige und körperliche Zustände darstellen, aufgrund derer es dem Individuum bislang nicht möglich war, mit der erforderlichen Flexibilität zu tun, was es schon seit langem zu tun wünschte. Diese Qualität ist von einem Gefühl körperlicher Leichtigkeit und physischen Wohlbefindens begleitet. Rigidität dagegen beschreibt den Umstand, daß das Individuum hilflos unter der Herrschaft seiner störenden Gefühle steht, anstatt fähig zu sein, gerade anstehende intellektuelle Probleme zu lösen, oder seine Konzentration anderweitig einzusetzen. ⊗ GEWISSENHAFTIGKEIT stellt eine eigenständige geistige Qualität dar, die den Geist des Individuums vor jeder Konfrontation mit störenden Gefühlen provozierenden Wahrnehmungsobjekten bewahrt, indem es das Kultivieren von allem Heilsamen, Positiven und Nützlichen ununterbrochen im Fokus der eigenen Aufmerksamkeit hält. Diese Qualität bewirkt ‚Unbeschwertheit', ‚Akzeptieren', ‚Nicht-Verwirrung' und ‚Enthusiasmus', ebenso wie sie von jenen unterstützt wird. Gewissenhaftigkeit bemüht sich unablässig darum, alles Positive zu bewahren, das einmal erzeugt worden ist. ⊗ GLEICHMUT ist diejenige eigenständige psychische Funktion, die psychische Prozesse weder agitiert bzw. sorglos verwirrt noch unklar, dumpf und träge werden läßt, sondern das Bewußtsein in einem ausbalancierten Zustand hält, ohne dafür merkliche Anstrengung aufbringen zu müssen. Dieser Faktor hat die Funktion, den Geist in Ruhe auf einem heilsamen Objekt ruhen zu lassen, und beschreibt ebenso wie die vorherige Funktion eine geistigen Komponente, die von ‚Unbeschwertheit', ‚Akzeptieren', ‚Nicht-Verwirrung' und ‚Enthusiasmus' geprägt ist. Zuletzt umschreibt ⊗ GEWALTLOSIGKEIT diejenige eigenständige psychische Funktion, die – von dem Wunsch geleitet, daß alle Wesen frei vom Leiden sein mögen – alle Handlungen unterbindet, die von der Absicht geleitet sein könnten, jemanden zu schädigen.

Hiermit ist die Auflistung derjenigen psychischen Funktionen, die bestimmen, inwieweit Individuen sich hinsichtlich ihrer subtilen geistigen Entwicklung voneinander unterscheiden, abgeschlossen. Natürlich besitzen diese Funktionen keinerlei animistische Kräfte, indem sie den von ihnen ‚befallenen' Individuen oktroyierten, sich in einer bestimmten Weise zu verhalten oder nicht zu verhalten. Gerade aufgrund ihrer Unterschwelligkeit und Subtilität konfigurieren sich die hier geschilderten psychischen Funktionen zu unverwechselbaren [*sprich: individuellen*] psychischen Mustern, denen die betreffenden Individuen solange blind gehorchen, wie sie sich ihrer Wirkweise noch nicht bewußt geworden sind. Jene wurden hier aus dem Grund mit solcher Ausführlichkeit aufgelistet, weil das Erkennen bzw. Durchschauen der eigenen psychischen Funktionen tatsächlich das Transzendieren sämtlicher leidhafter geistiger Zustände in einem kathartischen Sinne bewirkt und somit nachhaltig zur psychischen Gesundung beiträgt.

Wer durchschaut, daß ① es nicht die eigene wirkliche Natur ist, irgendwelchen festgeschriebenen Lebenszielen zu folgen und dabei immer wieder bestimmte psychische Mechanismen einzusetzen; sondern ② sich immer weiter dem Verständnis annähert, daß die Gestaltung des eigenen ›Ich‹ mit aller Willkürlichkeit in den eigenen Händen liegt; daß ③ ferner das eigene ›Ich‹ auch für einen selbst genauso illusionär ist, wie einem das ›Ich‹ bzw. ›Selbst‹ von anderen erscheint; und ④ daß schließlich das Durchschreiten leidhafter Zustände vollkommen unvermeidlich ist [*weshalb alle unbewußten Versuche der Leidvermeidung durch negative Handlungen – also sich beispielsweise aufgrund von Geiz vor künftiger materieller Not zu schützen – ohnedies letztlich zum Scheitern verurteilt sind*], der ist im Begriff, seine psychische Konstitution zunehmend von solchen Tendenzen und Dispositionen zu reinigen, die das eigene Wohl auf Kosten des Wohls anderer zu erlangen trachteten; stattdessen eignet sich ein solches Individuum nach und nach ein Gerüst gesunder und der eigenen geistigen Entwicklung förderlicher subtiler psychischer Funktionen an. Wer darüberhinaus langfristig günstige Lebensumstände aufbauen möchte, sollte sich zusätzlich in der Praxis der sog. ‚vollkommenen Handlungen' (skrt: Paramitas) [*siehe S. 139ff*] üben, die für die Reinigung des eigenen Bewußtseinsstroms unverzichtbar sind.

III. Bewußtsein und Unterbewußtsein

Karma 2

Was immer Individuen konzentriert denken, sagen oder tun, geht gemäß dem Gesetz von Ursache und Wirkung nicht spurlos verloren, sondern verändert das eigene Bewußtsein [*genauer: das eigene ›Unterbewußtsein‹*] nachhaltig. ‚Unterbewußt' heißt in diesem Zusammenhang, daß Spuren sämtlicher geistiger, verbaler und körperlicher Aktivitäten als entsprechende Dispositionen – allerdings in Form eines Negativabdrucks – in den Tiefen des eigenen Unterbewußtseins gespeichert werden. Diese karmischen Spuren sammeln sich nicht in einem überindividuellen Bereich [*beispielsweise ‚dem Göttlichen' oder einem ›Höheren Selbst‹* (*skrt: Atman*)], sondern verbleiben in den individuellen Bewußtseinsströmen. Negativabdruck insofern, als es zu dem Zeitpunkt, zu dem erneut alle Ursachen und unterstützenden Bedingungen zusammenkommen, die an der Ausführung der ‚ursprünglichen' Handlung beteiligt waren, zu einer karmischen Konsequenz in Form eines Negativabdrucks kommt: Was man lange zuvor – unter Umständen bereits in früheren Leben – anderen angetan hat, geschieht einem heute selbst. Es gibt nur grobe Anhaltspunkte dafür, wie viel Zeit verstreicht, bis dieser Negativabdruck wirksam wird. Um ein Beispiel zu geben: Wer früher selbst stark geraucht und andere dadurch ständig in rücksichtsloser Weise belästigt hat, braucht sich nicht zu wundern, wenn er heute häufig zum unfreiwilligen Mitraucher gemacht wird [*die eigenen entsprechenden Jugendsünden sind freilich längst vergessen*]. Ein krasseres Beispiel: Personen, die andere Menschen foltern und grausam töten, wiegen sich in der Sicherheit, daß ihnen selbst schließlich Vergleichbares niemals geschehen könne, stehen sie doch auf der richtigen Seite der Macht, während einzig die von ihnen Gequälten so dumm waren, sich auf die falsche Seite der Macht zu stellen. Da Menschen, die sich moralisch bereits an anderen vergangen haben, es sich nicht mehr leisten können, die Gültigkeit des Gesetzes von Ursache und Wirkung in irgendeiner Weise anzuerkennen, leugnen diese Menschen die Möglichkeit, daß sie in einem der nächsten Leben auf der Seite der Opfer stehen könnten und daß ihnen dann genau dasselbe widerfahren könnte, was sie heute anderen antun. Einem gesunden Geist, der noch auf keine schwerwiegenden moralischen Verfehlungen zurückblickt, ist jedoch gemäß dem Sprichwort: ‚Was Du nicht willst, das man Dir tu, das füge keinem anderen zu!' die Gültigkeit des Karmagesetzes in einer direkten, natürlichen Weise einsichtig.

Im Allgemeinen werden die Ursachen für die meisten Eindrücke – insbesondere diejenigen, die den ganzen Lebensrahmen betreffen [*also: in welchem Land man lebt, welchen Beruf man ausübt, welchen sozialen Status man bekleidet, die Qualität der bedeutsamsten sozialen und persönlichen Beziehungen, das Ausmaß der eigenen körperlichen Attraktivität, die geistigen Anlagen, handwerkliches Geschick, ob man gesund ist oder nicht etc.*] – durch die Handlungen der unmittelbaren Vorleben, die von sehr großer karmischer Tragweite sind [*d.h. die das Leben anderer Individuen besonders positiv/negativ beeinflussten*], bestimmt. Wie obige Beispiele zeigen sollen, rächen sich im gleichen Leben eher Handlungen von geringfügiger Tragweite, die man achtlos und ohne sich deren Konsequenzen für andere bewußt zu machen, begangen hat [*'Kleine Sünden straft der liebe Gott sofort'*]. Dementsprechend läßt später auch die Einsicht in die Natur dieser karmischen Zusammenhänge zu wünschen übrig: Wer sich auch früher keine Gedanken darüber gemacht hat, welche Auswirkungen sein Verhalten für andere fühlende Wesen haben mußte – d.h. wer bereits zum Zeitpunkt des Ausübens der ‚ursprünglichen' Handlung einzig an sich selbst und den eigenen Vorteil dachte – der wird auch heute ganz unter dem Eindruck des eigenen Leidens stehen, wenn ihm unangenehme Ereignisse widerfahren, anstatt in ihnen die bloße Bestätigung der Gültigkeit des Gesetzes von Ursache und Wirkung zu erkennen.

Wenn die eigenen negativen Handlungen und moralischen Verfehlungen jedoch eine Tragweite erreicht haben, daß sie eine Verdrängung [*d.h. ein erzwungenes Vergessen*] entweder der eigenen Taten oder zumindestens deren Konsequenzen erforderlich machen, dann hat dies zur Folge, daß die entsprechenden geistigen Eindrücke so tief ins Unterbewußtsein zurückgedrängt werden, daß sie sich erst in anschließenden Existenzen wieder Ausdruck verschaffen können. Wer also Waffenverkäufe tätigt, Umweltverschmutzung im großen Stil betreibt, mit Drogen handelt oder andere durch seine Geschäfte in den Ruin treibt, konfrontiert sich nicht selbst mit den Leiden der ‚indirekten' Opfer seiner Handlungen, sondern zieht es stattdessen vor, die unmoralische Seite seiner Handlungen mit der Zeit zu ‚vergessen'. Dadurch reifen im Bewußtseinsstrom jener Individuen die entsprechenden karmischen Samen erst in folgenden Existenzen heran, in denen den betreffenden Individuen – nun also als Opfer – die Konsequenzen ihrer früheren Handlungen selbst widerfahren.

Aber selbst wenn die Leiden, die man erfährt, bereits in der jetzigen Existenz karmisch verursacht worden sein sollten, scheinen sie entweder direkt durch andere hervorgerufen zu werden oder nehmen als Eindrücke, Bilder und Gedanken, die von subtilen, aber dennoch außerordentlich starken Gefühlstönungen begleitet werden, aus dem eigenen Unterbewußtsein heraus Gestalt an. Sie beeinflussen die eigene seelische Befindlichkeit derart nachhaltig, daß es dem Individuum nicht mehr gelingt, Einsicht in die ursprünglichen Ursachen und sekundären Bedingungen dieser Ereignisse gewinnen – einmal weil die auslösenden Ursachen einfach schon zu lange zurückliegen, und zum anderen weil die Konsequenzen unterschiedlicher verursachender Handlungen die ganze Komplexität gegenwärtiger Ereignisse ausmachen [*d.h. weil sich die Konsequenzen außerordentlich vieler verschiedener karmischer Aktivitäten gemeinsam in den verschiedensten Aspekten einer komplexen Situation ausdrücken*]. Dementsprechend werden dem Individuum meist nur die Folgen bewußt, die sich aus ganzen Mustern solcher verschiedener subtiler karmischer Konsequenzen aus ganz unterschiedlichen Epochen der individuellen Biographie zusammensetzen, und die sich zudem auch noch gegenseitig beeinflussen und modifizieren.

Geistige Handlungen

Warum sind selbst Handlungen, die lediglich psychischer Natur sind – also Denkvorgänge sowie Akte des Fühlens und Wollens – von so weitreichenden karmischen Konsequenzen gefolgt? Dies liegt daran, daß bei den geistigen Prozessen das Erzeugen von Wünschen die stärksten karmischen Konsequenzen nach sich zieht; dies umfaßt sowohl Wünsche, die dem Individuum völlig illusionär und unerfüllbar erscheinen, als auch Wünsche, die momentane körperliche Handlungen begleiten, indem sie den Wunsch zum Ausdruck bringen, diese Handlung möge ihren Zweck erfüllen. Die karmische Wirkweise subtiler Denkmuster und -gewohnheiten wurde bereits bei der Erläuterung der psychischen Funktionen ausführlich dargestellt. Die ‚Empfindungen' [*siehe die Erläuterung der entsprechenden an jedem einzelnen Bewußtseinsprozeß beteiligten psychischen Funktion*] rufen dann die stärksten positiven oder negativen karmischen Konsequenzen hervor, wenn sie Handlungen nach sich ziehen oder solche begleiten. Zu positiven karmischen Folgen führen sie dann, wenn das Individuum Handlungen mit dem Ziel oder Zweck ausübt, anderen Wesen zu nützen. Entsprechend werden Handlungen von negativen karmischen Konsequenzen gefolgt, wenn das Individuum aus der Motivation heraus gehandelt hat, anderen Wesen Schaden zuzufügen oder sich – deren Schaden billigend – selbst Vorteile aus ihm verschafft. Welche Handlungen auch immer das Individuum also ausführt – eine jede von ihnen wird irgendwann in der Zukunft in Form eines karmischen ‚Negativabdrucks' auf es selbst zurückfallen.

In allen Religionen dieser Welt werden Gebete – also Wünsche oder Bitten an einen Gott oder höhere Mächte – als stärkste Steigerung jeglichen Wünschens angesehen. Nach buddhistischen Erkenntnissen wirkt die Kraft eines Wunsches umso stärker, je intensiver das Individuum seine geistige Konzentrationsfähigkeit auf jenen ausrichtet. Da vor dem Herzen zusammengelegte bzw. gefaltete Hände die Konzentrationsfähigkeit steigern, legen in allen Kulturen Menschen instinktiv die Hände auf Höhe ihres Herzens zusammen, wenn sie Wünsche von außerordentlicher Bedeutsamkeit formulieren. Im in einem einzigen äußerst kurzen Augenblick kulminierenden Moment des Wünschens versuchen sie, ihre Wunschkraft durch Intensivierung ihrer Konzentration bis an deren Grenzen zu steigern. Derselbe Mechanismus liegt auch solche Bräuche zugrunde, sich beispielsweise in dem Moment, in dem man eine Wimper fortbläst oder während man eine Sternschnuppe vom Augusthimmel fallen sieht, etwas zu wünschen. Durch zeitliche Beschränkung der Konzentration auf den eigenen Wunsch während des kurzen Augenblicks des Fortblasens der Wimper bzw. des kurzzeitigen Anblicks des herabfallenden Sternschnuppenschweifs wird automatisch eine Steigerung der Konzentration bewirkt! Diese kann das Individuum dann für die Intensivierung der eigenen Wünsche nutzbar machen.

Wenn Menschen anderen Menschen mit einer äußerst starken Intensität etwas Negatives wünschen [*etwa daß jemand etwas wieder verlieren möge, das er gerade bekommen hat, das man aber gerne selbst haben würde (Neid), oder daß sie ihnen ihr Glück nicht gönnen (Eifersucht)*], dann wird der Wünschende bei der ersten sich bietenden Gelegenheit unter dem Eindruck eben dieser starken negativen Gefühle solche negativen Handlungen ausführen, die seinen Wunsch zur Wirklichkeit werden lassen. Deshalb sind die karmischen Folgen solcher zunächst einmal ‚nur' geistigen Handlungen kaum schwächer, als wenn diese Handlungen bereits tatsächlich ausgeführt worden wären. Und schließlich: Wünsche gehen immer in Erfüllung – wenn das Individuum sie nur lange und intensiv genug wünscht – nur daß es meist längst vergessen hat, daß ein unverhofftes Ereignis, das ihm unter Umständen mittlerweile gar nicht mehr so gut ins Konzept paßt, die Erfüllung genau desjenigen Wunsches darstellt, den es vor Jahren mit großer Inbrunst immer wieder gehegt hat!

Gunst und Mißgunst

In diesem Zusammenhang sei mit aller Deutlichkeit gesagt, daß Glück in keiner Weise limitiert ist. Alle Menschen können gleichzeitig ,Glück haben'. Wenn jemand einer anderen Person einen herausragenden Glücksfall gönnt, ohne ihr dieses Glück – insgeheim oder gar vor sich selbst verheimlicht [*d.h. verdrängt*] – zu mißgönnen und es sich stattdessen selbst zu wünschen, dann wird ihm als Konsequenz dieser ,positiven' geistigen Tat ebenfalls irgendwann in seiner persönlichen Zukunft selbst ein seltener und unverhoffter Glücksfall [*Ereignisse, die bestimmte Notlagen ins Gegenteil verkehren*] widerfahren. Je häufiger man folglich allen anderen Menschen alles Gute, das sie erfahren, ,von Herzen' gönnt, umso glücklicher wird sich die eigene Zukunft gestalten.

Leider fällt es uns heute überaus schwer, anderen Menschen ihr Glück zu gönnen. Zwar neigen wir alle dazu, uns in gewissen Grenzen als ,gute Menschen' sehen zu wollen, die anderen – insbesondere unseren eigenen Freunden und Bekannten – nur das Beste wünschen; andererseits tendieren wir dazu, den engsten Freunden und selbst geliebten Geschwistern dieses Beste zu mißgönnen, wenn es bei jenen Wirklichkeit geworden ist, bei uns selbst aber noch nicht! Dies geschieht auf einer Bewußtseinsebene, die im Sinne Freuds als vorbewußt zu bezeichnen ist, und zwar deshalb, weil wir – durch und durch pragmatisch – zutiefst davon überzeugt sind, daß alles Gute auf dieser Welt begrenzt ist, und daß wir deshalb die Glücksfälle, die anderen widerfahren, selbst nicht mehr genießen können [*schließlich kann ja nicht jeder Lotto-Millionär werden*]. So befinden wir uns in unbewußter Konkurrenz mit allen anderen Erdenbewohnern – selbst mit jenen, die uns am nächsten stehen. Dieses ,Prinzip Mißgunst' hat sich – von den Bezugspersonen vorgelebt – schon früh in unsere Herzen eingenistet und vergiftet unser Denken und Handeln in einer äußerst subtilen, für unser Bewußtsein unmerklichen Weise mit Neid und Eifersucht [*zeitgemäßer als ,Egoismus' zu bezeichnen, der in der modernen Welt bedauerlicherweise zunehmend milder und verständnisvoller bewertet – ja mittlerweile sogar zunehmend propagiert und honoriert – wird*].

Dabei könnte es allen Menschen gut gehen – wenn sie den Personen ihrer näheren sozialen Umgebung deren Glück nicht neiden und das Gute, das jene erleben, nicht auch für sich selbst wünschen würden [*indem sie die glücklichen Umstände der anderen exakt kopieren wollen*], sondern indem sie es ihnen zutiefst [*d.h. bis in die tiefsten Schichten ihres Unterbewußtseins hinein*] gönnen und – vom Glück anderer unbeirrt – weiterhin ihr unverwechselbar eigenes Glück suchen. Das eigene Glück besteht ja nicht im Nacherleben des Glücks anderer, sondern muß von jedem Individuum erst neu gestaltet werden. Statt davon auszugehen, das eigene Leben würde – wenn genau jene Glücksfälle, die gerade anderen widerfahren, nur uns zugestoßen wären – optimiert, indem es dadurch in einer vorhersehbaren Weise glücklicher, leichter und sorgloser verlaufen würde [*das Glück war quasi ganz nah, schlug dann aber ungerechterweise bei jemand anderem ein*], sollte man sich vielmehr mit der Einsicht vertraut machen, daß sich getreu dem Sprichwort: ‚ ... kommt es anders, als man denkt ... ' die Ereignisse ohnedies ständig in einer völlig unvorhersehbaren, alle Vorstellungen sprengenden Weise neu formieren. In diesem Bereich bislang völlig ungeschehener, höchstens durch Intuitionen erahnbarer Neuheit muß jeder vielmehr die Umstände gestalten, die sich dann unvermutet zu seinem persönlichen Glück wandeln können.

Wie gelingt es nun, anderen aus tiefstem Herzen deren Glück zu gönnen? Zunächst einmal dadurch, indem man sich auf die Suche nach dem Gegenteil davon in sich begibt. Jede Person wird meist mehrmals täglich damit konfrontiert, von Freunden und Bekannten – und sei es nur am Telefon – über etwas für jene Erfreuliches in Kenntnis gesetzt zu werden. Entweder scheinen uns dann diese neuen Errungenschaften jener Personen, die uns gerade ins Vertrauen gezogen haben, gar nicht so vorteilhaft zu sein, und wir fragen uns unwillkürlich, ob jene denn all die unwünschenswerten Konsequenzen überblicken, die ihr vermeintliches Glück höchstwahrscheinlich nach sich ziehen wird; oder wir teilen die Ansicht, daß es sich dabei um einen echten Glücksfall handelt, und bringen dem Freund oder Verwandten gegenüber, der sich uns gerade hocherfreut mitteilt, zum Ausdruck, daß wir ihm sein neu gewonnenes Glück aufrichtig gönnen. An dieser Stelle wird empfohlen, uns selbst gegenüber konstruktiv zu zweifeln, indem wir uns ernstlich fragen, bis zu welchem Punkt wir dieser Person ihr Glück rückhaltlos gönnen, worauf sich aber – über diesen Punkt hinaus – jenes Gönnen nicht mehr erstreckt. Im Buddhismus wird eher angeraten, sich als einen Menschen einzuschätzen, der tief in sich die Neigung zu Neid und Mißgunst hegt und seine Freude am Glück anderer nur oberflächlich empfindet oder gar heuchelt [*bis man schließlich selbst glaubt, das eigene ‚Gönnen' sei echt*], und arbeitet deshalb permanent daran, seinem eigenen Anspruch, anderen alle Vorteile und alles Glück der Welt zu gönnen, aufrichtig zu genügen, als unhinterfragt davon auszugehen, daß man es schon gut mit seinen Nächsten meine – um stattdessen insgeheim oder unbewußt den eigenen Neid vor anderen und sich selbst hinter verbaler und gedanklicher Kosmetik zu verstecken. Je schonungsloser man auf diese Weise die eigenen Strategien vorgeblicher Mitfreude am Glück anderer aufdeckt, umso deutlicher wird einem allerdings auch bei anderen die hinter einer dünnen Fassade von erfreuter Anteilnahme geheuchelte Mißgunst einem selbst gegenüber; von nun an wird man sich – auch wenn es weh tut – seine Freunde besser aussuchen. Egoismus ist folglich im Hinblick auf die eigene psychische Hygiene insofern als geistige Nachlässigkeit zu bewerten, als jener langfristig verhindert, daß dem Individuum künftig Glück widerfahren kann.

Um zu üben, anderen ihr Glück zu gönnen, braucht man nur jedem Menschen, der – mit den kostbarsten Attributen des weltlichen Erfolgs geschmückt – den eigenen Weg kreuzt, viel Freude an seinem Reichtum und an seinem Glück zu wünschen. Wenn man an einem außerordentlich schönen Haus vorbeigeht, über das man bis jetzt zu sich gesagt hätte:

"In so einem Haus möchte ich auch einmal wohnen," oder jemand fährt in einem traumhaft schönen Auto an einem vorbei, das man nicht einmal in seinen kühnsten Träumen für sich selbst erhofft hätte; oder man wird Zeuge, wie jemand eine Partnerin oder einen Partner findet, die bzw. den man sich schon lange selbst gewünscht hat; oder man hört von einem Lottogewinn, einer Reise, einer sozialen Funktion, die andere gewonnen haben – bei all diesen Glücksfällen anderer versetzte es einem [*insbesondere, wenn man in dieser Hinsicht besonders bedürftig ist*] bislang immer – wenn auch nur unmerklich – einen kleinen Stich, während sich unbewußt und automatisch in einem Gedanken oder Sätze formulierten wie: "Das wollte ich auch schon immer haben." Immer wenn einem solche egoistischen Regungen [*die naturgemäß jede altruistische geistige Aktivität und damit auch aufrichtiges ‚Gönnen' ausschließen*] bei einem bewußt werden – und das wird immer häufiger der Fall sein, sensibilisiert man sich nur in ausreichendem Maße für jene – bietet sich einem die Gelegenheit zu üben, anderen großherzig all das Gute zu wünschen, das sie neuerdings besitzen, und – unbelastet von aller Habgier, allem Neid und irgendwelchen Wünschen wie ‚das brauche ich jetzt auch' oder gar ‚ich hätte das bekommen müssen' – seiner Wege zu gehn. Nur dadurch also, daß man erst wieder mühsam lernt, sich mit dem zu bescheiden, was man bereits besitzt, kann man kurzfristig seine Lebenszufriedenheit behalten. Überdies wird man so langfristig sogar psychischen Überschuß aufbauen, da die Zufriedenheit mit dem eigenen Leben als Kraft und Freude auf andere Menschen ausstrahlt.

Einzig dieser psychische Überschuß, der eben darin besteht, daß wir anderen in einer überaus echten, tief empfundenen Weise alles Gute, das sie sich selbst errungen haben, gönnen und uns mit dem bescheiden, was wir bereits besitzen, läßt andere Menschen ihr Mißtrauen uns gegenüber aufgeben und nach und nach sogar Vertrauen zu uns fassen; dadurch werden wir für solche Menschen, die das Herz ‚auf dem rechten Fleck' haben [*d.h. nicht nur Wert auf Macht und Erfolg, sondern auch auf Moral und menschliche Werte legen*] attraktiv. So umgeben wir uns immer mehr mit Menschen, die im Gegensatz zur Vielzahl der Zeitgenossen nicht ausschließlich egoistisch orientiert sind, und werden mit der Zeit immer mehr erfassen, daß das Befolgen eben jener ethischen Grundsätze uns langfristig psychisch gesunden und zunehmend stabiler werden läßt, während das Zuwiderhandeln gegen jene moralische Prinzipien uns zwar kurzfristig vermögend, langfristig aber unzufrieden, unglücklich und krank werden läßt. In diesem Sinne muß jedwede Behandlung psychischer Überbelastungen, Konflikte und Krankheiten unbedingt eine Wiederherstellung und Übung des moralischen Systems beinhalten!

Moral

Natürlich sehen die Gesetzmäßigkeiten in der Arbeitswelt – der Welt des Erfolges und der Leistung – anders aus. Hier wird ‚mit harten Bandagen' gekämpft – auch wenn sich die Beteiligten nach außen geben, als meinten sie es nur gut mit allen Menschen, während sie gleichzeitig so eigennützig wie irgend möglich handeln, dabei in Kauf nehmend, anderen so ernsthaften Schaden zuzufügen. Der Hang zur Intrige, die auf der Karriereleiter dazu verleitet, die natürlichen Impulse der Menschlichkeit auf dem Altar des weltlichen Erfolgs zu opfern, findet zunehmend auch im privaten Bereich Verbreitung: Wer kann schon seine Hand dafür ins Feuer legen, daß selbst der eigene Lebenspartner, die vertrautesten Freunde oder engsten Kollegen sich garantiert niemals aus niederen und eigennützigen Beweggründen gegen einen wenden und das in sie gesetzte Vertrauen in eklatanter Weise verletzen werden? Wer kennt sie nicht, die Jugendfreunde, die ihr wahres Gesicht erst nach Jahren und Jahrzehnten offenbarten? Überdies wird in Zeiten zunehmender sozialer Enge nicht nur wirtschaftlichem Erfolg eindeutig der Vorzug vor moralischem Handeln gegeben; unmoralisches und sogar kaum noch verheimlichtes ungesetzliches Verhalten der Reichen und politisch Einflußreichen, auf das der

Buchstabe des Gesetzes nur sehr halbherzig zur Anwendung gebracht wird, wird von der schweigenden Mehrheit der sozial Schwachen ebenso wie von der intellektuellen Elite immer resignierter hin- bzw. kaum noch wahrgenommen. Politische, geschäftliche und persönliche Unehrlichkeit, Schönrednerei und unverhohlener Egoismus haben weltweit Hochkonjunktur, und leider ist auch für die unmittelbare Zukunft nicht damit zu rechnen, daß sich das öffentliche Klima von den Erfordernissen des Marktes weg in Richtung auf mehr Moral und Menschlichkeit entwickeln wird; eher wird sich der entgegengesetzte Trend weiter fortsetzen.

Da wir also in einer Welt groß geworden sind, in der die Vielzahl der Menschen versucht, andere unter dem Deckmäntelchen verständnisvoller Freundlichkeit zu übervorteilen, sollte man der Fassade seiner eigenen Gesichtsausdrücke sowie dem ‚Licht', in das man sein Verhalten gerne gestellt sieht, ebenso wie der Mimik und der Körpersprache [*die ja heutzutage in Kursen angepaßt wird*] seiner Sozialpartner gründlich zu mißtrauen lernen; leider nur zu häufig verbergen wir unsere egoistischen Motive [*die uns entweder nicht bewußt werden oder völlig in Fleisch und Blut übergegangen sind*] hinter uns selbst und anderen vorgetäuschten Rollen, die anderen ähnlich fadenscheinig und aufgesetzt vorkommen müssen wie die ‚Plots' irgendwelcher TV-Teenage-Operas auf uns [*mißliche soziale Erfahrungen machen uns zu Experten im Aufdecken von Unstimmigkeiten im sozialen Verhalten anderer – unser moralisch fragwürdiges Verhalten anderen gegenüber dagegen billigen wir nur zu bereitwillig*].

Vor diesem Hintergrund ist es zu bewerten, wenn in diesen Tagen fragwürdige Ratgeber, die auf populärwissenschaftlichem Niveau Ratschläge für ein erfolgreicheres und dadurch vermeintlich auch glücklicheres Leben geben, immer mehr Verbreitung finden. Durch effizientere Rhetorik, Demonstrationen von Selbstbewußtsein und die Vermittlung sog. ‚Führungsqualitäten', die den Managern von morgen [*der sozialen Elite, der eingeräumt wird, ‚Menschenführung' – ein moderner Terminus Techni-*

cus aus dem Personalmanagement – zu praktizieren, die nur zu oft jeder Moral spottet und einzig dem Vorteil des Unternehmens verpflichtet ist] dazu befähigen, andere dazu zu bewegen, Dinge zu tun, die sie eigentlich nicht tun wollen, reihen sich die Bevorzugten nur zu bereitwillig in die Phalanx derer ein, die an der Front des Leistungsprinzips und des äußeren Erfolgs nicht nur gegen die eigenen Konkurrenten, sondern insbesondere gegen die stumme Schar derer, die zukünftig [*d.h. kurzfristig und unmittelbar*] die Konsequenzen ihrer Entscheidungen zu tragen haben werden, kämpfen.

Die Lehre, die vermittelt, wie die Dinge sind, befürwortet geschäftlichen und gesellschaftlichen Erfolg eher, als daß sie ihn verurteilen würde – sofern er nicht durch moralisch unlautere Methoden [*also dadurch, daß anderen Schaden zugefügt wurde*] erworben worden ist. Materieller Erfolg wird im Buddhismus schon aus dem Grund als etwas Positives gewertet, weil er im Licht von Karma – dem Gesetz von Ursache und Wirkung – als Resultat geübter Großzügigkeit in vergangenen Existenzen aufgefaßt wird. Wer über ausreichende finanzielle Mittel verfügt, so daß sie/er u.U. nicht mehr arbeiten muß, der kann die dadurch freigewordenen Kapazitäten nutzen, indem sie/er anderen nützt und gleichzeitig in die eigene zukünftige Existenz investiert. Wer zu Vermögen gekommen ist, ohne andere auszunutzen oder ihnen Schaden zuzufügen, soll jenes auch genießen, selbst wenn ein Leben in Wohlstand bedeutet, daß die betreffenden Personen sozusagen vom Konto ihres guten Karma lediglich Abbuchungen vornehmen. Wie immer besteht die Kunst im Vermeiden von Extremen: Zu warnen ist im Licht einer buddhistischen Auffassung jedoch vor extremer Genußsucht, die viele wohlhabende Menschen heimsucht und deren Bedürfnis nach noch ausgefalleneren oder intensiveren Genüssen immer weiter übersteigert, sowie davor, aufgrund seines Reichtums Stolz und Hochmut zu entwickeln, der den betreffenden Personen selbst so geringe Mühen wie etwa ein Telefonat oder eine Empfehlung, die die Not hilfesuchender Menschen sehr effektiv lindern könnten, verbietet.

Wer jedoch für den eigenen Erfolg sozusagen ‚über Leichen geht', wird zwar kurzfristig seine weltliche Position sichern können; langfristig wird ein solches Verhalten zwangsläufig schwerwiegende seelische Brüche und Defekte bis hin zum Irrsinn nach sich ziehen, die begabte Täter mittelfristig über die in der Psychoanalyse beschriebenen Mechanismen der Leugnung und Verdrängung als Ausdehnung und Erweiterung der Sphäre des Unbewußten aufzuhalten versuchen, denn selbst der hartgesottenste Gewaltverbrecher würde zusammenbrechen wenn nicht gar sofort dem Wahnsinn verfallen, wenn er sich die Konsequenzen seines negativen [*d.h. andere ernstlich schädigenden*] Verhaltens für seine Opfer wie für sich selbst schonungslos vor Augen halten würde. Der psychische Selbstschutz einer Verdrängung eigenen Handelns ins Unterbewußtsein gelingt nur in den seltensten Fällen lückenlos [*Randbedingungen wie etwa Nachtschlaf ausschließlich vor Mitternacht – d.h. ausgiebige traumlose Tiefschlafphasen; Träume würden den Täter ‚vorbewußt' immer wieder mit seiner Tat konfrontieren – müssen gewährleistet sein*] und läßt sich langfristig kaum aufrechterhalten [*unter Schweigepflicht stehenden Priestern, Ärzten und Psychotherapeuten werden immer wieder moralisch-sittliche Verfehlungen grauenhaftesten Ausmaßes, die sich nach vielen Jahren wieder Zugang zum Bewußtsein der Täter verschaffen konnten und jene nun Tag und Nacht nicht mehr zur Ruhe kommen lassen, gebeichtet; ‚Karma' bewahrheitet sich für jene Menschen, indem sie – quasi als Vorgriff auf die entsprechenden Nachtoderfahrungen – die letzten Jahre ihres Lebens bereits als ‚Hölle auf Erden' erleben*].

Darüberhinaus besteht noch die Möglichkeit, die Sphäre des eigenen Unbewußten durch zusätzliche Kunstgriffe wie unmäßiges Essen und Trinken, durch den Konsum von Drogen, durch erotische oder perverse Exzesse, durch das Ausüben von physischer Gewalt [*Sado-Maso-Spiele*] oder durch das lustvollste aller Spiele überhaupt, nämlich das Spiel an den Schalthebeln der Macht, auszudehnen; diese simplen und deshalb nur sehr unzureichend wirksamen psychischen Kunstgriffe gestatten es, der quälenden Eindrücke, die permanent aus dem Unterbewußtsein der Täter aufsteigen – von unmerklichen Episoden der Angst unterbrochen – nur dadurch kurzfristig Herr zu werden, indem jene sich durch permanente Steigerungen solcher Verhaltensweisen, die ihre immer schwächer werdende Verdrängung stärken sollen, wie Süchtige wieder und immer wieder betäuben. Hat ein Mensch, der weitreichende moralische Verfehlungen begangen hat, über den Mechanismus der Verdrängung hinaus den ersten Schritt in den Sog der Betäubung des eigenen Gewissens getan, dann bewahrt ihn einzig eine weitere Steigerung des Lustgewinns mittels der von ihm favorisierten Ersatzbefriedigungen davor, von den Taten der eigenen Vergangenheit überwältigt zu werden. Wer jemals die Beichten von Kriegsteilnehmern oder Schwerverbrechern – verurteilt oder nicht – gehört hat, wird diese Aussagen bestätigen können.

Für Individuen, die dennoch die Konfrontation mit den schwarzen Taten ihrer Vergangenheit langfristig ‚irgendwie' verkraften, ohne dem Wahnsinn zu verfallen, weil deren negativen Handlungen noch oberhalb eines gewissen Schweregrades angesiedelt sind, haben ausnahmslos einen innerliche Kurswechsel in Richtung auf altruistisches Verhalten und Buße vollzogen. Solche Menschen, die häufig die Praxen psychotherapeutisch Tätiger füllen, neigen insofern zu Frömmelei, als sie jeder ihrer Handlungen den ‚Touch' einer Wiedergutmachung verleihen.

Psychische Erkrankungen

Wie bereits angesprochen, ist der Übergang von moralischen Verfehlungen größerer Tragweite hin zu psychischen Erkrankungen – zum Verrücktsein [*d.h. von den Grundfesten tragfähiger moralischer Handlungen und deren Konsequenzen – den psychischen Eindrücken – ‚verrückt' zu werden*] – fließend. Falls die verursachenden Handlungen ‚karmisch' zu weit zurückliegen [*d.h. aus früheren Lebenszeiten stammen*] oder sich das Rad kompensatorischer Ersatzhandlungen schon zu weit gedreht haben sollte [*indem der Betroffene beispielsweise ein Muster von Zwangshandlungen, die*

die ihn ängstigenden psychischen Ereignisse kontrollieren, etablierte], kann demjenigen, der von seinen selbst verursachten bedrohlichen und angstauslösenden psychischen Eindrücken eingeholt wird, nur noch durch die Gabe von Psychopharmaka geholfen werden; wer immer aber noch dazu in der Lage ist, seinem Leben eine bewußte Wende zu geben, indem er sein Verhalten aufrichtig bereut und durch das Praktizieren von Handlungen, die für ihn selbst und für andere von großem Nutzen sind, für die in seinem Geist aufsteigenden negativen Eindrücke mit der Zeit ein positives Gegengewicht schafft, dem wird es zweifelsohne gelingen, sich mit der Zeit aus dem Morast psychischer Ängste und emporsteigender leidhafter Eindrücke zu befreien. In diesem Sinne ist die Wiederherstellung des moralischen Systems bzw. der oben erläuterte Vorgang der ‚Reinigung' des eigenen Unterbewußtseins ein absolut unverzichtbares Element der psychotherapeutischen Behandlung.

Geschlechtsspezifische Unterschiede im Denken und Fühlen

An dieser Stelle sei darauf hingewiesen, daß im Lichte eines buddhistischen Verständnisses von den psychischen Vorgängen das Denken die hauptsächliche innere Handlung ist, auf die Männer sich stützen, während Frauen sich in erster Linie an ihren Gefühlen und Empfindungen orientieren. Hiermit soll keinesfalls zum Ausdruck gebracht werden, daß Frauen etwa nicht so gut denken könnten wie Männer; das Gegenteil ist der Fall: Da Frauen in der Regel eine größere Distanz zu ihren eigenen intellektuellen Fähigkeiten sowie zu den äußeren Objekten und Ereignissen, mit denen sie sich befassen, einnehmen, weil sie sich nicht sehr stark mit ihnen identifizieren, ist ihr Umgang mit dem Verstand sehr viel angemessener als bei Männern; Frauen haben meistens ein archaisches Wissen um die Grenzen des ‚künstlichen' Intellekts, bzw. darum, daß der Verstand niemals objektiv sein kann, sondern insofern grundsätzlich subjektiv arbeitet, als man mittels seiner in einer auf sämtlichen bisherigen persönlichen Erfahrungen aufbauenden Weise permanent den Geschehnissen der aktuellen relativen Wirklichkeit gerecht zu werden versucht. Frauen wissen überdies in einer intuitiven Weise, daß man in die durch den Verstand erlangten Ergebnisse stete disziplinierte Bemühungen investieren muß, um mittels seiner den neuesten Stand des Geschehens zu reflektieren. Gerade jüngeren Männern fällt das Aufbringen geistiger Disziplin jedoch häufig nicht leicht, solange es sich nicht gerade um ihre Lieblingsbeschäftigung handelt. Kurz: Männer neigen im ersten Augenblick der Auseinandersetzung mit neuen Merkmalen einer Situation meist dazu, auf gedankliche Schemata zurückzugreifen, während Frauen im ersten Augenblick des Erlebens neuer situativer Gegebenheiten neugierig, interessiert und offen schauen, wie sich das anfühlt bzw. wie die Gesamtsituation auf sie wirkt, bevor sie das Neue und Unbekannte gedanklich erfassen, einordnen schließlich anschließend verbalisieren. Natürlich können Männer ihren intellektuellen Rückstand gegenüber den Frauen mit den Jahren aufholen. Damit jedoch eine gewisse Gleichwertigkeit in der Partnerschaft gegeben ist, sollten Männer sich Partnerinnen suchen, die einige Jahre jünger sind als sie, bzw. Frauen sollten ihrer häufigen und in der Regel intuitiv angemessenen Hinwendung an etwas ältere und reifere Männer [*also an Männer, die ihnen gewachsen sind*] ruhig trauen und ihr folgen.

Die weibliche Strategie, mit den Erfordernissen neuer Situationen umzugehen, ist also im Regelfall reifer und erntet nur deshalb nicht die Anerkennung, die ihr gebührte, weil sich diese Strategie weniger an gesellschaftliche Gegebenheiten anpaßt. Demgegenüber neigen Frauen allerdings sehr viel stärker als Männer dazu, an Umstände, die sie im Lauf der Zeit als für sich wünschenswert erachtet haben, eine schier unüberwindliche Anhaftung entgegenzubringen, die es ihnen selbst unter größten seelischen Schmerzen oft erst nach zermürbend langen Zeiträumen gestattet, die innerliche Abtrennung beispielsweise von geliebten Menschen oder anderen liebgewordenen Lebensumständen zu vollziehen.

Wohlgemerkt: Die vorstehenden Feststellungen beziehen sich lediglich auf die Mehrzahl der Frauen und Männer; natürlich gibt es auch Männer, die sich weniger ausgeprägt ‚männlich' geben; man könnte sie auch, um ihrer psychischen Strategie Rechnung zu tragen, ohne sie im geringsten abwerten zu wollen, ‚weibliche Männer' nennen, wie es auch im Positiven wie im Negativen männliche Frauen gibt [*diese beiden Typisierungen stehen in keinem Zusammenhang mit bestimmten sexuellen Vorlieben wie beispielsweise der Fixierung auf gleichgeschlechtliche Sexualpartner bzw. der Transsexualität, mit der zusätzlich die körperliche Identifikation mit dem anderen Geschlecht einhergeht; jene Formen der Sexualität kennzeichnen weniger die psychischen Strategien ihrer Träger, sondern haben eher die körperliche Ausrichtung ihrer Sexualität zum Gegenstand. Aus buddhistischer Sicht stellen die psychischen Strategien, sich eher typisch männlich bzw. typisch weiblich zu geben, entsprechende Muster unzähliger unterbewußt gespeicherter psychischer Eindrücke – aus unendlich vielen Lebenszeiten daraufhin zusammengewürfelt, inwieweit sie zu den in diesem Leben herrschenden Bedingungen passen – dar und nicht das Resultat von von Individuum zu Individuum unterschiedlich verlaufender Sozialisation oder bestimmter sexueller, gesellschaftspolitischer oder sonstiger Orientierungen*].

Karma 3

Zusätzlich zu den rein geistigen Handlungen [*des Denkens und Fühlens*] bestimmen natürlich die Weisen, sich anderen Menschen gegenüber verbal zu äußern, sowie die tatsächlichen körperlichen Handlungen das Gepräge der eigenen karmischen Eindrücke. Sich zu äußern, indem man ständig ‚unnützes Zeug dahersagt', oder bewußt in Kauf zu nehmen, daß durch die Informationen, die man gerade unter dem Siegel der Verschwiegenheit weitergibt, andere Menschen entzweit werden; andauernd Schimpfworte zu benutzen, viel zu spotten oder andere gar ständig durch Ironie zu verunsichern, sowie seine Worte in einer direkt aggressiven, bedrohlichen Weise einzusetzen, bedeutet eine Vielfalt von Prozessen in der Außenwelt in Gang zu setzen, die ihrerseits wieder von unzähligen Konsequenzen gefolgt werden, deren jede wieder spezifische Resultate provoziert, usw. ad infinitum. Wie ein Stein, der – ins Wasser geworfen – weite Kreise auf der Wasseroberfläche zieht, muß jede einzige negative Tat schon deshalb eine unüberschaubare Vielfalt negativer Konsequenzen nach sich ziehen, weil jede Tat, die zum Nachteil bzw. Schaden eines anderen Individuums geschieht [*beispielsweie eine Person im Zorn körperlich zu verletzen*], zwangsläufig von mehreren zumeist ebenfalls negativen Konsequenzen gefolgt ist [*sämtliche physischen und psychischen Defekte und Leiden der verletzten Person; sämtliche ärztlichen Maßnahmen, die zur Genesung ergriffen werden müssen; Arbeits- und Verdienstausfall; durch finanzielle Einbußen bedingte Senkung des Lebensstandards des Betroffenen und seiner Familienangehörigen; Änderung der Pläne für die unmittelbare Zukunft – um nur einige äußerliche Konsequenzen anzuführen*], die wiederum spezifische Resultate nach sich ziehen [*ohne die primäre Ursache der ursprünglichen Verletzung und dem primären Resultat der unumgänglichen ärztlichen Behandlung hätte es beispielsweise nicht zu einem Kunstfehler des behandelnden Arztes kommen können; daß eine seit langem geplante Geschäftsreise, die beruflich neue Kontakte und Perspektiven eröffnen sollte, nicht angetreten werden kann, verschlechtert die Lebensumstände der Familie des Betroffenen unter Umständen auf Jahre und Jahrzehnte hinaus*], die ihrerseits wieder entsprechende Resultate bewirkt usf.. Positive Handlungen potenzieren sich nach dem gleichen Muster. Die Konsequenzen positiver oder negativer Handlungen sowie wiederum deren Konsequenzen und alles, was auch wieder durch jene ins Rollen gebracht wird, berühren also auch solche Lebewesen, mit denen der Handelnde selbst niemals direkt in Kontakt gekommen ist und kommen wird. Gemäß dem Gesetz von Ursache und Wirkung werden sich eines Tages all diese direkt und indirekt vom Individuum verursachten Veränderungen verdichten und wieder auf es selbst zurückfallen: Solange hart und schicksalhaft, solange es noch keine Einsicht darin entwickelt hat, wie es dazu kommen konnte, daß sich bestimmte Situationen und Ereignisse ‚ohne eigenes Zutun' ereignen konnten; ab dem Zeitpunkt immer milder und quasi in einer abgeschwächten Form, ab dem es solche Einsichten kultiviert und diese Einsichten zunehmend in seinem Verhalten berücksichtigt.

Psychische Reinigung 1

Wenn Menschen damit beginnen wollen, dem Umstand Rechnung zu tragen, daß ihr kognitives, verbales und äußeres Verhalten irgendwann einmal unvermeidlich auf sie selbst zurückfallen wird, sollten sie von diesem Zeitpunkt an unbedingt vermeiden, bestimmte körperliche Verhaltensweisen – nämlich zu töten oder zu verletzen, zu stehlen, Rauschmittel zu konsumieren oder sich in einer andere schädigenden oder ängstigenden Weise sexuell zu betätigen – an den Tag zu legen. Darüberhinaus sollten sie ihr Denken und Fühlen sowie ihr verbales Verhalten dahingehend kontrollieren, inwieweit sie dadurch bei anderen Wesen leidhafte Zustände bewirken.

Grundsätzlich ist selbst die ganze psychophysische Konstitution, in die Menschen hineingeboren werden – d.h. ihre Stärken, Anlagen und Begabungen ebenso wie ihre Unfähigkeiten, Schwächen, Ängste und die Bereiche, in denen sie immer wieder psychische Konflikte sowie körperliche Erkrankungen erleben – durch die Handlungen der eigenen Vergangenheit bestimmt. Hier wird keinem fatalistischen Standpunkt, demzufolge alles im ‚großen Buch des Lebens' [*wie es im Islam heißt*] vorgezeichnet sei und man seinem Schicksal sowieso nicht entrinnen könne, das Wort geredet; einem buddhistischen Verständnis zufolge verhält es sich vielmehr so, daß sich die Ursachen für das Zustandekommen von karmischen

Eindrücken damit erschöpfen, daß die entsprechenden karmischen Konsequenzen – beispielsweise bestimmte leidhafte Erfahrungen – zum Entstehen gelangen. Weil jedes Individuum jeden Moment über die vollkommene Freiheit darüber verfügt, ob es auf seine leidhaften Erfahrungen wieterhin in der Weise reagiert, die sich ihm unterbewußt aufdrängt – indem es beispielsweise auf Kränkungen und Schädigungen mit Wut und Zorn oder auf persönliche Herabsetzungen in einer stolzen Weise reagiert und dadurch erneut einen psychischen Eindruck in Form einer entsprechenden Handlungsbereitschaft in sein Unterbewußtsein einspeist, oder ob es den quasi automatisch ablaufenden Fluß sich permanent perpetuierender Eindrücke unterbricht, indem es nicht in der gewohnten Weise reagiert, sondern in einer angemesseneren, besonneneren Weise den Besonderheiten momentanen Geschehens gerecht wird – bestimmt es tatsächlich selbst, inwieweit es seine karmischen Muster blindlings fortführt oder sie durch nützlichere, positive Handlungsbereitschaften ersetzt. Indem die betreffenden psychischen Eindrücke ins Bewußtsein gelangen und sich zu körperlichen Manifestationen transformieren [*körperliche und seelische Manifestationen treten grundsätzlich gleichzeitig bzw. mit zu vernachlässigenden zeitlichen Latenzen auf: mit einer psychischen Befindlichkeit bzw. einem seelischen Eindruck gehen grundsätzlich bestimmte Veränderungen in der Aussenwelt – also bestimmte Ereignisse, die den eigenen Körper sowie die physische Umgebung betreffen – einher, während körperliche Ereignisse wie beispielsweise das Ausbrechen einer bestimmten Krankheit, die dem Individuum widerfahren, immer zeitgleich mit entsprechenden Veränderungen seiner seelischen Befindlichkeit – also mit bestimmten psychischen Eindrücken – erfolgen; Körper und Seele sind also in einem Maße, das weit über den Ansatz der psychosomatischen Medizin hinausgeht, miteinander verflochten*], werden diese karmischen Eindrücke aus dem Unterbewußtsein herausgelöscht; erst das erneute Abspeichern entsprechender negativer Eindrücke durch den ‚blinden' Vollzug der sich dem Individuum unterbewußt aufdrängenden Reaktion würde eine entsprechende Handlungsdisposition im Unterbewußtsein ‚reaktivieren'. Wenn das Individuum sich also beispielsweise sofort einer unangenehmen Behandlung unterzieht, die eine ausgebrochene Krankheit [*karmisches Resultat*] zu heilen vermag, kann es dadurch endlich den diesbezüglich unbewußt ablaufenden Kreislauf einer Vielzahl von psychischen Eindrücken [*die unterbewußt gewordenen Ursachen und begleitenden Bedingungen*] und ihrer schädlichen Reaktionen außer Kraft setzen [*wenn jemand unter einer als ‚unheilbar' diagnostizierten Krankheit leidet, ist es jedoch nicht ausreichend, sich einem medizinischen Eingriff, der zwar kurz- und evtl. sogar mittelfristig eine Ausweitung des Krankheitsherdes einzudämmen bzw. zu unterbinden vermag, zu unterziehen; um eine langfristige Genesung zu sichern, gilt es zudem, das Wiederaufflammen der ‚unheilbaren' – d.h. einer durch äußerst massive psychophysische Prädispositionen ausgelösten – Krankheit zu verhindern, indem er zusätzlich zur physikalischen Therapie durch intensives Ausüben der weiter unten erläuterten ‚Reinigungspraxis' die auslösenden Ursachen und sekundären Bedingungen verhindert*]. Körperliche und seelische Leiden können dementsprechend nur durch zunehmende Verfeinerung der eigenen Bewußtheit von der kaum zu überschauenden Vielfalt der im eigenen Unterbewußtsein verankerten Prädispositionen [*die nur durch Vertiefung der eigenen Konzentrationsfähigkeit realisiert werden kann*] sowie die zunehmende Unterordnung jener bislang vor- bzw. unterbewußt greifenden Prädispositionen unter die nunmehr bewußt gemachten Prozesse der eigenen Wahrnehmung und der bewußten Steuerung der auf sie erfolgenden Reaktionen abgemildert und nach und nach abgestreift werden. So befreit sich das Individuum zunehmend von den Zwängen seiner [*karmischen bzw. unterbewußten*] psychischen Eindrücke und weitet sein Erfahrungs- und Handlungsspektrum in einer überaus gesundenden Weise so weit aus, bis es ihm schließlich möglich wird, die Fesseln seiner immer wieder die gleichen körperlichen und seelischen Leiden provozierenden psychophysischen Prädispositionen abzustreifen.

Wenn das Individuum sich so bis in die Tiefen seines Unterbewußtseins hinein ändert, indem es dort negative – d.h. den Schaden und Nachteil anderer bewirkende – Prädispositionen und Handlungsbereitschaften durch entsprechende positive – d.h. den Nutzen und den Vorteil anderer bewirkende – Eindrücke ersetzt, dann schafft es nach und nach die Ursachen dafür, daß sich in seiner individuellen Zukunft immer mehr positive Eindrücke manifestieren können. Wenn es überdies über einen längeren Zeitraum hinweg bestimmte, noch sehr viel effektivere Methoden der Reinigung unterbewußter Eindrücke zur Anwendung bringt, die sogar die Wurzeln solcher unterbewußt gespeicherten Eindrücke kappen und unschädlich machen, bevor jene sich zu situativen Merkmalen und Handlungsbereitschaften aktualisieren können, entschärft es sogar die unzähligen karmischen Zeitbomben, die in den Tiefen seines Unterbewußtseins schlummern. In diesem Sinne basiert der vorliegende Ansatz ganz unfatalistisch auf der Funktion jener Ursachen und sekundären Bedingungen, die dem beständigen Entstehen leidhafter psychischer Eindrücke Einhalt zu gebieten vermögen; wenn es dem Individuum gelingt, das Zustandekommen karmischer Eindrücken zuzulassen, ohne auf sie in der Weise zu reagieren, die ihm bislang durch die eigene Furcht bzw. durch die eigene begrenzte Sichtweise von den Dingen nahegelegt wurde, dann hat es damit auch deren karmische Ursachen erschöpft!

Wer in dieser Weise seinen Bewußtseinsstrom mittels solcher sich auf ausserordentlich feine und subtile Schichten des Bewußtseins [*die weit tiefer ins ‚Unterbewußtsein' des Individuums hineinreichen, als dies von Vertretern der verschiedenen psychoanalytische Strömungen jemals erkannt worden ist*] auswirkenden Methoden reinigt, wird überdies feststellen, daß sich die Zeitspanne zwischen eigenen positiven und negativen Handlungen sowie deren karmischen Konsequenzen zunehmend verkürzen wird; indem das Individuum beispielsweise – während es sich viele Monate lang einer bestimmten Reinigungspraxis seines Unterbewußtseins unterzieht – sein Augenmerk darauf lenkt, inwieweit es blind seinen Impulsen gehorcht, Gerüchte über andere zu verbreiten und diese noch mit seinen Einschätzungen über diese Personen zu ergänzen, oder inwieweit es bereits in der Lage dazu ist, diesen Impulsen nicht nachzugeben, sondern stattdessen sogar begütigend zu sprechen, wenn ihm solche Gerüchte zugetragen werden, dann wird es erkennen, daß die Zeitspanne zwischen einem Bruch seines Vorhabens, nicht mehr schlecht über andere zu sprechen, und dessen karmischer Konsequenz – daß ihm also zugetragen wird, daß andere in einem passenden Kontext schlecht über das Individuum selbst sprechen – mit der Zeit immer kürzer wird; betrug der zeitliche Abstand anfangs mehrere Tage und Wochen, so verkürzt er sich im Laufe des Praktizierens von psychischer Reinigung [*d.h. der Reinigung seines Unterbewußtseins*] bis auf wenige Minuten – dem Individuum, das seinen Bewußtseinsstrom einer tiefgreifenden Reinigung unterzieht, wird die Quittung für seine Handlungen also immer unmittelbarer präsentiert!

Damit solche traditionellerweise ‚geschickte Mittel' genannten subtilen Methoden der psychischen Reinigung, die Unmengen von im Sediment des eigenen Unterbewußtseins lagernde ‚karmische Sprengsätze' [*deren einzelne Determinanten, Funktionen und Attribute überdies zumeist bruchstückhaft miteinander vermischt und vermengt sind*] zu entschärfen vermögen, beim Individuum effektiv wirken können, muß es zunächst eine Einstellung entwickeln, die den aufrichtigen Wunsch beinhaltet, gemeinsam mit den eigenen begrenzten und leidhaften Eindrücken auch die Leiden der übrigen fühlenden Wesen zu überwinden. Es gilt also, den Wunsch zu entwickeln, durch die Überwindung des eigenen Leidens gleichzeitig die Leiden aller anderen Lebewesen aufzulösen. Damit gibt das psychische Reinigung praktizierende Individuum seinen Bemühungen, psychisch wie physisch leidhafte Zustände zu überwinden, einen tieferen Sinn und stärkt seine Motivation, über die ersten erleichternden, aber immer noch labilen Anfangserfolge hinaus dauerhafte und langfristige Prävention am eigenen Unterbewußtsein zu leisten. Praktisch ruft man eine solche tiefgreifende Veränderung der eigenen Motive und Bestrebungen dadurch hervor, daß man sich zur Praxis der sog. ‚vollkommenen Handlungen' (skrt: Paramitas) bekennt.

IV. Der Prozeß des Entstehens in gegenseitiger Abhängigkeit

Jedes Individuum, das seinen Geist dauerhaft von leidhaften psychischen Eindrücken zu befreien wünscht, kommt nicht umhin, sich zunächst einmal intellektuell damit vertraut zu machen, worum es sich bei sämtlichen Ereignissen, die ihm widerfahren, tatsächlich handelt, oder – anders gesagt – wie sämtliche Phänomene der relativen Wirklichkeit zustandekommen. Eine solche theoretische Auseinandersetzung analysiert die wahre Natur unbelebter äußerer Objekte ebenso wie die wahre Natur belebter Wesen; denn das ganze Leben bzw. das ganze subjektive Erleben, das prinzipiell leidhafte Eindrücke beinhalten kann, besteht entweder aus Konfrontationen des erfahrenden Subjekts mit anderen Lebewesen oder mit den unbelebten Dingen der äußeren Welt. Da das wahre Wesen bzw. die Natur der belebten wie der unbelebten Phänomene durch ihre Entstehung gekennzeichnet ist, lassen sich sämtliche leidinduzierenden Ereignisse kontrollieren, indem das Individuum mit seinem Intellekt gründlich und tiefgründig erforscht, wie die Dinge entstehen; damit geht zwangsläufig ein Erkennen ‚von Innen heraus' davon, was die eigentliche Existenz bzw. das wahre Wesen der Wesen, Dinge und Ereignisse ausmacht, einher.

Keinesfalls kann sich ein Individuum allerdings eine Vorstellung davon machen, wie die Phänomene auf der absoluten Ebene der Wirklichkeit wirklich sind [*deren letztendlicher Erfahrungs- bzw. Verwirklichungsaspekt wird in buddhistischen Texten die ‚Buddhaschaft', die ‚Buddhanatur' bzw. die ‚vollkommene Erleuchtung' genannt*], solange es nicht zu einem tiefgreifenden Verständnis von der relativen Ebene der Wirklichkeit vorgedrungen ist. Auf der relativen Ebene der Wirklichkeit nehmen sämtliche Phänomene grundsätzlich nur durch die gleichzeitige Präsenz entsprechender Ursachen und unterstützender Bedingungen für eine gewisse Zeit

Gestalt an, um vom Moment ihrer Manifestation an nach und nach wieder der Desintegration anheimzufallen. Dies umfaßt die Ontogenese von Lebewesen ebenso wie die handwerkliche Kreation von Objekten. Dieser sog. ‚Prozeß des Entstehens in Abhängigkeit' von spezifischen Ursachen bzw. Vorstufen der Entwicklung sowie von spezifischen Bedingungen ist für die Erkenntnis der relativen Natur der Dinge, aber auch für die Weisheit, die die Bedingtheit relativer Phänomene transzendiert, unverzichtbar. Aufgrund seiner außerordentlich zentralen Bedeutung, aber auch aufgrund der Komplexität dieses Sachverhalts soll – im Vorgriff auf die Ausführungen zu den Kontemplationen, die als Vorbereitung auf die sechste vollkommene Handlung der ursprünglichen Weisheit zu kultivieren sind – dem Prozeß des abhängigen Entstehens an dieser Stelle ein eigenes Kapitel eingeräumt werden.

Da der Zerstörung in der Zeit unterworfen bzw. nur von zeitweiliger Existenz, können die Phänomene der bedingten Welt nicht von absoluter Natur sein: Der Vergänglichkeit ausgeliefert existieren sie nur ‚relativ', d.h. in Abhängigkeit von bestimmten Voraussetzungen, aus denen heraus sie zum Entstehen gelangen und bei deren Nachlassen bzw. substantieller Veränderung sie sich ebenfalls verändern und so nach und nach wieder auflösen. Der klassische Terminus Technicus für diese Ermangelung einer wahrhaften Existenz der relativen Phänomene und Erscheinungen aus sich selbst heraus lautet in buddhistischen Texten ‚Leerheit' [*Leerheit ist als Ermangelung von Wirklichkeit bei den sich der Wahrnehmung darbietenden Phänomenen, mit denen grundsätzlich der überwältigende Eindruck wirklicher Existenz einhergeht, definiert*]: Sämtliche Phänomene der bedingten Existenz – also alle dinghaften körperlichen Manifestationen, aber auch alle Objekte der übrigen vier Sinne [*d.h. Geräusche, Geschmäcker, Gerüche und Tastbares einschließlich der Körperempfindungen*], und ebenso der Raum, der sie sämtlich beherbergt, sowie die Zeit, in der sich alle Veränderungen dieser ‚Objekte', Phänomene bzw. Entitäten vollziehen – ermangeln einer inhärenten [*d.h. aus sich selbst her-*

aus gewonnenen und unveränderlich aufrechterhaltenen] Existenz; in diesem Sinne sind sie in sich ‚leer' – d.h. existieren lediglich in Abhängigkeit von anderen Ereignissen [*beispielsweise ihrer handwerklichen Erschaffung*] für relativ kurze Zeit und werden deshalb in den Schriften der Madhyamaka-Philosophie traditionellerweise mit den Erscheinungen eines Traumes oder den Täuschungen von Illusionisten verglichen. Zeitgemäßer ließe sich die Leerheit mit der Handlung eines der Phantasie eines Drehbuchautors entsprungenen Kino- oder Fernsehfilmes vergleichen, der seine Zuschauer völlig gefangen nimmt, obwohl jene unzweifelhaft durchschauen, daß weder die Bilder auf dem Bildschirm wirkliche Szenerien wiedergeben noch daß die dargestellte Handlung tatsächlichen Gegebenheiten entspricht; da Filme aus einzelnen Bildern bestehen, die bestimmte Szenarios mit großer Plastizität und Wirklichkeitstreue zu projizieren vermögen, und da Zuschauer grundsätzlich geneigt sind, im Verlauf des Geschehens sämtlichen Wahrnehmungen inklusive filmischen Darstellungen Wahrheitswert einzuräumen, resultiert üblicherweise eine dermaßen starke Anhaftung an die Handlung eines Filmes, daß dessen Zuschauer schnell vergessen, daß jene lediglich ‚gespielt' ist und darüberhinaus sogar nur als Projektion auf einer Leinwand existiert. Um jedoch den Bogen von diesem illustrierenden Beispiel wieder zurück zur nicht absolut wirklichen Existenz der Erscheinungen – der Leerheit – zu schlagen: Bloße Wahrnehmung suggeriert den Eindruck einer dauerhaften, zwingenden Wirklichkeit, der sich die Betrachter bzw. Teilnehmer bestimmter Reize oder komplexer Reizmuster im Moment des Erlebens nicht entziehen können, selbst wenn sie sich die aus theoretischen Überlegungen gewonnene Überzeugung von der relativen Vergänglichkeit sämtlicher beteiligter Determinanten sowie deren Entstehung in gegenseitiger Abhängigkeit erst Augenblicke zuvor eindringlich vor Augen gehalten haben sollten. Die Individuation, in deren jahrzehntelangem Verlauf jeder Mensch sich die Bewältigung vielfältigster Anforderungen in einer komplexen Welt aneignen muß, indem er auf der Grundlage eines subjektiven – d.h. willkürlich fabrizierten – Erklärungssystems jedes neue Ereignis zunächst einer Deutung und Interpretation unterzieht, bevor er quasi-experimentell darauf reagiert, sorgt dafür, daß nur eine ebenso große Vertrautheit mit dem Prozeß des Entstehens in gegenseitiger Abhängigkeit – durch jahrelange Kontemplation [*oder günstigstenfalls durch Meditation*] immer weiter vertieft – es vermag, eine verläßliche Distanz zu den Dingen und Ereignissen des ‚äußerlichen' Lebens herzustellen.

Die ‚Leerheit' umfaßt nicht nur sämtliche Wahrnehmungsobjekte einschließlich des eigenen Körpers [*die Leerheit der Phänomene*], sondern ebenfalls den Geist des diese Objekte wahrnehmenden Individuums [*die Leerheit des Individuums*]. Es ist völlig unverzichtbar, sich mit dem Mechanismus der Entstehung sämtlicher belebter wie unbelebter Phänomene eingehend auseinanderzusetzen, will man in einem ersten Schritt zunächst intellektuell erfassen, was es bedeutet, die Ebene der relativen Ebene der Wirklichkeit zu transformieren und in die Erfahrung davon, wie die Dinge wirklich sind – also in die Verwirklichung der absoluten Ebene der Wirklichkeit – einzudringen. Einzig vermittels einer solchen Transzendierung sämtlicher Ereignisse der relativen Wirklichkeit kann es Individuen gelingen, sich dauerhaft von leidhaften Geisteszuständen zu befreien – vorausgesetzt, sie sind psychisch weitestgehend gesund und willens, über einen relativ langen Zeitraum die damit verbundenen Mühen und Härten auf sich zu nehmen.

Ausgehend von dem Leitsatz, daß kein Phänomen ohne Ursache entstanden sein kann, und daß dementsprechend kein Phänomen existiert, das nicht wiederum zur Ursache für weitere Resultate wird [*die konsequente Anwendung des ‚Karma'-Gesetzes von Ursache und Wirkung – als Grundlage sämtlicher Naturwissenschaften fraglos akzeptiert – auf geistige Phänomene wird leider von den maßgeblichen Vertretern zeitgenössischer philosophischer und erkenntnistheoretischer Strömungen entweder nicht verstanden oder kategorisch als unseriös und unwissenschaftlich (?) abgelehnt; dies hat nach Ansicht des Autors nicht nur religiöse und weltanschauliche, sondern darüberhinausgehend auch politische Gründe, denn die ökonomische und gesellschaftliche Struktur in den modernen Industriestaaten würde natürlich ernstlich in Frage gestellt – ja regelrecht revolutioniert – wenn sich eine beachtliche Zahl ihrer Bürger zu einer unmaterialistischen Sicht- und Lebensweise bekennen würde*], vertritt der Buddhismus die Auffassung, daß auch geistige Präsenz sich nicht einfach zu einem Nichts auflösen kann, wenn eine individuelle Existenz zu ihrem Ende gelangt. In diesem Sinne spricht man hier vom immerwährenden Kreislauf bedingter Existenzen bzw. von der ‚Wiedergeburt' des Bewußtseinsstroms [*nicht aber von der individuellen Persönlichkeit; siehe dazu die Ausführungen über Sterben, Tod und Wiedergeburt auf S. 25ff sowie die Übersetzung des sog. ›Tibetischen Totenbuches‹ unter dem Originaltitel ›Die Befreiung durch Hören im Zwischenzustand‹ aus dem Tibetischen von Albrecht Frasch, TASHI-VERLAG 1999*]. Der Grundsatz von der zyklischen Existenz in der bedingten Welt beschreibt den Umstand, daß seit anfangslosen Zeiten die unpersönlichen Bewußtseinsströme [*man könnte vereinfachend sagen: die Unterbewußtseine*] sämtlicher Wesen von einem Zustand in den nächsten wandern [*also permanent ‚wieder'-geboren werden*]. Sämtliche Zustände, in die diese noch unpersönlichen Kapazitäten zu lernen und zu erkennen hineingeboren werden können, lassen sich in die drei Bereiche der Existenz [*den Begierdebereich sowie formhafte und formlose Samadhis*] unterteilen.

Im Begierdebereich gibt es sechs unterschiedliche Typen der Existenz, von denen drei als niedere Existenzen bezeichnet werden. Dies sind die Höllenbereiche, die verschiedenen Arten von Hungergeister (skrt: Pretas) und die Tierbereiche. Die aus Leidenschaft bzw. Begierde, Aggression oder dumpfen geistigen Zuständen heraus begangenen Handlungen sind für die Geburten in diesen niederen Bereichen der Existenz verantwortlich. Wenn eines dieser störenden Gefühle sehr stark dominierte – d.h. wenn Handlungen in starkem Maße auf einer dieser schädlichen bzw. schädigenden Emotionen basierten – bewirkt dies direkt eine Geburt entweder in einem Bereich der Hungergeister [*Begierde*], in einem Höllenbereich [*Haß*] oder im Tierreich [*dumpfer Geisteszustand*]. In diesen Existenzen wird dann die Intensität entsprechender Leiden umso stärker erfahren, je stärker ausgeprägt die karmischen Handlungen waren, die zu solchen Wiedergeburt führten. Wenn die Wesen jedoch vorwiegend tugendhafte Handlungen begangen haben, werden sie – wenn gleichzeitig das störende Gefühl des Stolzs überwiegt – als menschliches Wesen, oder – wenn sie zwar außerordentlich viele positive Handlungen begangen haben, ohne allerdings bereits eine altruistische Motivation entwikkelt zu haben – als Vertreter einer der beiden Klassen himmlischer Existenz [*Asuras und Devas*] wiedergeboren, deren Leben sehr lange währt und äußerst angenehm verläuft. Menschenwesen, die mit der Lehre, die erklären kann, wie die Dinge tatsächlich sind [*d.i. Buddhismus*], in Berührung kommen und die Möglichkeit, sie zu studieren und zu praktizieren, auch tatsächlich wahrnehmen, haben in vergangenen Lebenszeiten tugendhafte Handlungen in einem mindestens ebenso starken Maße praktiziert wie jene Wesen, die Wiedergeburt in himmlischen Bereichen annehmen.

Was die Existenz als Tier anbelangt, sollte aufgeklärte Zeitgenossen zunächst – unabhängig davon, inwieweit sie der Feststellung, daß auch ihr eigener unpersönlicher Bewußtseinsstrom in solch einer Verkörperung wiedergeboren werden kann, Glauben schenken – darüber nachdenken, welche Leiden mit einer tierischen Existenz verbunden sind [*indem sie etwa Betrachtungen über die Leiden von Schlachtvieh anstellen*], und in welch unvorstellbarem Maße jene menschlichen Verkörperungen gegenüber in der Überzahl sind [*hält man sich die Zahl der Hausstaubmilben, die in einer einzigen Matratze oder einem einzigen Teppich leben, vor Augen, dann bekommt man einen Begriff davon, daß die Zahl aller tierischen Existenzen alleine auf der Erde quantitativ unfaßlich ist; aus buddhistischer Sicht ist das Universum zudem so grenzenlos, daß – obwohl an eine Kontaktaufnahme mit anderen vernunftbegabten Wesen nicht zu denken ist – auch die Zahl erdähnlicher Planeten, die mit Menschen und Tieren bevölkert sind, ebenso unermeßlich sein muß, wie die Tiefe des Weltraums sprichwörtlich unendlich ist*].

Die Zahl der Höllenwesen übertrifft die Zahl tierischer Existenzen noch einmal um den Faktor ‚Unendlich'; ungeachtet des dem Buddhismus immer wieder angelasteten Vorwurfs, er würde sich – ebenso wie die christliche Kirche – die existentiellen Ängste der Menschen zunutze machen, um sie unter das Joch einer pessimistischen, lebensverneinenden Religion zu zwingen, werden im Buddhismus die Qualen, die Bewußtseinsströme zu gewärtigen haben, die durch entsprechende Aktivitäten in früheren Lebenszeiten die dafür erforderlichen Voraussetzungen [*d.h. Ursachen*] geschaffen haben, äußerst detailliert geschildert; der Detailreichtum buddhistischer Schilderungen von den Leiden der Höllenbewohner [*wie beispielsweise im fünften Kapitel von Gampopas ›Juwelenornament der Befreiung‹ in der Übersetzung aus dem Tibetischen von Albrecht Frasch*, TASHI-VERLAG 1999, *ausführlich beschrieben*] stellt etwa Dantes ›Inferno‹ bei weitem in den Schatten. Konsequentes Nachdenken darüber, daß sämtliche dort beschriebenen Qualen karmische Handlungen zur Ursache haben müssen, die Menschen in unserer Welt immer wieder handelnd erzeugen [*die Medien bezeugen täglich, daß nicht wenige Menschen jene Greuel allerorten begehen*], rückt die Wahrscheinlichkeit von Existenzformen, die das langwährende Resultat jener außerordentlich negativen Handlungen darstellen, zusehends in den Bereich des Denkbaren und Möglichen.

Der karmische Mechanismus ist der gleiche – wenn auch in die Gegenrichtung – wenn es um die langwährenden Resultate tugendhafter Handlungen geht, die traditionellerweise ‚Götterexistenzen' genannt werden und denen im Westen aufgrund einer Denkweise, die nur einen einzigen Gott duldet, ein schier unüberwindbarer Skeptizismus entgegengebracht wird; konsequentes Nachdenken über die Resultate äußerst positiver Handlungen [*wie sie ebenfalls – wenn auch weitaus seltener – in den Medien dokumentiert werden; exemplarisch sei hier nur das Lebenswerk von Mutter Theresa oder von Martin Luther King angeführt*] erschüttern die Überzeugung von der alleinigen Existenz eines einzigen Gottes jedoch nachhaltig. Abgesehen davon teilt eine buddhistisch inspirierte Sichtweise aus den Gründen, die in diesem Kapitel eingehend zu erläutern sind, den Glauben an einen Schöpfergott, der während einer siebentägige Schöpfung alle Wesen bzw. die ersten Menschen und Tiere erschaffen habe, keinesfalls.

Was die beiden Bereiche der Form und der Nicht-Form anbelangt, so wird der unpersönliche Bewußtseinsstrom dort als Resultat seiner Kapazität, im Samadhi [*d.h. in stabilen Meditationszuständen*] zu ruhen, wiedergeboren. Der Bereich der Form wird deshalb so genannt, weil die Wesen in ihm mit einer subtilen physischen Form entstehen. In den Bereich der Nicht-Form werden die Wesen hineingeboren, deren geistige Aktivität nicht mehr auf die Wahrnehmung physischer Formen angewiesen ist und die sich demzufolge auch selbst nicht mehr in einer physischen Form verkörpern; der Geist dieser Individuen ruht ebenfalls in einem stabilen Meditationszustand, der mit dem Niveau von Samadhi korrespondiert, dessen Praxis jene während der unmittelbar vorangegangenen Existenz vervollkommnen konnten. Diese Samadhis, in denen ausschließlich angenehme Geisteszustände erfahren werden, sind zwar von unvorstellbar langer Dauer, jedoch sind sie nicht ewig, weil sich auch die Ursachen für den entsprechenden meditativen Zustand irgendwann einmal – und sei dies erst nach vielen Weltzeitaltern [*Zeiträume, die sich zahlenmäßig nicht einmal mehr als Zehnerpotenzen fassen lassen*] – zwangsläufig erschöpfen müssen. Dann entsteht unvorstellbares Leiden [*je größer die Freuden, umso schwerer ist es, ihnen wieder zu entsagen*], und je nach verbleibendem Karma verkörpert sich ein solches Wesen erneut in einem der sechs Bereiche der Existenz. Selbst in den beiden höchsten Bereichen der bedingten Existenz haben die fühlenden Wesen also keine Unabhängigkeit vom Karmagesetz bzw. vom Gesetz von Ursache und Wirkung gewonnen, indem sie die Ursachen der der Vergänglichkeit unterworfenen Ereignisse in irgendeiner Form manipulieren könnten.

Zusammenfassend ist festzustellen, daß alle Wesen in den drei Bereichen der Existenz Leiden und Freuden in Beziehung zu ihrer jeweiligen äußeren Welt erfahren. Als Resultat dieser Erfahrungen kommt es entweder zu Empfindungen von Schmerz oder zu angenehmen Gefühlen – je nachdem, ob gerade untugendhafte oder tugendhafte Handlungen aus [*meist*] vergangenen Existenzen ‚reif werden'.

Aus dem Grundsatz, daß eine Wirkung unabdingbar von einer Ursache herrühren muß, leitet sich zwingend die Schlußfolgerung ab, daß von diesen resultierenden Effekten selbst wieder etwas anderes entstehen muß – d.h. daß sie ebenfalls als Ursache für zeitlich nachgeordnete Resultate, Wirkungen oder Effekte dienen müssen. Auf diese Weise bestehen sämtliche momentan stattfindenden Prozesse als zeitliche Ausschnitte einer anfangs- und endlosen Verkettung gegenseitig abhängiger Entstehung, der gemäß ein Phänomen aus einem anderen in dem Sinne entsteht, als erst eine Ursache auftritt, die eine Wirkung nach sich zieht, die wiederum als Ursache für eine weitere Wirkung dient usw. ad infinitum.

Der Prozeß des abhängigen Entstehens erstreckt sich auf die Verursachung und auf die Anwesenheit sekundärer Bedingungen, die beide wiederum einen äußeren und einen inneren Aspekt aufweisen:

Der äußere Aspekt des Entstehens in gegenseitiger Abhängigkeit

Die Ursachen des äußeren Entstehungsprozesses

Die Erklärung der äußerlichen Verursachung hat die Entstehung sog. Wahrnehmungsobjekte bzw. unbelebter Phänomene zum Gegenstand. Dieser Aspekt der relativen Wirklichkeit wurde vom historischen Buddha im ›Sutra vom Reissprößling‹ in aller Ausführlichkeit beleuchtet [*da Pflanzen wie etwa ein Reissprößling im Buddhismus nicht als ‚fühlende Wesen', die mit einem Bewußtseinsstrom ausgestattet sind, gelten, werden sie den Dingen bzw. den äußeren Phänomenen zugerechnet*]. Was die Analyse der Entstehung äußerer Entitäten anbelangt, so erschöpft sie sich in einer reinen Deskription ihrer unterschiedlichen Entstehungsphasen – so viele eben von Fall zu Fall konstatiert werden können. Jedes vorherige Entwicklungsstadium gilt in diesem Zusammenhang als Ursache bzw. Vorläufer für das jeweils darauffolgende Entwicklungsstadium. Auf diese Weise sind viele Ursachen erforderlich, damit die Phänomene zum Entstehen gelangen können, auch wenn sich dem naiven Beobachter üblicherweise eine einzige Ursache darbietet, die eine einzige [*vermeintlich endgültige und dauerhafte*] Wirkung hervorrufen würde. Am Beispiel eines Pflanzensamens jedoch wird ersichtlich, daß aus dem Samen zunächst ein Keimling, aus jenem ein erstes Blättchen, daraus ein Schößling, daraus ein Stengel, daraus eine Knospe und daraus schließlich die Frucht entsteht. Bei der Entstehung einer Pflanze handelt es sich also um einen schrittweisen Prozeß, dessen unterschiedlicher äußerlicher Verursachungsfaktoren [*bzw. dessen verschiedener Entwicklungsstadien*] ‚gewöhnliche' [*d.h. nicht durch Meditation geschulte*] Individuen zumeist nicht gewahr werden. Ähnlich grob und unzutreffend denken begriffliche Geisteszustände, daß für das Entstehen aller [*natürlich entstandener wie künstlich geschaffener*] Phänomene nur eine einzige Ursache verantwortlich wäre – des graduellen Prozesses der Veränderungen nicht achtend, der zu ihrem Entstehen führt und eine Vielzahl verschiedener Ursachen bzw. Entstehungsstadien beinhaltet, ohne die das Zustandekommen komplexer Phänomene nicht denkbar wäre. Um den tatsächlichen Gegebenheiten gerecht zu werden, sollten Individuen sich also davon frei machen, die Phänomene als statische Ereignisse anzusehen und ihnen grob vereinfachende Bezeichnungen zuzuweisen, die begrifflichen Geisteszuständen irrtümlicherweise suggerieren, daß beispielsweise ein Same in einem Schritt eine Pflanze [*oder eine Fertigungsstraße in einem Schritt ein Auto oder ein Künstler in einem Schritt ein Kunstwerk*] entstehen ließe. Der Prozeß äußerer Verursachung verläuft vielmehr so, daß viele von außen kaum zu unterscheidende Entwicklungsstadien, die in Abhängigkeit vom jeweils vorigen Entwicklungsstadium entstehen, schrittweise ineinander überleiten; die jeweils vorige Stufe [*Ursache*] muß notwendigerweise vorhanden gewesen sein, um ihren spezifischen Effekt zu erzeugen, damit dieser wiederum zur Ursache für den darauffolgenden [*ebenfalls spezifischen*] Effekt werden kann und so fort, bis schließlich das ‚endgültige' Resultat – das natürlich nicht endgültig ist, da es vom Moment seines Entstehens bzw. seiner Fertigstellung bereits wieder dem Zerfall ausgesetzt ist – entstanden ist.

Die Phänomene manifestieren sich in der relativen Welt der äußeren Erscheinungen also grundsätzlich durch einen Prozeß ‚komplexer' gegenseitig voneinander abhängiger Verursachung, deren verschiedene Glieder gleichzeitig Wirkung des vorigen und Ursache des darauffolgenden Schrittes der Verursachung darstellen. Es sind diese komplexen Prozesse zwischen spezifischen bzw. typischen Ursachen [*und Bedingungen*], die spezifische Wirkungen produzieren, durch die alle Ereignisse in der relativen Welt zustandekommen. Der Begriff ‚Spezifität' trägt hierbei dem Umstand Rechnung, daß Wirkungen nur aus bestimmten bzw. spezifischen Ursachen [*aus einem Weizensamen kann dementsprechend nur das Resultat eines Weizenkeimlings oder aus einem Schlag nur das Resultat eines Aufpralls entstehen*] heraus Gestalt annehmen. Die Phänomene geschehen also weder ursachenlos oder unbedingt, noch werden sie von Ursachen, die vom Effekt völlig verschieden wären [*z.B. einem externen Schöpfergott*] erschaffen. Stattdessen befinden sich alle Lebewesen – metaphorisch gesprochen – in einem gigantischen Räderwerk, das niemals zur Ruhe kommen kann, weil unendlich viele Zwischenstadien der verschiedensten Entwicklungsprozesse unausweichlich zu ihren darauffolgenden Entwicklungsstadien überleiten müssen; verschiedene Individuen nehmen lediglich an unterschiedlichen zeitlichen und räumlichen Ausschnitten dieses universellen Mechanismus wahrnehmend, interpretierend und auf die so gedeutete Welt ,re'-agierend teil. Jedes dieser einzelnen Entwicklungsstadien fächert sich im Sinne des Wortes ins Subtile hinein ,unendlich' weit bzw. tief in weitere spezifische Verursachungsfaktoren auf, die für deren Zustandekommen verantwortlich sind, usw. ad infinitum.

Der universelle Entstehungsmechanismus äußerer Objekte und Dinge wird dadurch weiter kompliziert, daß verschwindend geringe Ursachen weitreichende Resultate erzeugen können, daß eine Ursache entweder nur einen oder viele verschiedene Effekte bewirken kann, und daß schließlich viele Ursachen zusammen am Zustandekommen eines Resultats beteiligt sein können; multifaktorielle bzw. multikausale Resultate wie beispielsweise Veränderungen von komplexen Situationen sind dementsprechend in ihrer ganzen Vielschichtigkeit zu erfassen; die Annahme unikausaler und endgültiger Resultate bzw. Ereignisse erscheint im Licht dieser analytischen Betrachtungsweise als den tatsächlichen Gegebenheiten nicht gerecht werdende übertriebene Vereinfachung. Aus solchen auf ,Übervereinfachungen' basierenden Interpretationen resultieren jedoch die soziokulturellen Konventionen, die – im Lauf der Geschichte zu semantischen Begriffen geronnen – über das Medium der Sprache die Denkmuster zur Verfügung stellten, derer sich Individuen denkend und redend in der einen oder anderen Weise bedienen.

Die sekundären Bedingungen des äußeren Entstehungsprozesses

Ursachen allein sind nicht hinreichend, um das Entstehen eines bestimmten Resultates wie beispielsweise das Heranwachsen einer Pflanze zu bewirken; bestimmte sekundäre Bedingungen oder ‚mitwirkende Faktoren' müssen ebenfalls am Prozeß der äußeren Verursachung mitwirken, damit es zum betreffenden Resultat kommen kann. Diese sekundären Bedingungen sind die sechs Elemente Erde, Wasser, Hitze, Luft, Raum und Zeit. Nur wenn diese sekundären bedingenden Faktoren zusammenwirken, können sich die äußerlichen Objekte und Ereignisse manifestieren.

Diese sekundären Bedingungsfaktoren werden in einer bestimmten Reihenfolge wirksam: Erde erfüllt anfangs die Funktion, dem Objekt eine materielle Basis zur Verfügung zu stellen; Wasser erfüllt daraufhin die Funktion, die erforderliche Feuchtigkeit beizusteuern, damit der Entstehungsprozeß [*beispielsweise das Wachstum einer Pflanze*] einsetzen kann; als nächstes hat Hitze die Funktion, dem Entstehungsprozeß die notwendige Wärme zur Verfügung zu stellen; bestimmte Elemente in der Luft [*wie z.B. Sauerstoff*] unterstützen den Entstehungsprozeß; Raum erfüllt daraufhin die Funktion, der ungehinderten Ausbreitung des äußeren Objekts den erforderlichen Raum zur Verfügung zu stellen; und der Faktor Zeit schließlich hat die Funktion, dem Wahrnehmungsobjekt bzw. Ereignis während seiner ganzen Entwicklung zu gestatten, die notwendigen Veränderungen durchzumachen.

Diese sekundären Faktoren müssen auf jeden Fall in einer ausreichenden, dienlichen bzw. förderlichen Weise als bedingende Einflüsse zusammenwirken, damit sich die verschiedenen Entstehungs-, Wachstums-, Fertigungs- bzw. Entwicklungsstadien schrittweise auseinander entfalten können, so daß schließlich über eine Reihe von verschiedenen Zwischenschritten hinweg das in Frage kommende Resultat entstehen kann.

Der Entstehungsprozeß findet ‚natürlich' bzw. automatisch statt, wenn die unzähligen erforderlichen Ursachen und Bedingungen gleichzeitig gegeben sind. Der kombinierte Einfluß der verschiedenen gegenseitig voneinander abhängigen Komponenten von Ursachen und sekundären Bedingungen erzeugt seine Wirkung also zwangsläufig: Wenn nur einer dieser Faktoren nicht in der förderlichen Weise in diesem komplexen Bedingungsgefüge mitwirkt, kann der resultierende Effekt nicht Gestalt annehmen!

Absolut gesehen kommt der Prozeß des Entstehens in gegenseitiger Abhängigkeit nicht aufgrund irgendeiner wirklich und dauerhaft existierenden ‚Kraft', die die primären Ursachen und die sekundären Bedingungsfaktoren zusammenwirken lassen würde, zustande. Letztlich gibt es in keinerlei Hinsicht irgendeine Kraft, die den äußeren Prozeß des abhängigen Entstehens in Gang setzen oder irgendwie unterhalten würde. In relativer Hinsicht [*d.h. in Abhängigkeit voneinander*] bzw. auf der Ebene der relativen Wirklichkeit ist es natürlich gerechtfertigt, eine Kraft des Zusammenwirkens dieser Faktoren zu konstatieren, da die belebten wie die unbelebten Phänomene, die naturgemäß auf der relativen Ebene der Wirklichkeit angesiedelt sind [*d.h. eben diesem Prozeß des relativen Entstehens in gegenseitiger Abhängigkeit entstammen*], ihrer Wirkweise unterworfen sind. Für Individuen dagegen, die die relative Ebene der Wirklichkeit transzendiert haben, ist die Kraft dieser Vorgänge allerdings nicht mehr verbindlich!

Auf der relativen Ebene der Wirklichkeit erzeugen also die jeweils beteiligten Ursachen und typischen sekundären Bedingungen spezifische bzw. typische Resultate. Es gibt dementsprechend nicht ein einziges äußeres Phänomen, das nicht aus dem Prozeß des Entstehens in gegenseitiger Abhängigkeit von bestimmten Ursachen und sekundären Bedingungen heraus entstanden wäre; in diesem Sinne sind alle abhängig entstandenen äußeren Erscheinungen tatsächlich ‚leer' von jeder ihnen innewohnenden eigenständigen Existenz.

Je geübter Individuen durch Studieren, Reflektieren des Studierten und letztliche Integration des durch diese Kontemplation subtil Erfaßten durch sog. ‚Meditation' [*also Kultivierung der Konzentration, bis außerordentlich viele geistige Objekte gleichzeitig im Fokus der Aufmerksamkeit gehalten werden können; sodann Kultivierung einer geistigen Einstellung, die das Wohl sämtlicher Lebewesen zum Ziel hat; und schließlich das Training überaus effektiver Methoden, die Letzteres tatsächlich gestatten*] darin wird, die äußeren Phänomene als Resultat des gleichzeitigen Zusammentreffens zahlloser Ursachen und Bedingungen, die selbst wiederum unwirklich und essenzlos sind, aufzufassen, desto tiefer werden seine Einblicke in die eigene Biographie, desto tiefgründiger wird das Verständnis von der Zwangsläufigkeit und der Dynamik situativer Veränderungen, und desto mehr vermindert sich seine Anhaftung an die belebten wie die unbelebten Objekte der äußeren Welt, die es entweder zunehmend als geistig verarmt und permanenten Leiden unterworfen, ohne die Betroffenen dies selbst wahrnehmen würde [*das Individum entziffert beispielsweise die Mimik seiner Gesprächspartner in einem weitaus diffizileren Maße, als jene ihre eigene Befindlichkeit und Beweggründe wahrzunehmen vermögen*], oder als künstlich und flüchtig erlebt. Immer mehr durchschaut und erfährt es, daß die Erscheinungen – obwohl in sich leer – aufgrund des hier beschriebenen unaufhaltsamen dynamischen Prozesses pausenlos in Erscheinung treten: Leerheit und Erscheinung sind unauflöslich miteinander verwoben; sie bilden eine Einheit. Die Erscheinungen sind in sich selbst leer, erscheinen jedoch ungeachtet des Umstandes, daß sie leer sind. Die Phänomene sind sozusagen nichts als schiere Erscheinung. Die Leerheit ist allerdings insofern nichts Statisches oder nicht lediglich bloße Nichtsheit, als sie den Erscheinungen die Basis für deren Manifestation zur Verfügung stellt. Die geistige Durchdringung des Prozesses des Entstehens in gegenseitiger Abhängigkeit vermittelt dem einen spirituellen Entwicklungsweg beschreitenden Individuum also die außerordentlich tiefgründige Einsicht, daß die beiden Aspekte eines jeden Phänomens – nämlich Erscheinung und Leerheit – nicht nur nicht widersprüchlich sind, sondern sogar eine gemeinsame Basis haben. Mit dieser zunehmend vertieften Einsicht und schließlich sogar mit dieser – wenn auch noch nicht stabilen [*d.h. über einen außerordentlich langen Zeitraum spiritueller Übung ausschließlich während der Meditation innegehabten*] – Erfahrung gehen dermaßen starke und sämtliche Geschehnisse durchdringende Glücksgefühle einher, wie sie niemals zuvor in der bedingten Welt erlebt worden sind – wird der Meditierende doch endlich nicht mehr von den Ereignissen der bedingten Welt eingefangen und sklavisch manipuliert, sondern kann nunmehr selbst bestimmen, womit er sich innerlich wie äußerlich befassen möchte [*d.h. er kann seine Ziele in einem für gewöhnliche Menschen unvorstellbaren Maße hartnäckig und unabgelenkt und deshalb auch außergewöhnlich effektiv verfolgen*].

Die charakteristischen Merkmale des äußeren Entstehungsprozesses

Der äußere Aspekt des Prozesses des abhängigen Entstehens weist überdies fünf charakteristische Qualitäten auf, die verschiedene subtile Aspekte ein und desselben komplexen Wirkmechanismus darstellen: Demgemäß sind ① sämtliche abhängig entstehenden Resultate keine statischen Phänomene, sondern durch permanente Veränderungsprozesse zustandekommende Entitäten, die vollkommen verschieden zu den Ursachen sind, aus denen sie hervorgehen. Dieser Veränderungsprozeß verläuft nicht so, daß die Ursache einfach zu existieren aufhören würde, und dann – unterbrochen von einem leeren Zwischenzeitraum – das jeweilige Resultat entstünde; ebensowenig bleibt die Ursache bestehen, während die Wirkung entsteht, so daß beide zeitlich überlappend existieren würden. Vielmehr ist es so, daß im gleichen Moment, in dem die Ursache zu existieren aufhört, nahtlos das Resultat in Erscheinung tritt. Auf der relativen Ebene der Wirklichkeit erzeugt eine Ursache ihren Effekt also in der Weise, daß die jeweilige Ursache der eintretenden Wirkung zeitlich vorgeschaltet existiert, daß also zwischen Ursache und Resultat eine räumlich und zeitlich übergangslose Aufeinanderfolge besteht. Anders gesagt: Eine Wirkung wird nicht von einer Ursache erzeugt, die zu irgendeinem früheren Zeitpunkt existiert hätte; ebensowenig wird die jeweilige Wirkung von einer Ursache erzeugt, die zum Zeitpunkt des Entstehens der Wirkung noch nicht zu existieren aufgehört hätte: Sondern genau zum gleichen Zeitpunkt, zu dem die Ursache zu existieren aufhört, tritt das jeweilige Resultat in Erscheinung! Die Gleichzeitigkeit dieser fortwährenden ununterbrochenen Übergänge bestimmter Zwischenstadien in darauffolgende Zwischenstadien von Entstehungsprozessen wird traditionellerweise mit den sich verändernden Bewegungen der beiden Pfannen einer Waage verglichen, die [*idealerweise*] vollkommen simultan erfolgen. Von der Warte der absoluten Wirklichkeit aus betrachtet ist die hier geschilderte Beziehung zwischen Ursache und Wirkung jedoch in keiner Weise räumlich oder zeitlich faßlich bzw. definierbar; absolut gesehen läßt sich keinerlei Beziehung zwischen Ursache und Wirkung konstatieren!

② Außerdem bilden die auf relativem Niveau abhängig entstehenden Ereignisse lediglich Ausschnitte eines permanent in Bewegung befindlichen dynamischen Prozesses, der hinsichtlich der Beziehung zwischen Ursache und Wirkung niemals eine Unterbrechung erfährt: niemals verbleibt also ein Zeitraum zwischen den einzelnen Ursachen und Wirkungen, in dessen Verlauf die Veränderungsprozesse zu einem endgültigen oder vorläufigen Stillstand kommen würden. Solange Individuen noch in den relativen Erfahrungen der bedingten Existenz gefangen sind, werden die Beziehungen zwischen Ursache und Wirkung in Form solcher dynamischer fortwährender Veränderungen wahrgenommen; auf absoluter Ebene dagegen gibt es keine definierbare Entität wie etwa eine Beziehung zwischen Ursache und Wirkung. Individuen, die zur Realisation des Absoluten vorgedrungen sind, erfahren die bedingte Art der Wahrnehmung also nicht mehr!

③ Drittens ist der Übergang von einem Stadium zum nächsten nicht das Resultat einer plötzlichen Verwandlung, sondern ließe sich mit der Zunahme der Präzision der Sinneswahrnehmungen bzw. der jene vertretenden Meßinstrumente bis in einen bis ins Unendliche immer kleiner werdenden Mikrokosmos hinein in immer feinere und subtilere Ursache-Wirkungs-Prozesse zergliedern. Die jeweiligen Wirkungen weisen dabei z.T. differierende physikalische und physiologische Eigenschaften wie Farbe, Geschmack, Funktion usw. auf als ihre jeweils zeitlich vorgeschalteten Ursachen. Da zu dem Zeitpunkt, zu dem die Ursache existiert, die Wirkung noch nicht gegeben ist, und zu dem Zeitpunkt, zu dem die Wirkung existiert, die Ursache nicht mehr gegeben ist, umfaßt der Prozeß des abhängigen Entstehens also keine plötzlichen Transformationen eines Phänomens in ein vollkommen anderes, sondern es handelt sich bei der Entstehung sämtlicher Zwischenphasen irgendwelcher prinzipiell beobachtbarer Entstehungsprozesse grundsätzlich um graduelle Prozesse, in deren Verlauf die Ursache nicht unvermittelt zum Resultat wird, sondern sich über eine – je nach willkürlichem Betrachtungsmaßstab unterschiedlich vielgliedrige – Verkettung subtiler Zwischenschritte die ursprüngliche Ursache graduell verändert, bis sie schließlich zum wahrnehmbaren bzw. willkürlich aus dem zeitlichen Kontinuum permanenter Veränderungen herausgegriffenen Resultat geworden ist.

④ Ferner kann eine geringe Ursache [*beispielsweise wenige Viren*] ein relativ großes Resultat [*eine Seuche, der Millionen von Lebewesen zum Opfer fallen*] erzeugen. Ursache und Wirkung müssen also [*auf einem relativ groben deskriptiven Niveau*] nicht notwendigerweise phenomenologisch – wohl aber ‚spezifisch' [*siehe den nächsten Abschnitt*] miteinander identisch sein.

⑤ Und schließlich erzeugen innerhalb dieses allumfassenden Prozesses des abhängigen Entstehens [*der alle unbelebten Veränderungen auf der Ebene der relativen Wirklichkeit bewirkt*] spezifische Ursachen spezifische Resultate, da der Prozeß des abhängigen Entstehens ein Kontinuum ähnlicher Momente umfaßt. Aus den jeweiligen Ursachen ergeben sich also Sekundenbruchteil für Sekundenbruchteil und Moment für Moment [*ein Augenblick bzw. Moment ist eine weitaus kürzere Zeiteinheit als ein Sekundenbruchteil, der selbst mit modernsten Methoden kaum noch meßbar ist*] kaum merkliche Veränderungen, die der Entität des vorigen Augenblicks nahezu in allen bestimmenden Merkmalen gleichen – die kaum wahrnehmbare Veränderung geschieht Moment für Moment lediglich hinsichtlich winzigster subtiler Merkmale.

Aus der Analyse der Entstehung äußerer Objekte abgeleitete Schlußfolgerungen

Damit äußerliche Ereignisse in Erscheinung treten können, müssen also sieben Ursachen, sechs bedingende Einflüsse und fünf charakteristische Qualitäten des Entstehens, die alle – relativ gesehen – abhängig voneinander sind, ungehindert zusammenwirken; anderenfalls kann es nicht dazu kommen, daß sich auf der relativen Ebene der Wirklichkeit Phänomene manifestieren. Die ganze relative Welt ist also das Ergebnis eines fortwährenden Prozesses, der die gleichzeitige Präsenz vieler Faktoren sowie deren Interaktion beinhaltet.

Jedes Individuum, das sich mit der Lehre, wie die Dinge tatsächlich sind, auseinandersetzt, sollte ein angemessenes und umfassendes Verständnis davon, wie die Phänomene auf der relativen Ebene der Wirklichkeit entstehen, entwickeln; nur so kann es die wahre Natur [*die absolute Wirklichkeit*] der relativen Existenz realisieren. Die Prozesse des abhängigen Entstehens relativer Phänomene werden solange stattfinden, wie es relative Geisteszustände gibt, die jene erleben können. So versteht das Individuum nach und nach, daß die Phänomene keine realen, dauerhaften Entitäten darstellen, sondern lediglich essenzlose, unsubstantielle Erscheinungen sind, die durch viele Ursachen und Bedingungen erzeugt werden und sich in einem fortwährenden Veränderungsprozeß befinden. Ein solches intellektuelles Verständnis gilt es sodann immer weiter zu kultivieren, indem das Individuum sich bemüht, die Ereignisse mit einem immer größeren Selbstverständnis auf diese Weise wahrzunehmen und zu interpretieren, bis es schließlich als Resultat dessen [*zunächst nur während der Meditation!*] zur direkten Wahrnehmung von der leeren Natur der relativen Wirklichkeit kommt.

Der innere Aspekt der Entstehung in gegenseitiger Abhängigkeit

Der sog. ‚innere Aspekt des Entstehens in gegenseitiger Abhängigkeit' beschreibt das Entstehen lebender Wesen aus entsprechenden Ursachen und unterstützenden Bedingungen heraus und weist dementsprechend eine völlig andere Dynamik auf als das abhängige Entstehen unbelebter Phänomene. Es ist allerdings zu betonen, daß dieser innerliche Entstehungsprozeß – ebenso wie die Entstehung äußerer Erscheinungen – einzig aufgrund des im folgenden detailliert beschriebenen Zusammenwirkens von für jene spezifischen primären Ursachen und sekundären Bedingungen zur Entstehung von Lebewesen führt, ohne daß äußere Schöpfer wie beispielsweise ein Schöpfergott, der diesen Prozeß in irgendeiner Hinsicht anregen oder verursachen und bewirken würde, oder andere äußerliche Ursachen für das Entstehen der menschlichen Körper-Geist-Einheit erforderlich wären.

Zu Beginn eines jeden Werdungsprozesses, aus dem belebte [*traditionellerweise: ‚fühlende'*] Wesen hervorgehen, muß grundsätzlich ⇨ Unwissenheit gegeben sein; grundlegende Unwissenheit besteht in der ungeheuren Blindheit, die dadurch zustandekommt, daß das Bewußtsein eines Verstorbenen im Verlaufe der sieben Wochen, die seinem Sterben folgen, zunehmend ,verbeunwußtet', indem sich die bewußten Erfahrungen des gerade vergangenen Lebens mit allen unterbewußten Eindrücken aus sämtlichen Vorleben vermischen und dadurch ebenfalls ins Unterbewußtsein sinken; Resultat ist ein ,leeres' Bewußtsein und ein erweitertes Unterbewußtsein [*siehe S. 27f*]. Es ist dieses ,leere' Bewußtsein, das gleichbedeutend mit völliger bzw. grundlegender Unwissenheit ist. Sie besteht beispielsweise darin, daß dieses ,neue' Bewußtsein die Gültigkeit gesetzmässiger Zusammenhänge zwischen Ursache und Wirkung nicht zu erkennen vermag, weshalb es auch jede Verbindung zwischen seinen [*vorerst nur gedanklichen*] Handlungen und deren spezifischen Resultaten nicht zu durchschauen vermag. Jene Unwissenheit reaktiviert die naive Vorstellung von der eigenen Existenz als eigenständig und deshalb wirklich [*d.h. aus sich selbst heraus zur Existenz gelangt und weder Veränderungen in der Zeit noch schließlich der Desintegration unterworfen*]. Auf subtileren Ebenen der Erkenntnis besteht Unwissenheit beispielsweise darin, die Ermangelung wahrhafter Wesenskerne in den Wahrnehmungsobjekten und in sich selbst [*d.h. deren Leerheit*] nicht wahrnehmen zu können. Die grundlegende Unwissenheit bietet sich als gedachter Startpunkt für jede ,neue' Umdrehung des Kreislaufes zyklischer Verkörperungen an; üblicherweise wird sie deshalb als erstes Glied des Prozesses des Entstehens in gegenseitiger Abhängigkeit von Lebewesen beschrieben.

Die grundlegende Unwissenheit veranlaßt das körperlose Wesen im Zwischenzustand [*d.i. der Zustand zwischen dem letzten Sterben und der künftigen Geburt*] zu bestimmten geistigen ⇨ Handlungen, wodurch ,spezifische Resultate' [*traditionellerweise: Karma*] erzeugt wird. Karma definiert sich als solche Handlungen, aufgrund derer entsprechende Gewohnheitstendenzen im Unterbewußtsein gespeichert werden. Dieses zweite der zwölf Glieder des abhängigen Entstehens könnte demzufolge auch ,Gewohnheitstendenzen' genannt werden, denn Handlungen, die auf Unwissenheit beruhen, resultieren aus dem blinden Befolgen jener unbewußten Gewohnheitstendenzen. Traditionellerweise werden Gewohnheitstendenzen, die zu untugendhaften Handlungen, zu tugendhaften Handlungen und zu solchen Handlungen, die mit Sicherheit zu einer Wiedergeburt in den formhaften und formlosen Samadhis [*außerordentlich langwährende Zustände meditativer Konzentration*] führen, unterschieden. Untugendhafte Handlungen haben eine Wiedergeburt in einem der drei niederen Bereiche der Existenz [*Höllenwesen, Hungergeist und Existenz als Tier*] zur Folge, und tugendhafte Handlungen führen zu einer Wiedergeburt in den höheren Formen der bedingten Existenz [*Mensch, Halbgott oder extrem langlebige Götterexistenz*].

Gemäß den Handlungen, die das Zwischenzustandswesen begeht, und dem aus den unbewußten Gewohnheitstendenzen resultierenden Karma kommt es drittens zu einem ⇨ Bewußtsein. Durch dualistisches Wahrnehmen füllt sich das bislang ‚leere' Bewußtsein also wieder an. Gewohnheitstendenzen manifestieren sich in [*zunächst geistigen*] Handlungen, wodurch ihre Resultate kurzzeitig ins Bewußtsein gehoben werden; daraufhin fallen auch diese neuen Varianten der durch die gerade vollzogenen Handlungen [*meist nur geringfügig*] modifizierten Gewohnheitstendenzen wieder ins Unterbewußtsein zurück und werden dort solange ‚aufbewahrt', bis erneut exakt diejenigen Gegebenheiten und Umstände wie bei der Abspeicherung der entsprechenden Impulse herrschen. Die hier ‚Unterbewußtsein' genannte Instanz wird in den zum Abhidharma gehörenden Schriften ‚Basisbewußtsein' (tib: kun.gzhi.rnam.shes; skrt: Alaya-Bewußtsein) genannt.

Der Faktor ‚Bewußtsein' als drittes der zwölf Glieder des abhängigen Entstehens bzw. die vier nicht-materiellen Skandhas beziehen sich in erster Linie auf die Ontogenese der fünf Sinnesbewußtseine im Fötus, die ja mit ihren entsprechenden Objekten in einer nicht-konzeptuellen Weise interagieren. An diesem dritten Aspekt des inneren Prozesses des abhängigen Entstehens ist darüberhinaus naturgemäß auch das sich auf äußere Objekte orientierende Mentalbewußtsein, das dessen Wahrnehmungen hinsichtlich unterschiedlicher Maßstäbe als attraktiv oder unattraktiv einstuft und dementsprechend konzeptualisiert, und das nach innen orientierte Klesha-Bewußtsein [*das die Wahrnehmungen hinsichtlich der irrtümlichen Annahme eines wahrhaften, weil vermeintlich ewigen ›Selbst‹ verfälscht; diese irrtümliche Annahme eines dauerhaften ›Selbst‹ wird insofern in Verbindung mit dem Basisbewußtsein gebracht, als dieses nun als Selbst-Entität angesehen wird. Daraufhin erfolgt eine Deutung des eigenen Bewußtseinsstroms als ›Ich‹ (tib: nga.rgyal; lit: ‚Sieg des Ich'). Und schließlich gedeiht diese Idee von einem ›Ich‹ zu der Überzeugung, daß das Individuum selbst als Person wahrhaft bzw. dauerhaft oder ewig existieren würde*] sowie das Basisbewußtsein selbst als ‚Container' der Gewohnheitstendenzen beteiligt. Zum zweiten wird bezüglich der Verursachung der zwölf Glieder des abhängigen Entstehens der Terminus ‚Bewußtsein' auf die Gewohnheitstendenzen, die das Bewußtsein [*also das sog. Klesha-Bewußtsein und das Basisbewußtsein, das den Ursprung der übrigen sieben Arten des Bewußtseins darstellt und an sich neutral – weder tugendhaft noch untugendhaft – und mit der charakteristischen Qualität ausgestattet ist, klar und erkennend zu sein*] ‚färben', d.h. auf Tendenzen innerhalb des sich neu formierenden Bewußtseins angewendet. Und in einem dritten Sinne umfaßt das Skandha des Bewußtseins das Mentalbewußtsein, das Klesha-Bewußtsein und das Basisbewußtsein einer Lebensspanne.

Die habituellen Tendenzen, die das Bewußtsein färben, stellen jene Entität dar, die schließlich in den Mutterleib eintritt, um dort Wiedergeburt anzunehmen. Sie werden in die vier nicht-materiellen ⇨ ‚Skandhas' *(skrt. für Ansammlung)* und die physische Form des Fötus untergliedert und kennzeichnen das vierte Glied in der Kette des Entstehens in gegenseitiger Abhängigkeit. Die vier nicht-physischen Skandhas und die physische Form des Fötus stellen die Bedingungen dafür zur Verfügung, daß das neue Wesen Wahrnehmungen von Objekten tätigen kann. Die Skandhas, die von mentaler Natur sind [*d.s. die nicht-materiellen Skandhas*], kennzeichnen die Formation von Tendenzen, die das Bewußtsein in einer Weise färben, daß Individuen, deren Bewußtsein durch entsprechende Handlungen ‚gefärbt' [*d.h. modifiziert*] worden ist, in einem mit dieser ‚Färbung' [*bzw. ‚Modifikation'*] korrespondierenden Bereich wiedergeboren werden. Allerdings ist ‚Bewußtsein' nicht nur das dritte Glied in der Kette des inneren Prozesses des Entstehens in gegenseitiger Abhängigkeit, sondern macht überdies das erste der vier nicht-materiellen Skandhas aus [*bei dieser zweitausendfünfhundert Jahre alte Systematik steht nicht die gegenseitige Ausschließlichkeit der Kategorien, sondern deren inhaltliche Schlüssigkeit im Vordergrund*]; die übrigen drei Skandhas beinhalten das Skandha der verschiedenen Gefühle, das Skandha der verschiedenen Weisen der Unterscheidung der Realität und das Skandha der weiter unten eingehend erläuterten Mentalfaktoren.

Entsprechend der Präsenz der vier nicht-materiellen Skandhas und der physischen Form des Fötus entstehen die fünf ⇨ Sinne [*eigentlich: ‚Sinnesfakultäten' bzw. Bewußtseinsursprünge*] und die Fähigkeit zu denken [*auch als ‚kognitive Fakultät' bezeichnet*]. Diese traditionellerweise ‚fünf Tore für die Wahrnehmung' [*mittels der fünf Sinne*] und das ‚Tor für das gedankliche Erfassen' genannten Instanzen umfassen jene Fakultäten der entsprechenden Organe, die als Medium für das Entstehen und die Entwicklung der Sinneswahrnehmungen sowie des Denkens dienen.

Auf der Basis dieser Fakultäten kommt es zu ⇨ Kontakt; die Wahrnehmungsfähigkeit mittels der fünf Sinne sowie die abstrakte Erkenntnisfähigkeit des Mentalbewußtseins [*die buddhistische Erkenntnistheorie ordnet der Mentalfakultät bzw. dem Mentalbewußtsein kein Sinnesorgan zu*] gerät also in Kontakt mit einem Objekt [*die Objekte der fünf Sinne sowie die rein geistigen, immateriellen sowie keinem Organ entspringenden Gedanken*], wobei die sog. ‚Fakultäten' das Medium für diesen Kontakt darstellen. Das korrespondierende Objekt der Augenfakultät beispielsweise sind alle prinzipiell sichtbaren Formen. Wenn die Augenfakultät in Kontakt mit einer bestimmten sichtbaren Form kommt, entsteht ein Moment von Augenbewußtsein. Dementsprechend kommen auch die übrigen vier Sinneswahrnehmungen durch Kontakt der entsprechenden physischen Sinnesorgane – also des Ohres, der Nase, der Zunge und der Haut sowie der Rezeptoren, die für die Reizleitung aus dem Körperinneren zuständig sind – mit ihren entsprechenden Objekten – nämlich den Geräuschen, Gerüchen, Geschmäckern und Tastempfindungen sowie den Empfindungen aus dem Körperinneren – zustande. Die Sinneswahrnehmungen sind noch nicht von Konzepten begleitet. Erst die sog. ‚kognitive Fakultät' bzw. ‚Mentalfakultät' [*umfaßt alle begrifflichen Zustände des Geistes*] folgt jedem der fünf Sekundenbruchteil für Sekundenbruchteil separat auftretenden Sinnesbewußtseine und nimmt die Bewertung und Interpretation von allem Wahrgenommenen vor. Der Kontakt kennzeichnet demgemäß die Entwicklung der Fähigkeit, den ersten Moment reiner Wahrnehmung, welche noch von keinem Konzept in irgendeiner Form interpretiert worden ist, zu erfahren; auf diesen Moment erfolgt in einer Zeitspanne, die noch sehr viel kürzer ist als der Sekundenbruchteil, in dem die jeweilige Wahrnehmung erfolgte [*und deshalb auch unmerklich bzw. unbewußt*] eine Konzeptualisierung bzw. Verbegrifflichung des Wahrnehmungsobjekts, das gerade wahrgenommen wird. Kontakt bedeutet demzufolge, daß ein Sinnesobjekt, die zugehörige Sinnesfakultät und die Sinneswahrnehmung bzw. der Denkvorgang zusammenkommen. Kontakt zwischen einer Fakultät und dem entsprechenden Objekt hat eine Wahrnehmung bzw. eine Erkenntnis dieses Objekts zur Folge.

Aus dem bloßen Kontakt mit einem Wahrnehmungsobjekt entstehen die verschiedenen ⇨ Empfindungen, die grob in angenehm, unangenehm und neutral bzw. unentschieden eingeteilt werden können. Das Erleben des Kontakts besteht also in der Empfindung. Das Resultat eines Kontaktes ist dementsprechend eine mit dem Objekt und der Art des beteiligten Bewußtseins korrespondierende Empfindung.

Empfindungen bewirken die Entstehung von ⇨ Verlangen: Attraktiv erscheinde Wahrnehmungsobjekte wecken Anhaftung und den Wunsch, jene Objekte in irgendeiner Form zu vereinnahmen; unangenehm erscheinende Objekte und Ereignisse lösen Abneigung bis zum Ekel und entsprechende Impulse, diesen Objekten auszuweichen, aus. Alle übrigen Erscheinungen werden vom wahrnehmenden Geist eines in Meditation ungeübten Individuums [*das bereits mit diesen beiden Kategorien von Wahrnehmungsobjekten quantitativ völlig überfordert ist*] ignoriert. Der menschliche Geist gehorcht dabei weitgehend dem Automatismus, Moment für Moment Sinnesfreuden in den verschiedensten Ausprägungen erfahren zu wollen. Anhaftung an Empfindungen läßt also Verlangen entstehen. So kommt es gemäß dem bedingenden Einfluß der Empfindungen zum Verlangen – d.h. zum Entstehen der Absicht, das als attraktiv Empfundene, Vergnügen Verheißende nicht aufzugeben.

Von Verlangen entsteht ⇨ Ergreifen; darauf zu bestehen, Erwünschtes in Besitz zu nehmen und das dermaßen Vereinnahmte behalten zu wollen, ist ‚Ergreifen'.

Von Ergreifen entsteht der ⇨ ‚Impuls in die nächste Phase der Existenz' [*d.h. zu einer erneuten Verkörperung*]; die Handlungen, die das Ergreifen ermöglichen, geben den Anstoß für die nächste Phase der Existenz, indem nach dem Durchlaufen sämtlicher Stadien des siebenwöchigen Todes [*vgl. das sog. ›Tibetische Totenbuch‹, die ›Befreiung durch Hören im Zwischenzustand‹, in der Übersetzung aus dem Tibetischen von Albrecht Frasch*] das Bewußtsein [*besser: das ‚Unterbewußtsein'*] eines Verstorbenen zwischen die väterliche Samen- und die mütterliche Eizelle tritt; dies ist die sog. Konzeption oder Empfängnis des ‚neuen Wesens'.

Der Impuls zur nächsten Phase der Existenz leitet zur ⇨ ‚Geburt' über; die ‚Wieder'-Geburt besteht in der Neubildung der Skandhas [*der sich vom Beginn der Empfängnis an entwickelnde Körper und das Bewußtsein des neuen Wesens wird nicht vom ‚alten Satz' der Skandhas der vorigen Existenz, sondern von einem neuen Satz von Skandhas gebildet*].

Jede Geburt führt zwingend zu ⇨ Alter und Tod, die den Prozeß der zunehmenden Verflüchtigung und letztendlichen Auflösung der Skandhas kennzeichnen. Mit dem Näherkommen des Todes geht Verzweiflung und Agonie einher. Existentielle Agonie ist das Sich-Verzehren in Todesangst, die im Todeskampf aufgipfelt, mit dem starke körperliche und geistige Leiden einhergehen. Physisches und psychisches Leiden versetzt den Geist des sterbenden Individuums in einen dermaßen aufgewühlten Zustand, bis dieser schließlich in eine Bewußtlosigkeit ‚umkippt', in der völlige bzw. grundlegende Unwissenheit herrscht, weil der betreffende Bewußtseinsstrom den Zugriff auf sämtliche in der gerade vorübergegangenen Existenz gewonnenen tieferen Erkenntnisse über die Natur der Phänomene verloren hat [*so leitet das zwölfte Glied des Entstehens in gegenseitiger Abhängigkeit wiederum zum ersten über*].

Aufgrund seiner zentralen Bedeutung sei dieser komplexe Entstehungsprozeß noch einmal im Überblick dargestellt: Der Geist jedes Verstorbenen hat diverse Stadien zunehmender Desintegration seines Bewußtseins durchlaufen, die sein Bewußtsein schließlich völlig gelöscht und ausgeleert zurückließen, während sein ihm nicht direkt zugängliches Unterbewußtsein durch die Eindrücke des gerade vergangenen Lebens angereichert worden ist. Dieser auch ‚grundlegende Unwissenheit' zu nennende Geisteszustand läßt den Bewußtseinsstrom des Zwischenzustandswesens des Umstandes nicht gewahr werden, daß es selbst lediglich als Ansammlung vieler unterschiedlicher Bildekräfte, die ebenfalls wiederum permanenten Veränderungen unterworfen sind, existiert. Aufgrund der daraus resultierenden irrtümlichen Annahme eines wirklichen ›Selbst‹ kommt es zur fehlerhaften dualistischen Annahme von allem ›Anderem‹, das scheinbar außerhalb seiner selbst existiert. Als Folge davon entstehen verschleierte Geisteszustände, indem dieser unwissende Geist blind an alles anhaftet, was ihm attraktiv erscheint, und Abneigung gegen alles entwikkelt, was ihm unattraktiv erscheint. Indem sich der Geist des Zwischenzustandswesens auf bestimmte Phänomene mittels Anhaftung, Abneigung und Gleichgültigkeit bezieht, führt er unter dem Eindruck grundlegender Unwissenheit Handlungen aus und sammelt dadurch Karma an. Handlungen und das Karma, das sie bewirken, bilden einzelne Momente subjektiven Erlebens bzw. die Formation von Tendenzen, die das Bewußtsein ‚färben', womit die Kapazität gemeint ist, seine Wahrnehmungen etwa zu einer Menschenwelt zu integrieren. Das ‚Bewußtsein' des Zwischenzustandswesens füllt sich also bereits wieder rudimentär an. Dieses rudimentäre Bewußtsein sowie die vier nicht-materiellen Skandhas, die aus ihm heraus zum Entstehen gelangen und mit ihm koexistieren, lassen die Erfahrung der physischen Form eines mit bestimmten Merkmalen ausgestatteten Fötus entstehen. Die sechs sensorisch-kognitiven Fakultäten, die sich aus den vier nicht-materiellen Skandhas heraus entfalten, und die physische Form dienen als Medium für das Entstehen und die Entwicklung der Sinneswahrnehmungen und des Denkens. Die Organisation der Sinnesfakultäten gemeinsam mit der Wahrnehmung und dem kognitiven Erfassen von Phänomenen führen zum Kontakt. Die Erfahrung des Kontakts bewirkt angenehme, unangenehme oder neutrale Empfindungen. Anhaftung an angenehme Empfindungen führt zu Verlangen. Nachgiebigkeit gegenüber den eigenen Wünschen resultiert in Handlungen, die darauf abzielen, das Gewünschte zu ergreifen. Ergreifen bewirkt schließlich solche Handlungen, die das körperlose Zwischenzustandswesen in die nächste Phase der Verkörperung treiben, in der die Skandhas erneut entstehen. Nach der Geburt verflüchtigen sich die Skandhas von Moment zu Moment von selbst, was den permanenten Prozeß des Alterns und Sterbens beschreibt, der ja vom Moment der Geburt an unmerklich erfolgt. Wegen seines intensiven Anhaftens löst sogar jeder Gedanke an den eigenen Tod einen Zustand der Verzweiflung und des inneren Terrors aus, der dem Irrsinn nicht unähnlich ist.

Die sechs inneren sekundären Bedingungen des abhängigen Entstehens

Der in gegenseitiger Abhängigkeit zustandekommende Entstehungsprozeß von Lebewesen beinhaltet überdies den Einfluß von sechs inneren bedingenden Faktoren: Nur in der Gegenwart der Bedingungsfaktoren Materie, Wasser, Hitze, Prana, Raum und Bewußtsein kann sich der Körper eines Lebewesens entwickeln. Derjenige Faktor, der im förderlichen Zusammenspiel mit den anderen Faktoren die physische Komponente des Körpers produziert, wird der Faktor ‚Materie' genannt. Derjenige Faktor, der im förderlichen Zusammenspiel mit den anderen Faktoren ein flüssiges Medium zur Verfügung stellt, das den Körper zusammenhält und bindet, wird der Faktor ‚Wasser' genannt. So wird das Blut beispielsweise in überwiegendem Maße von diesem Faktor gebildet. Derjenige Faktor, der im förderlichen Zusammenspiel mit den anderen Faktoren flüssige und feste Nahrung verdaut und assimiliert, wird der Faktor ‚Hitze' genannt. Derjenige Faktor, der im förderlichen Zusammenspiel mit den anderen Faktoren für die Atmung und die Bewegung der sog. feinstofflichen ‚Winde' im Körper verantwortlich ist, wird der Faktor ‚Prana' [*‚Luft' oder ‚Wind', ein Begriff, der in der westlichen Physiologie keine Entsprechung aufweist – sinngemäß könnte man ihn als ‚Energie' oder ‚Lebensenergie' übersetzen; er steht in einem sehr engen Zusammenhang zum ‚Chi' der chinesischen Medizin, ohne jedoch mit jenem identisch zu sein*] genannt. Derjenige Faktor, der im förderlichen Zusammenspiel mit den anderen Faktoren für die Bildung der Körperhöhlungen [*d.s. Adern, feinstoffliche Kanäle usw.*] verantwortlich ist, wird der Faktor ‚Raum' genannt. Derjenige Faktor, der im förderlichen Zusammenspiel mit den anderen Faktoren für das Entstehen der körperlichen Form des Fötus und der vier nicht-materiellen Skandhas verantwortlich ist, wird der Faktor ‚Bewußtsein' genannt.

Ohne die sekundären Bedingungen kann der Körper eines Wesens nicht entstehen. Damit die Körper der Wesen sich ausbilden können, muß also ein angemessenes Zusammenwirken der sechs mitwirkenden Faktoren bzw. der sechs inneren sekundären Bedingungen gegeben sein. Der grundsätzliche Irrtum sämtlicher Lebewesen, ihre eigene Existenz mache ein dauerhaftes bzw. absolut wirkliches ›Ich‹ aus, mißversteht üblicherweise den eigenen Körper als Grundlage für die vermeintlich wirklich existierende eigene Person. Tatsächlich jedoch ist der eigene Körper das Produkt einer unendlich langen und feinen Kette von Ereignissen bzw. Veränderungsprozessen, an denen auch die inneren sekundären Bedingungen mitwirken. Überdies ist jede dieser sekundären Bedingungen an sich wiederum das Produkt unzähliger anderer primärer Ursachen und sekundärer Bedingungen.

Selbst die subtilsten Konstituenten [*die Atome und deren Bestandteile*], die den Faktor Materie bilden, bestehen zwar ebenfalls aus dem Faktor Materie, jedoch sind auch alle übrigen Faktoren in ihm präsent. In keinem dieser Faktoren ist eine einzige Entität zu finden, die nicht bis in die Unendlichkeit hinein immer weiter in kleinere Bestandteile aufgespalten werden könnte. Auch der Faktor Raum, dem die Qualität zu eigen ist, den Phänomenen ungehinderte Ausdehnung zur Verfügung zu stellen, stellt keine wirkliche Entität dar, die in irgendeiner Weise als Raum objektiviert bzw. identifiziert werden könnte. Der Faktor Bewußtsein, der sich aus einem unversiegbaren Strom von einzelnen Bewußtseinsmomenten zusammensetzt, macht ebenfalls keine identifizierbare Entität ‚Bewußtsein' aus. Zwar werden in dieser Systematik eine Anzahl von Komponenten, die begrifflich als einzelne Entitäten benannt werden, vorgestellt, so daß konzeptuelle Ideen über die Realität gebildet werden können – die am Prozeß des Entstehens in gegenseitiger Abhängigkeit beteiligten Faktoren und Determinanten selbst jedoch sind reine Kunstbegriffe, denen keinerlei eigenständige Wirklichkeit zukommt [*dies trifft gleichermaßen auf alle Erkenntnisse moderner Naturwissenschaften sowie auf die Begriffe, mit denen jene operieren, zu; aus buddhistischer Sicht stellen alle neuen Erkenntnisse astronomischer, astrophysikalischer, medizinischer, mathematischer usw. Forschungen lediglich einen Ausschnitt von begrenzter zeitlicher Gültigkeit dar. Abgesehen davon, daß jene ebenfalls aus entsprechenden Ursachen und Bedingungen heraus entstanden sein müssen, werden Forschungen zwingend endlos von weiteren Erkenntnissen gefolgt sein, die das jeweils bisherige Verständnis immer wieder grundlegend revolutionieren werden. Niemals kann ein endgültiges Forschungsresultat erzielt werden*].

Auch die fünf Skandhas, aus denen das Individuum besteht, sind das Ergebnis eines entsprechenden Verursachungsprozesses sowie des bedingenden Einflusses der sechs sekundären Bedingungen. Innerhalb dieser fünf Skandhas gibt es nichts wahrhaft bzw. nichts aus sich selbst heraus Existierendes [*keine Seele, keinen Persönlichkeitskern, keine wirkliche Lebenskraft o.ä.*] – also nichts, das insofern von Dauer wäre, als es die permanenten Transformationsprozesse unverändert bzw. in irgendeiner substantiellen Form überstehen würde. In diesem Zusammenhang gilt es zu verstehen, daß die eigene Psyche, Seele, Persönlichkeit oder wie man den Glauben an etwas Wirkliches in sich selbst auch immer nennen mag, lediglich aus den fünf Skandhas und verschiedenen Faktoren innerhalb dieser Skandhas besteht. Lebewesen besitzen einen ‚Geist' (tib: sems) – das ist unbestritten. Dieser permanent grundsätzlichen Veränderungen unterworfene Geist besteht aus den fünf Sinnesbewußtseinen und dem Mentalbewußtsein, die sich permanent aus einer Sphäre des Bewußtseins heraus, die man Unterbewußtsein oder Basisbewußtsein nennen könnte, manifestieren. Im sekundären Bedingungsfaktor ‚Materie' ist ein solcher Geist nicht zu finden. Deshalb kann der Faktor Materie [*d.h. der menschliche Körper mit all seinen Organen wie etwa dem Gehirn oder dem Herzen*] weder die Psyche [*bzw. die Seele oder den Persönlichkeitskern*] ausmachen noch sie beherbergen; ebensowenig kann der Faktor Materie eine erschaffende Kraft sein. Auch die übrigen inneren sekundären Bedingungsfaktoren machen weder die wahre Existenz des ›Ich‹ aus, noch beherbergen oder erzeugen sie sie. Einzig die raum-zeitliche Kontingenz und das förderliche Zusammenwirken dieser Faktoren hat zur Folge, daß die unzutreffende ‚naive' Sichtweise von einem wahrhaft existierenden ›Ich‹ entstehen und aufrechterhalten werden kann.

Entsprechende Ursachen führen in Anwesenheit sämtlicher erforderlicher sekundärer [*bzw. unterstützender*] Bedingungen zwangsläufig zur Entstehung der betreffenden Resultate. Der Zusammenhang zwischen diesen drei Faktoren des Zustandekommens eines karmischen Effekts – also Ursachen, Bedingungen und Resultat – ist zwingend und unvermeidlich. Nach buddhistischer Auffassung gibt es keine Möglichkeit, den Wirkungen seiner Handlungen zu entkommen. Beispielsweise führt eine bestimmte Handlung deshalb irgendwann in der Zukunft zur Erfahrung des Geisteszustands eines Höllenbewohners, weil durch diese Handlung eine entsprechende Gewohnheitstendenz im Geist des ehemals Handelnden angelegt wurde, die diesem Geisteszustand entspricht. Die durch die Handlung angeregte geistige Gewohnheitstendenz legt die Ursache für Geburt in den Höllen an; wenn dann irgendwann in der Zukunft im Bewußtseinsstrom des betreffenden Individuums während eines Bardo-Zustandes [*d.i. der Zwischenzustand zwischen dem vorherigen und dem darauffolgenden Leben; vgl. beispielsweise ›Die Befreiung durch Hören im Zwischenzustand‹ in der Übersetzung aus dem Tibetischen von Albrecht Frasch;* TASHI-VERLAG 1999] identische Umstände und sekundäre Bedingungen reaktiviert werden, wird es unvermeidlich in einem der Höllenbereiche wiedergeboren zu werden, selbst wenn hundert Weltzeitalter vergangen sein sollten, seitdem die auslösende Handlung und die entsprechende Gewohnheitstendenz in seinem Geist gespeichert worden sind.

Auf diese Weise umfaßt der innere Prozeß des abhängigen Entstehens zwölf Phasen, in denen in unaufhörlicher Aufeinanderfolge eine innere Ursache der nächsten und eine sekundäre Bedingung der nächsten folgt. Außer den hier beschriebenen Ursachen und Bedingungen sind keine anderen Ursachen und Bedingungen am Prozeß des abhängigen Entstehens beteiligt. Einzig diese Ursachen und Bedingungen sind es also, aus denen sämtliche Wesen zum Entstehen gelangen. Im Unterschied zu dem Blickwinkel, den die moderne Naturwissenschaft anlegt, wird in der Erkenntnistheorie des [*Tibetischen*] Buddhismus das Hauptaugenmerk bei der Ontogenese des Individuums also nicht auf körperliche Vorgänge im mütterlichen Organismus gelegt, sondern aus der Warte des entstehenden Individuums beschrieben, wie jenes aus entsprechenden Ursachen und sekundären Bedingungen, die dessen Bewußtseinsstrom betreffen, heraus zum Entstehen gelangt. Natürlich widersprechen sich diese beiden Ansätze nicht im Geringsten, sondern können sich bei entsprechender Betrachtung sinnfällig ergänzen [*hierfür spricht, daß in den westlichen Ländern eine große Zahl praktizierender Buddhisten dem ärztlichen Berufsstand angehört*].

Die zwölf Phasen der Entstehung in gegenseitiger Abhängigkeit beschreiben, auf welche Weise das ‚Ineinandergreifen allen bedingten Geschehens' (skrt: Samsara) die Phänomene modifiziert. Auf der Grundlage dieses Verständnisses können Individuen leidhafte Geisteszustände, die künftig zwingend in entsprechenden Existenzformen resultieren, nur dadurch dauerhaft überwinden, indem sie das Anfangsglied dieses Prozesses – die grundlegende Unwissenheit – auflösen. Ist grundlegende Unwissenheit erst einmal überwunden, dann wird damit auch die unbeeinflußbare Zwangsläufigkeit der bedingten Existenz überwunden. Wenn also erst einmal die Natur der grundlegenden Unwissenheit erkannt worden und jene daraufhin im Verlauf eines langen Praxisweges vollends entwurzelt worden ist, so daß das entsprechende Individuum niemals mehr – und seien die Ereignisse, die ihm widerfahren, noch so angenehm oder schrecklich – unter dem Eindruck der Illusion steht, dies alles würde von einem wahrhaft existierenden Persönlichkeitskern erlebt, und wenn außerdem nicht mehr die geringste Furcht erfahren wird, selbst wenn das betreffende Individuum in größte Gefahr gerät, sondern wenn es stattdessen alles, was ihm widerfährt, in einer vollkommen reinen Weise erlebt [*traditionellerweise als ‚Reines Land' bezeichnet; diese vollkommen reinen Erfahrungswelten ließen sich – auch wenn dieser Vergleich in vielerlei Hinsicht unangemessen ist – der Anschaulichkeit halber als ‚Paradies auf Erden' versinnbildlichen*], dann ist alles Leiden der bedingten Existenz zu einem Ende gebracht worden. Wenn die solchermaßen zu geistiger Realisation vorgedrungenen Individuen im Verlaufe ihres spirituellen Entwicklungsweges nicht immer wieder aus tiefstem Herzen gewünscht hätten, zum Wohl sämtlicher anderer leidender Wesen wiedergeboren zu werden, hätte sich damit auch die Ursache für eine Wiedergeburt erschöpft [*dies betrifft ausschließlich die Hochrealisierten im sog. Mahayana; im Unterschied dazu streben die Hochverwirklichten im sog. Theravada- bzw. Hinayana-Buddhismus nicht die Buddhaschaft an bzw. lassen sich trotz der unvermeidlich damit einhergehenden Leiden nicht absichtlich im Kreislauf der bedingten Existenzen zum Wohl sämtlicher Wesen wiedergebären, sondern realisieren einzig die Befreiung vom eigenen Leid – die sog. Arhatschaft*].

Gesetzmäßigkeiten, die sich auf den inneren und den äußeren Aspekt des Prozesses des abhängigen Entstehens gemeinsam beziehen

Die Produkte des innerlichen wie des äußerlichen abhängigen Entstehens sind nicht dauerhaft, weil sie jeden Moment entstehen und auch wieder enden. Produkte abhängigen Entstehens bestehen höchstens in der Weise fort bzw. dauern höchstens in dem Sinne an, als das Kontinuum abhängiger Erscheinungen weiterfließt und an sich andauert [*lit: nicht nicht-vergänglich ist; d.h. es kommt zu keiner Unterbrechung des permanenten Flusses bzw. Kontinuums abhängig zustandekommender Erscheinungen*]. Ferner sind die Produkte abhängigen Entstehens keine Kreationen irgendeines äußerlichen Schöpfers, sondern entstehen einzig durch die Kraft der Kombination der beteiligten Ursachen und Bedingungen. Der Prozeß des abhängigen Entstehens kommt darüberhinaus niemals zu einem Ende, weil angemessene Ursachen und Bedingungen unvermeidlich die entsprechenden Effekte bewirken [*ausschließlich die angemessenen Ursachen und sekundären Bedingungen – nämlich die Verwirklichung der letztendlichen, vollkommenen Buddhaschaft – erschöpfen den Prozeß des abhängigen Entstehens*]. Überdies hat der Prozeß des abhängigen Entstehens keinen Anfang in Zeit und Raum, sondern hat immer kontinuierlich stattgefunden, so wie der kontinuierliche Fluß von Wasser in einem Strom ununterbrochen geschieht. Nur wenn man also die Gegenmittel für die bedingte Existenz praktiziert und vervollkommnet – d.h. den Pfad buddhistischer Praxis bis zum Ende beschreitet – kommt der Prozeß des abhängigen Entstehens schließlich zum Erliegen.

Sowohl äußere wie innere Phänomene schließen sämtliche Entstehungsprozesse, die zwingend von Ursachen bewirkt werden, von spezifischen Bedingungen begleitet werden und zu resultierenden Effekten führen, in sich ein. Resultate können niemals eintreten, ohne daß Ursachen und Bedingungen förderlich zusammenwirken. In diesem Zusammenhang ist noch anzumerken, daß typische Ursachen typische Resultate produzieren: Ursachen und Resultate sind grundsätzlich in der Weise aufeinander bezogen, daß die Ursachen von der gleichen Art sind wie die Wirkung, die sie produzieren [*viele philosophischen Traditionen vertreten die Sichtweise, daß die Phänomene durch Ursachen und Bedingungen produziert würden, die nicht von der gleichen Art wären wie ihr Resultat – beispielsweise daß das Universum und alle Wesen darin von äußeren Göttern, die an sich rein, ewig und im Besitz überirdischer Kräfte seien, erschaffen worden sei. Andere philosophischen Richtungen konstatieren, ein sämtlichen Individuen gemeinsames ›Höheres Selbst‹, das an sich dauerhaft und ewig wäre (skrt: Atman), hätte die Welt und alle Wesen in ihr ausgestrahlt. Diese beiden Sichtweisen können deshalb nicht zutreffen, weil diesfalls Ursache und Wirkung von völlig unterschiedlichen Art wären*].

Die äußere Welt und alle Wesen in ihr, also alle äußeren und inneren Phänomene, sind weder grundlos oder nicht bedingt, noch entstehen sie aus etwas, das von völlig unterschiedlicher Art wäre als sie selbst. Die äußere Welt und alle Wesen in ihr sind vielmehr einzig die Konsequenz des gleichzeitigen Zusammentreffens der verschiedensten Ursachen und Bedingungen, die alle für den Effekt, den sie produzieren, typisch sind. In diesem Sinn erzeugt der Prozeß des Zusammenwirkens spezifischer Ursachen und Bedingungen zwingend die für ihn spezifischen Resultate. Der Prozeß des abhängigen Entstehens erfolgt dementsprechend aus primären Ursachen und sekundäre Bedingungen und erzeugt typische Effekte. Es ist die Natur dieses Prozesses, die es mit sich bringt, daß sich auf der Ebene der relativen Wirklichkeit sämtliche Phänomene manifestieren, indem sie unvermeidlich als Resultate entstehen, sofern die entsprechenden Ursachen und unterstützenden Bedingungen zusammengekommen sind. Wenn jedoch die geeigneten Ursachen und Bedingungen nicht gleichzeitig gegeben sind, wird ein bestimmtes Resultat niemals entstehen, soviel Energie und Anstrengung auch immer investiert werden mag. Wenn also die Ursachen und sekundären Bedingungen, die zu einer Geburt in der bedingten Existenz führen [*d.i. Karma und die entsprechenden verschleierten Geisteszustände*], zusammengekommen sind, kann diese Geburt von keinem Magier, Gott oder anderen Wesen – und sei es mit noch so starken übernatürlichen Kräften ausgestattet – verhindert werden.

Der Wahrnehmungsprozeß als Entstehungsprozeß in gegenseitiger Abhängigkeit

Auch jede einzelne Sinneswahrnehmung [*und folglich jeder einzelne Moment der individuellen Existenz*] gliedert sich in einen Prozeß auf, der grundsätzlich fünf hauptsächliche Ursachen aufweisen muß. Dies sei am Beispiel der Erscheinung externer Objekte bzw. der visuellen Wahrnehmung verdeutlicht: Die fünf Ursachen für das Wahrnehmen von Formen sind die Augenfakultät, eine physische Form, Licht, Raum und Erkenntnis. Das Organ des Auges fungiert als Medium, durch das die visuelle Wahrnehmung erfolgt. Die physische Form ist das Objekt, auf das sich die Wahrnehmung ausrichtet, die durch ein Augenbewußtsein geschieht. Licht ermöglicht den Prozeß der Wahrnehmung, indem es die physische Form sichtbar macht. Raum stellt die räumliche Ausdehnung für diesen Prozeß zur Verfügung; wenn ein Gegenstand zwischen das Auge und das wahrzunehmende Objekt tritt, kann der Wahrnehmungsprozeß nicht mehr stattfinden. Erkenntnis induziert die subjektive Erfahrung des Objekts; sie kennzeichnet die Mentalfaktoren, die die Wahrnehmung individuell auf das Objekt der Wahrnehmung ausrichten. In Abwesenheit dieser fünf Ursachen kann keine visuelle Wahrnehmung stattfinden; nur wenn alle fünf Ursachen gemeinsam wirksam werden, findet zwingend und unvermeidlich eine visuelle Wahrnehmung statt.

Sinneswahrnehmungen, die an sich grundsätzlich nicht-begrifflich sind, werden unmittelbar von einem Moment von Mentalbewußtsein gefolgt, das sich an vorangegangenen Erfahrungen mit ähnlichen Wahrnehmungsobjekten orientiert [*der erste Moment der Sinneswahrnehmung erfolgt unbegrifflich; er wird unmittelbar von begrifflichen Geisteszuständen gefolgt, die das Wahrgenommene mit passenden Bezeichnungen versehen*].

Die nicht-begrifflichen Sinneswahrnehmungen werden als ‚unfehlbar' bezeichnet, weil sie noch nicht durch begriffliche Geisteszustände verzerrt worden sind. Jede gedankliche Tätigkeit bzw. alle begrifflichen Geisteszustände können die Erkenntnis der Natur ihres Objekts nur fehlerhaft leisten; die durch begriffliche Geisteszustände modifizierte Erkenntnis kann das aktuelle Wahrnehmungsobjekt [*sowie die nicht-begrifflichen Sinneswahrnehmungen*] schließlich nicht unmittelbar ergreifen, sondern jenes lediglich mit vermeintlich bewährten Interpretationen scheinbar ähnlicher vergangener Wahrnehmungsobjekte vergleichen; die begriffliche Einschätzung des momentanen Wahrnehmungsobjekts kann also nur als Abweichungen von vertrauten Wahrnehmungsobjekten und deren begrifflichen Interpretationen vorgenommen werden; deshalb erfolgt sie nicht direkt, sondern nur mittelbar. In der Madhyamaka-Tradition wird in diesem Zusammenhang betont, daß nicht die Erscheinungen vollkommen zurückzuweisen sind, auch wenn gewöhnlichen [*d.h. nicht in Meditation geübten*] Wesen das Erfassen der tatsächlichen Gegebenheiten niemals gelingen kann; stattdessen gilt es, den Prozeß des Benennens dieser wahrgenommenen Objekte aufzugeben, wodurch sich nach und nach die Sichtweise erschöpft, daß es sich bei jenen um wahrhaft existierende Entitäten handele.

Die Leerheit des erlebenden Subjekts und die Leerheit der Phänomene, die es wahrnimmt, sowie der Geisteszustand, der die Leerheit realisiert

Auf der Ebene der relativen Wirklichkeit entstehen und existieren sämtliche Phänomene vermeintlich aus dem Grund, weil der Prozeß des abhängigen Entstehens einen übereinstimmenden gegenseitigen Zusammenhang zwischen primären Ursachen, sekundären Bedingungen und resultierenden Wirkungen umfaßt. Absolut gesehen gelangen die Objekte abhängigen Entstehens nicht wahrhaft zur Existenz; ihre Existenz erlischt auch nicht wieder wahrhaft; und darüberhinaus verfügen sie nicht für eine gewisse Zeit wahrhaft über eine statische Existenz. Ebensowenig sind sie von Göttern oder irgendwelchen höheren Wesen erschaffen worden.

Dieses Verständnis ist allumfassend, indem es sämtliche absichtlichen Merkmale des dualistischen Geistes transformiert; es erzeugt einen Geistesfrieden, der vollkommen jenseits von Furcht ist und der nicht im mindesten durch von Begriffen verschleierte Geisteszustände verzerrt wird.

Ein solches Verstandnis ist von der leuchtenden Natur des Geistes, omnipräsent, unzerstörbar und unerschöpflich, indem es kein Zentrum und keine Begrenzungen sowie keinen Anfang und kein Ende aufweist; es führt dazu, daß das Individuum den Umstand, daß die Skandhas nicht wahrhaft existieren, daß sie essenzlos sind bzw. daß sie lediglich eine leere Hülle sind, authentisch wahrnimmt. Mit jenem geht die Erkenntnis einher, daß die Skandhas vielmehr einen Zustand des Unbehagens darstellen, indem sie kontinuierlich die Resultate eigener Handlungen nach sich ziehen, die unvermeidlich in der einen oder anderen Hinsicht oder Konsequenz leidhaft sind. Auf der Ebene der absoluten Realität entbehren die Skandhas jeder ihnen innewohnenden eigenständigen Existenz und konstituieren kein ›Selbst‹ bzw. keine wirklich existierende Persönlichkeit.

Die absolute Natur des Prozesses des abhängigen Entstehens kennzeichnet den Umstand, daß letztendlich nichts wirklich – d.h. dauerhaft bzw. aus sich selbst heraus zum Entstehen gelangend – existiert. Es gibt also keine Phänomene, denen eine absolute Wirklichkeit zukommt. Auf der Ebene der relativen Wirklichkeit werden vom wahrnehmenden und erfahrenden Subjekt grundsätzlich verschiedene Faktoren und Determinanten, die lediglich in gegenseitiger Abhängigkeit voneinander entstehen, eine Zeit lang bestehen und dann wieder der Desintegration anheimfallen, miteinander in Beziehung gesetzt und in Anlehnung an vergleichbare Vorerfahrungen mit Benennungen aus bereits bekannten Kategorien versehen. Solche Kategorien sind all die Gegensatzpaare, mittels derer die unterschiedlichen Eigenschaften und Merkmale der Phänomene üblicherweise beschrieben werden können [*beispielsweise ‚kurz' und ‚lang'*]; beide Begriffe sind voneinander abhängig – ohne eine Einstufung als ‚kurz' kann es keine Einschätzung als ‚lang' geben und umgekehrt. Weil Benennungen und Bezeichnungen nur im Vergleich mit bereits zuvor gemachten ähnlichen Erfahrungen vorgenommen werden können, und weil die Begriffe und Interpretationen, die ihnen zugewiesen werden können, ebenfalls nur in gegenseitiger Abhängigkeit von ihren jeweiligen Gegensätzen existieren, sind sämtliche scheinbar tatsächlich als solche existierenden Phänomene, die sich der relativen, begrifflich interpretierten Wahrnehmung darbieten, bloße begriffliche Etikettierungen bzw. lediglich Ideen und Vorstellungen, die sich das wahrnehmende Subjekt von diesen Phänomenen macht.

Es gibt somit nichts, auf das sich ein nach Erkenntnis strebendes Individuum als solide, tatsächlich existierende Wirklichkeit stützen könnte. Sogar im Prozeß des abhängigen Entstehens an sich ist keine irgendwie geartete Entität zu finden, die wirklich und dauerhaft ist; auch der in diesem Kapitel erläuterte Prozeß des abhängigen Entstehens ist also leer von jeglicher Realität und ohne wirkliche Essenz!

Der Prozeß des abhängigen Entstehens ermangelt aus dem Grund jeder inhärenten Wirklichkeit, weil er an sich lediglich einen ununterbrochenen Strom von Momenten darstellt, der sich von einem Moment zum nächsten verändert, ohne daß etwas Bleibendes oder Dauerhaftes zurückbleibt, das diesen Prozeß ausmachen würde. Ebensowenig kommt den einzelnen Momenten dieses Prozesses eine ihnen innewohnende Existenz zu, weshalb auch dem ganzen Prozeß an sich keine Wirklichkeit zuerkannt werden kann. Auch das wahrnehmende Individuum selbst ist an und für sich lediglich das Produkt unzähliger Ursachen und Bedingungen, weshalb es ebenfalls kein unabhängiges, wirklich existierendes Phänomen ‚verkörpern' kann. Dennoch steht es permanent unter dem Eindruck, es hätte ein eigenständiges Leben, dem eine irgendwie geartete lebenserhaltende Kraft innewohnen würde, und daß ferner ein wirklich existierendes Leben bzw. eine Persönlichkeit oder Seele o. ä. in ihm existieren würde, die das eigene ›Selbst‹ ausmachen würde. Solange das Individuum innerhalb der Ereignisse der relativen Wirklichkeit gefangen ist, indem es sich voll und ganz mit dem vermeintlich gleichbleibenden, dauerhaften Subjekt, das seine Welt wahrnimmt und ‚subjektiv' deutet, sowie mit seinen Deutungen dieser Geschehnisse identifiziert, hat ein solches Vorgehen eine gewisse Berechtigung; vom absoluten Standpunkt betrachtet trifft dies jedoch keinesfalls zu: Es gibt kein unabhängiges Leben an sich, keine Lebenskraft oder lebenserhaltenden Kräfte, keine dauerhafte Persönlichkeit oder ewige Seele, denen irgendeine immanente Wirklichkeit zukäme! Alle inneren und äußeren Phänomene sind nichts anderes als Sequenzen der zwölf Glieder bzw. Stadien des abhängigen Entstehens, die in gesetzmäßiger bzw. natürlicher Aufeinanderfolge aufeinander folgen, ohne daß eine lebenserhaltende Kraft, die alle Phänomene durchdringen würde, für deren Entstehung und Existenz erforderlich wäre.

Die Natur des Prozesses des abhängigen Entstehens besteht letztlich in der Allgegenwärtigkeit der Leerheit selbst bzw. ist jenseits eines jeden absichtlichen Merkmals eines dualistischen Geistes. Wenn erst einmal durch konzentrative bzw. meditative Methoden die absichtlichen Merkmale des dualistischen Geistes hinsichtlich der Beziehung zwischen Subjekt und Objekt befriedet worden sind, transformiert sich das wahrzunehmende Objekt zur Leerheit selbst, und der Geisteszustand, durch den jene wahrgenommen wird, ruht in der Einheit von Klarheit und Leerheit. Wenn der dualistische Zustand, in dem sich der Geist zuvor befunden hat, erst einmal im Zustand der Verwirklichung der Leerheit befriedet worden ist, befinden sich Wahrgenommenes und Wahrnehmender selbst in einem Maße im Fluß des Geschehens, das den dualistischen Mechanismus zwischen Subjekt und Objekt außer Kraft setzt. In diesem Zustand gibt es keinen sog. ‚Fokus' – d.h. keine bestimmte Ausrichtung der Aufmerksamkeit – mehr, auf den ein wahrnehmender Geist sich noch ausrichten könnte. Und weil das Wahrnehmungsobjekt keine ihm innewohnende Existenz aufweist, muß auch das Subjekt, das dieses Objekt wahrnimmt, frei von jeder ihm innewohnenden Existenz sein, weil Subjekt und Objekt von gleicher Natur sein müssen, damit eine wie auch immer geartete Verbindung zwischen ihnen [*wie z.B. der Wahrnehmungsprozeß*] stattfinden kann; wären Subjekt und Objekt nicht von gleicher Natur, dann könnte niemals eine Interaktion zwischen ihnen zustandekommen.

Wenn alle verschleierten Geisteszustände erst einmal überwunden sind, ruht der Geist in der Leerheit bzw. in einem Zustand, der vollkommen jenseits von Furcht ist, da seine Erkenntnis von der Leerheit sämtlicher Phänomene einschließlich seiner selbst keinem verschleierten Zustand des Geistes mehr als Gegenstand dienen kann. Weil jedes Objekt, auf das sich der Geist ausrichten könnte, in seiner Essenz notwendigerweise leer ist, ist der Geist selbst ebenfalls leer von jeder ihm innewohnenden Existenz. Und der Geist, der schließlich die Leerheit wahrnimmt, muß in seiner Natur ebenfalls Leerheit sein, da jeder Zusammenhang zwischen einem Geist, der nicht leer wäre, aber die Leerheit wahrnehmen würde, einen Widerspruch in sich darstellen würde.

Trotz ihrer Manifestation sind alle Phänomene essenzlos, leer und unwirklich. Die Leerheit ist also keine bloße Nichtsheit – kein leerer Zustand – sondern stellt das Potential zur Verfügung, aus dem heraus die Phänomene sich manifestieren können. In den Träumen manifestieren sich die verschiedensten Eindrücke, die dem Individuum im Traum vollkommen wirklich erscheinen – vom Traum wieder erwacht weiß es allerdings, daß es nur geträumt hat, und daß sich die geträumten Ereignisse nicht ‚wirklich' ereignet haben, obwohl es jene während des Traumes mit größter Plastizität wahrgenommen hat; nicht anders verhält es sich mit sämtlichen Phänomenen und Ereignissen, mit denen das Individuum im Wachzustand konfrontiert wird – sie sind essenzlos, unwirklich und leer und besitzen keinerlei inhärente Existenz, obwohl sie ihm genau so wirklich erscheinen wie das Traumgeschehen.

Gewöhnliche [*d.h. nicht in Meditation geübte*] Individuen können durch konsequente theoretische Reflektion der Lehre, die erläutert, wie die Dinge wirklich sind [*nur unter Anleitung authentischer Meditationsmeister!*], ihre künstlich erschaffenen begrifflichen Zustände, die ihre grundlegender Unbewußtheit reflektieren, auslöschen und dadurch die wahre Natur soweit entschleiern, bis sie sie tatsächlich wahrnehmen können. Anfangs ist also zunächst ein intellektuelles Verständnis davon zu entwickeln, wie die Dinge wirklich sind und auf welche Weise begrifflich beeinflußte Geisteszustände die wahre Natur der Erscheinungen verbergen. Anschliessend integriert das Individuum dieses Wissen in seinen Bewußtseinsstrom, indem es über einen längeren Zeitraum regelmäßige intensive Konzentrationsübungen praktiziert, bis es schließlich ein Aufblitzen [*traditionell: einen Schimmer*] von der wahren Natur der Wirklichkeit so, wie sie ist, direkt wahrnimmt. Ein Bewußtsein, das durch konsequente Übung die direkte Wahrnehmung der Leerheit zu seinem natürlichen Zustand werden läßt, ist nicht unangemessen bzw. ist deshalb bezüglich der Natur der Wirklichkeit nicht getäuscht, weil das wahrgenommene ‚Objekt' auf dieser Stufe der spirituellen Verwirklichung, auf der Subjekt und Objekt miteinander verschmelzen, die Leerheit des Prozesses des abhängigen Entstehens ist. Der Wahrnehmende, der über die Weisheit verfügt, die die absolute Wirklichkeit direkt erkennt und wahrnimmt, ‚bezieht' seine Wahrnehmung bereits auf das Objekt der Leerheit, ohne daß noch irgendwelche Täuschungen diesen Prozeß verschleiern könnten, weil keinerlei Interaktion zwischen dem Subjekt und relativen Wahrnehmungsobjekten mehr stattfindet.

So wächst die Erkenntnis heran, daß die Phänomene in sich leer, unsubstantiell und unwirklich sind. Der Praktizierende [*genauer: der die Mahamudra-Meditation Praktizierende; vgl. dazu den Abschnitt über die vollkommene Handlung der ursprünglichen Weisheit auf S. 178ff*] erkennt zunehmend tiefgründiger, daß die Leerheit kein bloßes ‚Nichts' ist; so kann er die relative Wirklichkeit immer angemessener erfassen, indem er sieht, daß sich die Phänomene in einem ununterbrochenen Fluß manifestieren, obwohl sie in ihrer Natur leer sind. Ist dies erst einmal realisiert, dann ist die Überzeugung von der Wirksamkeit des Gesetzes von Ursache und Wirkung, das das unaufhörliche Entstehen der Phänomene kennzeichnet, obwohl jene doch in ihrer wahren Natur lediglich Leerheit sind, sehr profund geworden. Die praktischen Übungen im Tibetischen Buddhismus [*die sog. ‚tantrischen' Meditationen*] müssen zumindestens auf ein solches intellektuelles Verständnis [*wenn nicht gar in Grenzen auf direkte Einsicht in bzw. Erfahrung der Leerheit*] gegründet sein; anderenfalls begeht das die Mahamudra-Meditation praktizierende Individuum den Fehler, die relative Wirklichkeit in irgendeiner Weise zu leugnen oder in ihrem Wirkungsbereich einzuschränken. Meditative Praxis bzw. das Beschreiten eines spirituellen Entwicklungsweges, der ihm zur direkten Einsicht, wie die Dinge tatsächlich sind, verhilft, bewirkt, daß das Individuum die Einheit der beiden Aspekte der Wirklichkeit – also die Einheit von Klarheit und Leerheit – verwirklicht resp. direkt ‚sieht' und erfährt. Allerdings – und dies sei nicht verschwiegen – beschreibt dieser Zustand den idealistischen Endpunkt einer spirituellen Entwicklung, der traditionellerweise ‚Buddha, der erleuchtete Zustand' bzw. ‚die Verwirklichung der Buddhanatur' genannt wird und günstigstenfalls nach einigen Jahrzehnten konsequentester Praxis meditativer Übungen verwirklicht werden kann. Als Vorstufe zu jener letztendlichen spirituellen Realisation kann jeder gewöhnliche Sterbliche jedoch bereits nach einigen Monaten oder Jahren regelmäßiger Ausübung konzentrativer bzw. meditativer Methoden <u>während</u> seiner Meditation ein Aufschimmern der Erfahrung von der Leerheit erleben, das durch weitere Übung immer stärker und stabiler werden wird und das Potential der eigenen geistigen Möglichkeiten zunehmend entfaltet. Wer so viel Disziplin und Durchhaltevermögen aufzubringen vermag, daß er schließlich – wenn auch nur kurz und wieder vorübergehend – in seiner Meditaton von der außerordentlich befreienden und glückhaften Erfahrung der Leerheit kostet, wird den Pfad der spirituellen Weiterentwicklung – genannt ‚Meditation' – freiwillig nicht mehr verlassen und folglich seine geistige Entwicklung [*traditionellerweise: von Leben zu Leben*] immer weiter vorantreiben! Lesern, die Lust verspüren, diese Aussagen zu überprüfen, sei empfohlen, sich durch Vorträge authentischer Gelehrter und Meditationsmeister des Tibetischen Buddhismus in einer unmittelbareren Weise inspirieren zu lassen, als ein solches Buch dies vermag.

V. Die Reinigung des Unterbewußtseins

Das Praktizieren der sechs sogenannten ,vollkommenen Handlungen'

Die ersten drei dieser ,vollkommenen Handlungen' bestehen im Praktizieren von ① Großzügigkeit [*das Weggeben von materiellen und immateriellen Gütern, die dem Individuum gehören, ohne jedes Bedauern führt mittel- und langfristig zu eigenem Reichtum*], in ② ethischem bzw. moralischem Verhalten [*durch das das Individuum vermeidet, anderen in irgendeiner Weise zu schaden; dadurch beruhigt es seine Emotionen und bewirkt langfristig das Erlangen eines gesunden und schönen Körpers*] und ③ Geduld [*das Akzeptieren von durch andere zugefügtem Schaden ohne die Entwicklung von Zorn läßt Ärger erst gar nicht aufkommen und bewirkt langfristig, daß das Individuum in einer für geistiges Wachstum geeigneten Umgebung wiedergeboren wird*]. Ihr Praktizieren allein führt noch nicht zur Verwirklichung des entscheidenden Durchbruchs in der eigenen spirituellen Entwicklung, der das Individuum sämtliche Erfahrungen, an denen sein ›Ich‹ als ,Erleber' beteiligt ist, in einer äußerst tröstlichen und von jeder Furcht befreiten Weise als traumgleich und illusionsartig erfahren läßt.

Ein Individuum, das für seine Großzügigkeit, seine moralische Unanfechtbarkeit und für sein maßvolles, unaggressives Reagieren auf eigene Schädigungen bekannt ist, wird Extremsituationen wie beispielsweise einen Unfall, in dem es ernstlich verletzt wird, oder eine ungerechtfertigte Maßregelung in Gegenwart von Personen, an deren Urteil ihm viel liegt, noch nicht in einer vollkommen wachen, furchtlosen Weise über sich ergehen lassen können; dies gelingt ihm erst durch das zusätzliche Bewältigen der vollkommenen Handlungen des ④ Fleißes bzw. der freudigen Anstrengung, die es Freude am Ausüben positiver Handlungen empfinden läßt, weil es durch sie immer mehr dazu inspirieriert wird, tugendhaft zu handeln. Dadurch erlangt es das karmische Resultat, sich in zukünftigen Existenzen einem Lehrer anschließen zu können, der höchste Stufen geistiger Verwirklichung erlangt hat. Außerdem gewinnt es Charisma – d.h. es besitzt eine Ausstrahlungskraft, die es ihm ermöglicht, alles, was es einmal begonnen hat, zu einem guten Ende zu bringen. Vervollkommneter Fleiß ist zum erfolgreichen Üben aller übrigen vollkommenen Handlungen unerläßlich.

Die fünfte vollkommene Handlung der ⑤ meditativen Versenkung (skrt: Samadhi; tib: ting.nge.'dzin) besteht darin, daß das Individuum seine Aufmerksamkeit ‚einspitzig' [*d.h. mit einer Konzentration, die über lange Zeiträume keinerlei Ablenkung zuläßt*] auf ein bestimmtes Objekt ausrichtet; hierdurch vermeidet es leidbringende Geisteszustände und läßt den Geist stabil und ruhig werden; das Individuum versetzt sein Bewußtsein in einen dauerhaft friedlichen Zustand – die ‚Meditation der Geistesruhe' (tib: zhi.gnas) [*streng genommen handelt es sich bei jener noch nicht um eine Meditation, sondern immer noch um einen Geisteszustand vervollkommneter Konzentration*].

Die sechste vollkommene Handlung der ⑥ ursprünglichen Weisheit bzw. des höchsten Verständnisses bzw. der vervollkommneten analytischen Erkenntnis der letztendlichen Natur der Phänomene (skrt: Prajñaparamita), die durch logisches Analysieren und Hinterfragen sämtlicher Phänomene der relativen und der absoluten Wirklichkeit zustandekommt, resultiert in einer überdurchschnittlichen Intelligenz, die das Individuum selbst die komplexesten Zusammenhänge leicht durchschauen läßt und ihm schließlich die Natur der vier Edlen Wahrheiten direkt zeigt; dann hat es ‚höchste Einsicht' (tib: lhag.mthong) verwirklicht. Erst dadurch, daß die sechste ‚vollkommene Handlung' vollkommen perfektioniert worden ist, weil das Individuum bis in die subtilsten Zusammenhänge hinein durchdrungen hat, daß – was beispielsweise die Großzügigkeit anbelangt – der

Geber einer Gabe, ihr Empfänger sowie die Handlung des Gebens an sich niemals unabhängig voneinander existieren können, kann das Ausüben der ersten fünf ,vollkommenen Handlungen' über ein gewisses, sehr hohes Maß hinaus zur Vollkommenheit entwickelt werden.

Das logische Analysieren sämtlicher Erscheinungen, Ereignisse und Prozesse wird in der Form praktiziert, daß das Individuum einen vorgegebenen Satz von einundachtzig (!) sog. ,logischen Beweisführungen' (tib: tshad. ma) auf die Mannigfaltigkeit ihm widerfahrender Phänomene anwendet – zunächst als logische Syllogismen, die in einem zweiten Schritt der Überprüfung im Laboratorium seiner Meditation standhalten müssen [*vgl. Acharya Thobchus Kommentar zu Khenpo Tshultrim Gyamtso Rinpoches ›Darlegung der Wissenschaft der Bewußtseinszustände, genannt Kern des Ozeans der Logiktexte‹;* KIBI 1994, *unveröffentlichtes Manuskript, Übersetzer: Karl Brunnhölzl, Bearbeiter: Albrecht Frasch*]. Wie Maitreya via Asanga im ›Mahayanasutralamkara‹ ausgeführt hat, dient das Praktizieren von Großzügigkeit und ethischem Verhalten der Ansammlung von Verdienst [*Methode*], das Praktizieren der höchsten analytischen Erkenntnis der Ansammlung höchster Erkenntnis [*Weisheit*], und das Praktizieren von Geduld, freudiger Anstrengung und meditativer Konzentration dient beiden Ansammlungen, also den Ansammlungen von Methode und Weisheit, gemeinsam.

Das Praktizieren der sechs vollkommenen Handlungen ist von vier wünschenswerten Konsequenzen gefolgt: ⇨ Es befriedet alle Begierden, ⇨ vermindert Hindernisse auf dem Weg geistigen Wachstums, ⇨ läßt unbegreifliches direktes Erkennen entstehen und anwachsen und ⇨ gibt den Praktizierenden des Hinayana, die sich generell dadurch auszeichnen, daß sie in ihren unmittelbaren Vorleben vergleichsweise wenig Berührung mit der buddhistischen Lehre und Praxis (skrt: Dharma; tib: chos) hatten, die Gelegenheit, buddhistische Methoden vorwiegend zum eigenen Nutzen zu praktizieren; oder falls in den unmittelbaren Vorleben ein ausgiebigerer Kontakt mit dem Dharma bestanden hat, werden jene Berührung mit der Tradition erhalten, die das Praktizieren der sechs vollkommenen Handlungen lehrt [*d.i. der Mahayana*], und dadurch den Zustand der vollkommenen Transzendierung von Furcht und Leid [*die sog. Befreiung bzw. die Verwirklichung der ersten Bodhisattvastufe*] erlangen.

Für gewöhnliche Wesen, die noch nicht realisiert haben, daß der ‚Handelnde' [*beispielsweise der ‚Geber'*], das Objekt der Handlung [*beispielsweise der ‚Empfänger'*] und der Akt der Handlung selbst [*beispielsweise die Tat des Gebens*] eine unauflösliche Einheit bilden, deren einzelne Bestandteile nicht unabhängig voneinander existieren können [*ohne die Existenz des Empfängers kann weder der Gebende noch der Akt des Gebens existieren*], dient das Praktizieren der sechs vollkommenen Handlungen zunächst einmal als Voraussetzung dafür, einen Zustand vollständiger Ruhe und absoluter Konzentration, die frei von jeder Ablenkung [*d.h. von jeglicher Furcht oder Angst*] ist, herzustellen. Anschließend kann aus dieser totalen Konzentration heraus das weitere Praktizieren der nun tatsächlich vervollkommneten ‚vollkommenen Handlungen' die Methoden zum eigenen Nutzen und zum Nutzen anderer erst richtig kraftvoll werden lassen, während das Niveau der eigenen Erkenntnis bzw. Weisheit gleichzeitig immer weiter anwächst, ohne daß jemals ein Optimum erreicht werden könnte [*erst in der vollkommen unbegrenzten Allwissenheit eines Buddha hat die Zunahme der Weisheit ihren Kulminationspunkt erreicht*].

Was die Reihenfolge der aufgeführten vollkommenen Handlungen anbelangt, so fungiert das Üben der jeweils vorhergehenden vollkommenen Handlung als Ursache für die Entwicklung der jeweils darauffolgenden vollkommenen Handlung. „Aufgrund von ① Großzügigkeit, die nicht auf das Anhäufen eigenen Reichtums abzielt, wird tatsächliches ② moralisches bzw. ethisches Verhalten erlangt. Übt ein Individuum moralisches Verhalten, dann entsteht ③ Geduld. Ist es im Besitz von Geduld, dann ist es fähig, tatsächlich ④ Ausdauer und Fleiß zu entwickeln. Hat es Ausdauer ausgebildet, dann entsteht ⑤ meditatives Gleichgewicht. Und verweilt es sodann in meditativem Gleichgewicht, dann ⑥ erkennt es ‚die Natur von allem, so wie es wirklich ist' [*ursprüngliche Weisheit; vgl. Gampopas ›Juwelenornament der Befreiung‹ in der Übersetzung aus dem Tibetischen von Albrecht Frasch*, TASHI VERLAG 1999, *S. 130*], völlig." Die jeweils darauffolgende vollkommene Handlung ist deshalb wirkungsvoller, was die Reinigung des Unterbewußtseins von seinen negativen Eindrükken anbelangt, weil sie negative psychische Prädispositionen in einer feineren und subtileren Weise auszuräumen vermag als die jeweils vorhergehende vollkommene Handlung.

Es ist die Eigenschaft der vollkommenen Handlungen, ihren entsprechenden Gegenteilen entgegenzuwirken. Sie vermögen dies zu leisten, eben weil sie mit ursprünglicher Weisheit, die die drei Aspekte einer Handlung nicht konzeptualisiert, versehen sind. So überwindet das Individuum etwa durch das Üben von Großzügigkeit einerseits die eigene Gier und Anhaftung, andererseits trägt es durch seine Großzügigkeit aber auch dazu bei, daß das Geisteskontinuum der anderen Wesen, denen es begegnet, heranreift, indem es ihnen freudig gibt, was jene zu haben wünschen: Indem es sie vollkommen freudig beschenkt, schwächt es gleichzeitig den Keim zu Begierde und Festhalten im Geisteskontinuum der Beschenkten!

Das Praktizieren der sechs vollkommenen Handlungen kann nur dann authentisch sein, wenn das Individuum ① Großzügigkeit ohne Hoffnung auf Belohnung, ② moralisches Verhalten ohne den Wunsch nach einem gesunden und schönen Körper [*traditionell: nach einer guten Wiedergeburt*], ③ Geduld ohne die Erwartung, in einer guten Umgebung wiedergeboren zu werden, ④ kontinuierlichen Fleiß einzig aufgrunddessen, weil es durch Tugend inspiriert wird, ⑤ das Ruhen in meditativem Gleichgewicht ohne den Wunsch, Existenz in einer der formhaften oder formlosen Konzentrationsstufen [*traditionellerweise als überaus langlebige*

Götterexistenzen des Begierdebereiches bezeichnet] anzunehmen und ⑥ die höchste analytische Erkenntnis [*bzw. ursprüngliche Weisheit*] ohne die Sehnsucht nach außerordentlichen geistigen Fähigkeiten praktiziert.

Jede vollkommene Handlung ist wiederum in sechs Unterstufen zu unterteilen; beispielsweise untergliedert sich die erste vollkommene Handlung in die Großzügigkeit der Großzügigkeit [*der eigentliche Akt des Gebens*], die Ethik der Großzügigkeit [*Geben ohne Geringschätzung des Empfängers*], die Geduld der Großzügigkeit [*seine Großzügigkeit anschließend nicht wieder zu bedauern*], den Fleiß der Großzügigkeit [*auf eine freudevolle, inspirierte Weise großzügig zu handeln*], die meditative Versenkung der Großzügigkeit [*ohne jede Rücksicht auf persönliche Vorteile großzügig zu handeln*] und die Weisheit der Großzügigkeit [*zu wissen, daß es keine Trennung zwischen dem Geber, dem Akt des Gebens und dem Empfänger gibt*]. Wie diese Klassifikation verdeutlichen soll, sind jeweils die verbleibenden fünf vollkommenen Handlungen in die Ausübung der gerade praktizierten vollkommenen Handlung integriert, auch wenn auf einem relativ groben, äußerlichen Niveau das Praktizieren je einer der sechs vollkommenen Handlungen im Vordergrund steht.

Individuen, die sich bemühen, ihr Unterbewußtsein von negativen Eindrücken, die aus jenem emporsteigen, sie überfluten und dadurch nachhaltig negativ beeinflussen, zu reinigen, müssen zu Anfang ihrer Bemühungen, sich in der Praxis der vollkommenen Handlungen zu üben, erst einmal starke innerliche Widerstände gegen deren Anwendung überwinden; diese Widerstände gehen von den bisher dominierenden Prädispositionen bzw. Gewohnheitstendenzen aus [*wer bislang dazu neigte, auf persönliche Nachteile oder Schädigungen in einer wütenden, unbeherrschten Weise zu reagieren, wird sich nicht übergangslos in eine geduldige und sanftmütige Person verwandeln, ‚nur' weil er intellektuell durchdrungen hat, welch negative und ungünstige Gewohnheitstendenzen er durch sein bisheriges Verhalten in seinem Unterbewußtsein verankerte. Stattdessen wird er von seinen Neigungen, in der gewohnten Weise fortzufahren, auch weiterhin beherrscht;*

diesen Neigungen kann das Individuum nur durch Vergegenwärtigung seiner guten Vorsätze dann, wenn sich abzeichnet, daß die Situation wieder jene einen überfordernde Wendung nimmt, und anschließendes energisches Üben entsprechend positiven Verhaltens begegnen]. Die Übung der vollkommenen Handlungen kann nur von solchen Individuen als spiritueller Entwicklungsweg praktiziert werden, die sich in einer überaus ernsthaften Weise immer wieder vor Augen halten, wie notwendig – ja unverzichtbar – es ist, ihren sie immer wieder in Träumen wie im Wachzustand heimsuchenden negativen psychischen Eindrücken positive Gewohnheitstendenzen entgegenzusetzen, die dadurch, daß sie handelnd vollzogen werden, in ihr Unterbewußtsein ‚eingespeist' werden. Wie bereits verdeutlicht, können die vollkommenen Handlungen nicht tatsächlich vervollkommnet werden, solange noch eigennützige Motive mit ihrer Praxis verbunden sind; jedoch ist der Wunsch, anhand der Praxis der vollkommenen Handlungen erst einmal persönliches ‚Verdienst' anzusammeln, als Vorstufe für die tatsächliche, vollkommene Vervollkommnung der vollkommenen Handlungen unverzichtbar.

Durch erste Versuche, die vollkommenen Handlungen auszuüben, verankert das Individuum zunächst einmal eine gewisse positive Tendenz in seinem Bewußtseinsstrom, die im weiteren Verlauf seiner Bemühungen, sich tiefgreifend zum Positiven zu verändern, mehr und mehr egoistische Tendenzen aus dem Unterbewußtsein herauswaschen. Im Gegensatz zur häufig in Psychotherapien vertretenen Auffassung, daß es vor allem darauf ankomme, daß der Klient echt und authentisch werde – gleichgültig wie negativ, verletzend und aggressiv die Impulse sind, die durch ein mehr oder weniger orientierungsloses Graben in den tiefen Strukturen seiner Psyche [*hier: der oberen Schichten des eigenen Unterbewußtseins*] auch immer sein mögen – wird in diesem Ansatz die Ansicht vertreten, daß nicht die Echtheit, sondern der langfristige Nutzen für andere – und dadurch auch für sein eigenes geistiges Wachstum – darüber entscheidet, ob er einem aus seinem Unterbewußtsein empordringenden negativen Impuls nachgibt oder nicht und auf diese Weise psychische Eindrücke, die sich in der Zukunft leidhaft manifestieren werden, erzeugt und abspeichert oder schwächt und ausräumt.

Zu Anfang eines geistigen Entwicklungsweges, der sich die Reinigung negativer, ängstigender und sogar psychotischer Impulse aus dem Unterbewußtsein heraus zur Aufgabe gesetzt hat, kann im Individuum noch nicht in einer spontanen, natürlichen, echten oder authentischen Weise die Tendenz zur Ausübung der dies bewirkenden Methode [*traditionell: des erforderlichen Gegenmittels*] bestehen; diese Tendenz zur Ausübung eines heilsamen Gegenmittels besteht nicht nur noch nicht, sondern sie muß sogar anfangs in einer überaus künstlichen, unauthentischen Weise im Individuum erzeugt werden. Erst mit der Zeit nimmt der innerliche Widerstand gegen das Praktizieren einer geistigen Übung, die nicht in erster Linie auf den eigenen Nutzen abzielt, sondern die Aufgabe verfolgt, so nützlich wie irgend möglich für andere Wesen zu sein und sich damit zu bescheiden, daß sich positive Auswirkungen für einen selbst nur mit großer zeitlicher Latenz und quasi als Nebeneffekt der eigenen Bemühungen einstellen werden, immer mehr ab und erlischt schließlich vollständig.

Einzig das unablässige Bemühen für andere Lebewesen aus selbstlosen Motiven heraus kann zur Grundlage für die Anhäufung einer ausreichenden Menge positiver geistiger Eindrücke im eigenen Bewußtseinsstrom [*dem Unterbewußtsein*] und die Entwicklung desjenigen moralischen Kodexes werden, der das Wohl der anderen mindestens als ebenso wichtig erachtet wie das eigene Wohl; denn wenn das Individuum eine vollkommene Handlung ohne Einsicht in den Umstand, daß Handelnder, Objekt der Handlung und die Handlung selbst unabhängig voneinander nicht existieren können, praktiziert, bewirkt diese scheinbar ‚vollkommene' Handlung lediglich irgendwann in der Zukunft das Entstehen außerordentlich günstiger Umstände, nicht aber eine allgemeine Anhebung des Niveaus der eigenen Einsichtsfähigkeit.

1. Die vollkommene Handlung der Großzügigkeit

Ohne Großzügigkeit verharrt das Individuum in einem Zustand, aus dem heraus es weder für andere nützlich sein kann noch die übrigen vollkommenen Handlungen entwickeln kann, weshalb es letztendlich niemals hohe Stufen von Bewußtheit erreichen wird [*vgl. Khenpo Chöthrak Thenpel Rinpoches Kommentar zu Haribhadras ›Prajñaparamita-Samcayagatha‹;* KIBI 1995, *Bearbeiter: Albrecht Frasch, unveröffentlichtes Manuskript, S. 50ff*]. In Gampopas ›Juwelenornament der Befreiung‹ heißt es dazu, daß jemand, der üblicherweise keine Großzügigkeit an den Tag legt, für sich selbst immerwährend die Leiden der Armut erfahren wird. Wer dagegen Großzügigkeit praktiziert, wird in der folgenden Existenz als Mensch und in vermögende Verhältnisse hineingeboren werden und so ständig die Möglichkeit haben, die vollkommene Handlung der Großzügigkeit weiter zu vertiefen und sich geistig immer höher zu entwickeln [*vgl. Gampopas ›Juwelenornament der Befreiung‹ in der Übersetzung aus dem Tibetischen von Albrecht Frasch,* TASHI VERLAG 1999, *S. 125f*].

Diese Feststellungen mögen skeptischen Lesern wie die Versprechungen und Vertröstungen falscher Propheten auf ein Paradies nach dem Tod erscheinen, damit sie sich in diesem Leben nur bescheiden, anpassen und auf sinnlichen Genuß verzichten. Aus diesem Grund wird an dieser Stelle mit aller Eindringlichkeit darauf hingewiesen, daß ① Buddhismus keinesfalls sinnenfeindlich eingestellt ist; daß ② nach buddhistischer Anschauung Wohlstand und geschäftlicher Erfolg nicht nur <u>nicht</u> negativ bewertet wird, sondern vielmehr als verdientes Resultat geübter Großzügigkeit in vergangenen Existenzen respektiert wird. Außerdem: ③ Alle hier vorgestellten Aussagen sind generell theoretisch [*logisch*] und praktisch [*erfahrungsmäßig*] überprüfbar; <u>logisch</u> dadurch, indem man sich konsequent mit dem Gesetz von Ursache und Wirkung auseinandersetzt, indem man Fragen wie die Folgenden wieder und immer wieder überdenkt und prüft: ‚Müssen eigentlich alle Taten auf ihre Verursacher zurückfallen, und gesetzt diesen Fall: Was geschieht, wenn ein Wesen bestimmte Ursachen geschaffen hat und stirbt, bevor es deren Konsequenzen am eigenen Leib erfahren konnte? Löst sich der Geist rückstandslos auf, nachdem er sich im Tod vom Körper getrennt hat, oder bleibt er bestehen, macht allerdings gewisse Veränderungen durch? Worum handelt es sich eigentlich beim Geist oder Bewußtsein? Sind dies nicht die essentiellsten Fragen, die sich ein Mensch überhaupt stellen kann – und stellen muß?' Und praktisch dadurch, daß man sich selber dem lebenslänglichen Experiment aussetzt, zu prüfen, welche Veränderungen das äußere und das innere Leben erfährt, wenn man zunächst einmal spielerisch damit aufhört, anderen – auch nur indirekt – Schaden zuzufügen, und beginnt, den Vorteil und Nutzen von anderen ebenso zu verfolgen wie den eigenen [*wodurch man zumeist auf einem ganz praktischen Niveau keine eigenen Nachteile und Schädigungen erfährt, obwohl sich diese Befürchtung dem Ungeübten erst einmal aufdrängt*].

Konsequente theoretische wie praktische Auseinandersetzung mit diesen Fragen macht das Individuum – unabhängig von seiner formalen Religionszugehörigkeit – zu ‚jemandem, die/der innerhalb des Gesetzes von Ursache und Wirkung steht' (tib: snang.ba) [*tibetisch für ‚Buddhist'*]! Man beachte, daß die Bezeichnung ‚Buddhistin/Buddhist' in Tibet niemals als religiöse, sondern immer als philosophische und moralische Orientierung verstanden wurde.

Indem ein Individuum großzügig gibt und die durch diese tugendhafte Taten in seinem Bewußtseinsstrom angehäuften positiven Eindrücke [*lit: das dadurch angesammelte Verdienst*] selbstlos dem Nutzen aller Lebewesen widmet, potenziert es die positiven Eindrücke, die in seinem Unterbewußtsein gespeichert werden. Dementsprechend ist Großzügigkeit als ‚Geben ohne Anhaftung' definiert. Besitzt ein Individuum nichts, was es hergeben könnte, dann sollte es sich zumindestens wünschen, daß es in Zukunft genug besitzt, um geben zu können, und anderen in seiner Vorstellung geben, was jene benötigen. Das Wesentliche an der Großzügigkeit ist nicht die Befriedigung der Bedürfnisse der Lebewesen [*die Befriedigung der Bedürfnisse der Lebewesen geht auf das Konto des Mitgefühls, das sich ja als der zutiefst empfundene Wunsch, sämtliche Wesen frei von Leiden und den Ursachen des Leidens zu sehen, definiert*], sondern die Überwindung der eigenen Anhaftung an die Objekte, die gegeben werden!

Man unterscheidet ① die Großzügigkeit, die im Geben von materiellen Gütern besteht, ② die Großzügigkeit, die im Geben von Schutz vor Angst besteht, ③ die Großzügigkeit, die im Geben von Zuneigung und Liebe besteht, und ④ die Großzügigkeit, die in der Vermittlung moralischer Regeln und Erklärungen darüber, wie die Dinge sind, besteht. Darüber, ob es sich tatsächlich um die vollkommene Handlung des Gebens von materiellen Dingen handelt, entscheiden die Qualität der gegebenen Dinge, die beteiligte Motivation, der Akt des Gebens und der Empfänger maßgeblich. ⇨ Objekte sollten nicht zum Gegenstand von Großzügigkeit gemacht werden, wenn es sich um Gifte [*beispielsweise eine angebotene Zigarette*] oder Waffen, aber auch um sämtliche Dinge, die Gegenstand von Streit und Auseinandersetzung werden können, handelt, oder wenn in Relation zu den eigenen Möglichkeiten zu wenig gegeben wird, bzw. wenn man seine Eltern oder Kinder nicht ausreichend unterstützt. ⇨ Bestimmte Handlungen erfüllen dann nicht die Kriterien einer vollkommenen Handlung der Großzügigkeit, wenn Individuen ① mit der Motivation geben, dem Empfänger Schaden zuzufügen; oder ② um selbst Ruhm zu erwerben, ③ um mit anderen zu konkurrieren, oder ④ nur aus Furcht, im nächsten Leben in Armut geboren zu werden, bzw. ⑤ aus der Erwartung heraus, im nächsten Leben förderliche Umstände und einen guten Körper zu gewinnen. ⇨ Eine Person ist dann ein ungeeigneter Empfänger für eine großzügige Handlung, wenn sie beispielsweise geisteskrank ist und nach dem Leben und dem Körper des Gebers trachtet. Und schließlich handelt es sich beim ⇨ Akt des Gebens dann nicht um tatsächliche Großzügigkeit, wenn ① eine bestimmte Sache nur im

Zorn hergegeben wird, wenn ② Drohungen damit verbunden werden oder wenn ③ dem Empfänger [*beispielsweise einem verwahrlosten Bettler*] kein Respekt entgegengebracht wird.

Nur wenn unter dem Eindruck gegeben werden kann, daß Geber, Empfänger und der Akt des Gebens insofern unwirklich sind, als sie lediglich in Abhängigkeit voneinander existieren, sind großzügige Handlungen als vervollkommnete Handlungen der Großzügigkeit zu verstehen. Nur wenn die ,Illusionsartigkeit' der eigenen großzügigen Handlung vor dem Akt des Gebens, während des Aktes des Gebens und nach dem Akt des Gebens aufrechterhalten werden kann, beherrscht ein Individuum die vollkommene Handlung der Großzügigkeit. Überdies handelt es sich nur um eine vollkommene Handlung der Großzügigkeit, wenn der Gebende sich aufrichtig von dem Wunsch leiten läßt, allen Wesen zu nutzen. ⇨ Beim Akt des Gebens handelt es sich nur dann um ein vervollkommnetes Geben, wenn das Individuum mit Vertrauen in den Umstand, daß eine großzügige Handlung seiner geistigen Entwicklung überaus dienlich ist, und ernsthaftem Respekt gegenüber dem Beschenkten Unschädliches mit den eigenen Händen gibt, soviel eben den eigenen Verhältnissen entspricht, ohne anschließend die Gabe in irgendeiner Weise zu bedauern. ⇨ Und Personen sind dann geeignete Empfänger für eine vervollkommnete großzügige Handlung, wenn es sich bei ihnen um die eigenen Eltern, um geistig hochstehende Personen, um kranke, leidende und sonstwie schutzlose Wesen [*z.B. Waisen*], aber auch um Feinde, die dem Individuum schaden, handelt. Letztere geben dem Individuum die Möglichkeit, ,reines Geben' zu üben, indem es das besondere Mitgefühl entwickelt, das selbst einem Feind Gutes tun will.

Die Form der Großzügigkeit, die darin besteht, Angst zu beseitigen, Schutz zu bieten und Leben zu retten, umfaßt ⇨ die Verhinderung des Tötens [*beispielsweise indem man jemandem während oder nach einem Unfall das Leben rettet, aber auch, indem man etwa lebende Fische, die in einem Aqua-*

rium ihrer Schlachtung harren, kauft und wieder aussetzt; inwieweit man sich in diesem Zusammenhang dazu aufgerufen fühlt, eine vegetarische Lebensweise zu befolgen, um dadurch zu verhindern, daß – wenn auch nur indirekt – zur Befriedigung des eigenen Bedürfnisses nach fleischlicher Ernährung Tiere getötet werden, sei dahingestellt], ⇨ das Befreien von Unschuldigen aus Gefängnissen mit legalen Mitteln, ⇨ aktiver Schutz vor wilden Tieren, ⇨ vor der Rachsucht der Mächtigen sowie ⇨ vor Naturkatastrophen.

Diejenige Großzügigkeit zu üben, die darin besteht, andere darin zu unterrichten, wie die Wirklichkeit tatsächlich beschaffen ist, erfordert es, Rücksicht darauf zu nehmen, inwieweit der Empfänger bereits dazu in der Lage ist, solche Unterweisungen aufzugreifen und einer kritischen Überprüfung zu unterziehen, die seine Einsicht darin, wie die Dinge tatsächlich sind, erweitert und vertieft. Dazu sollte das Individuum zunächst grundsätzlich prüfen, warum jemand weiterreichende und tiefere Kenntnisse über die Natur der Wirklichkeit wünscht und wozu er diese benutzen möchte. Traditionellerweise wurden nur solchen Personen Unterweisungen darüber, wie die Dinge tatsächlich sind, erteilt, die – indem sie jene wiederholt erbaten – die Ernsthaftigkeit und Aufrichtigkeit ihres Anliegens unter Beweis stellten. Man soll also nur solche Informationen über die Natur der Wirklichkeit weitergeben, die dem Informationsbedürfnis der sie erfragenden Personen sowie ihrer Einsichtsfähigkeit entsprechen. In diesem Zusammenhang soll nicht unerwähnt bleiben, daß der historische Buddha jede missionarische Tätigkeit streng und verbindlich untersagt hat: Wer versucht, andere zum Buddhismus zu ‚bekehren', stellt sich dadurch automatisch außerhalb der Gültigkeit des Gesetzes von Ursache und Wirkung, weil er versucht, Individuen mit der Lehre, die beschreibt und erklärt, wie die Dinge tatsächlich sind, zu konfrontieren, auch wenn jene noch keine ausreichende karmische Verbindung mit der buddhistischen Lehre haben [*d.h. die psychisch für solche tiefgreifenden In-*

struktionen nicht ausreichend vorbereitet sind und deshalb durch sie eher Schaden als Nutzen erfahren].

Wer Informationen darüber, wie die Wirklichkeit tatsächlich beschaffen ist, weitergibt, sollte dies in einer gefaßten, unhektischen Weise tun. Aus einer positiven Motivation heraus kann er ausnahmsweise Unterweisungen geben, ohne danach gefragt worden sein [*beispielsweise darauf hinzuweisen, auf Insektenvernichtung zu verzichten, weil auch Mücken und andere Insekten Lebewesen sind und weil das Töten von Leben eine besonders negative – in der Zukunft als beängstigende geistige Eindrücke und als entsprechende Erfahrungen reif werdende – Handlung darstellt*]. Er sollte immer darauf achten, daß er aus dem uneigennützigen Wunsch heraus weiterführende Informationen über die Natur der Wirklichkeit weitergibt, seinen Zuhörern damit wirklich zu helfen.

Indem ein Individuum mit der Motivation gibt, durch seine Gaben dazu beizutragen, das eigene Niveau der Erkenntnis zum Besten aller Lebewesen immer weiter zu vertiefen, indem es ohne Anhaftung gibt, und indem es keine Belohnung für seine Gabe erwartet, vermehrt es seine unterscheidende Weisheit bzw. seine ‚analytische Erkenntnis' (tib: shes.rab). Indem es den Akt des Gebens, Geber und Empfänger als ausschließlich in gegenseitiger Abhängigkeit voneinander existierend begreift, vermehrt es seine ‚ursprüngliche Weisheit' (tib: ye.shes). Indem es die positiven geistigen Eindrücke, die es durch seine tugendhaften Handlungen in sein Unterbewußtsein eingespeichert hat, sofort dem Wohl aller fühlenden Wesen widmet, macht es das durch jene angesammelte Verdienst bzw. die entsprechenden Eindrücke, die durch jene in seinem Bewußtseinsstrom verankert werden, grenzenlos und unerschöpflich. Dann können selbst Zustände starken Zorns die positiven geistigen Eindrücke, die aufgrund der konsequenten Bemühungen während eines ganzen Weltzeitalters [*ein großes Kalpa besitzt die zeitliche Erstreckung, die vom Entstehen bis zum Vergehen einer Galaxis verstreicht; es unterteilt sich in zwanzig Unterkalpas. Während des gegenwärtigen auch ‚kleines Kalpa' genannten Zeitraumes sollen tausend Buddhas auf diesem Planeten erscheinen. Buddha Shakyamuni war der vierte von ihnen. Gemäß der Vorhersagen des historischen Buddha werden nur der vierte – also er selbst – der sechste sowie der tausendste Buddha Belehrungen über das sog. ‚diamantene Fahrzeug' des Vajrayana präsentieren, das die Verwirklichung der vollkommenen Erleuchtung in einer Lebenszeit dann gestattet, wenn man sich jahrzehntelang jede Sekunde seines Lebens – d.h. tags wie nachts – der Praxis dieses Fahrzeugs unterzieht. In den Schriften werden solche Individuen als vollkommen vervollkommnete Buddhas bezeichnet, die während dreier großer Kalpas durch das Beschreiten des Mahayana Verdienst ansammelten und dadurch Verwirklichung erlangten. Die Erleuchtung, die zahllose Inder und Tibeter in nur einer Lebenszeit realisieren konnten, indem sie jeden Moment ihres Daseins dem Praktizieren der besonders effektiven Methoden des Vajrayana widmeten, steht jener vollkommen vervollkommneten Verwirklichung der Erleuchtung durch das Praktizieren des Mahayana qualitativ in nichts nach*] angehäuft worden sind und die sich ohne eine solche Widmung in einem einzigen Augenblick erschöpfen würden, nicht mehr zerstören. So vermehrt es seine Großzügigkeit.

Das kurzfristige Resultat großzügigen Verhaltens besteht darin, daß das Individuum in zukünftigen Leben nicht in niedrige Existenzformen [*traditionellerweise: als Tier, Hungergeist oder Höllenwesen*] zurückfallen wird. Das Geben von Nahrung macht es stark, das Geben an Hungergeister [*mittels bestimmter Rituale*] bewirkt, daß es eine reiche Wiedergeburt erlangen wird; das Geben von Kleidung verleiht ihm in zukünftigen Existenzen ein angenehmes Äußeres; das Geben von Transportmitteln läßt es in der Zukunft gute Wohnungen finden; und das Geben von Lichtopfern verleiht ihm in späteren Existenzen gute Augen. Angst bei anderen Wesen zu beseitigen hat zur karmischen Konsequenz, daß das Individuum weder von Menschen noch von Nicht-Menschen [*Geister und nicht-körperliche Einflüsse*] Schaden erleiden wird; und Unterweisungen darüber zu geben, wie die Dinge tatsächlich sind, bewirkt, daß das Individuum auf

Lehrer treffen wird, deren Einsicht in die Natur der Dinge uferlos geworden ist, und von ihnen direkte Belehrungen darüber erhalten wird, wie die Natur des eigenen Geistes beschaffen ist. Das Resultat der Praxis von Großzügigkeit besteht letztendlich in der Erlangung absoluter höchster Erkenntnis. Die Großzügigkeit wird dann vervollkommnet, wenn das Individuum den Geisteszustand wirklichen selbstlosen Gebens verwirklicht, indem es seine Anhaftung an weltliche Güter vollends überwindet; daß es ferner realisiert, daß seine großzügigen Handlungen nur in Abhängigkeit von Empfängern und zu gebenden Gütern existiert; und daß es gleichzeitig von dem tiefen Wunsch beseelt ist, Hilfsbedürftige zu unterstützen.

2. Die vollkommene Handlung des ethischen Verhaltens

Großzügigkeit ohne Ethik verleiht dem Individuum zwar Reichtum, aber noch keinen menschlichen Körper. Wenn es Großzügigkeit praktiziert, ohne sich gleichzeitig moralisch untadelig zu verhalten, kann es in einem Geisteszustand wiedergeboren werden, der ihm zwar in ungewöhnlichen Ausmaß Verfügungsgewalt über die Belange der äußeren Welt gestattet, ohne daß es jedoch mit einem menschlichen Körper ausgestattet ist [*traditionellerweise: der entsprechende Bewußtseinsstrom erlangt eine Geburt als ‚Naga' – einem Mischwesen aus Tier und Gott*]. Das Praktizieren von Ethik dagegen verhilft ihm zu einer Geburt als Mensch und darüberhinaus zu angenehmen und intensiven Meditationserfahrungen und zur Erfüllung der eigenen Wünsche.

Üblicherweise praktizieren Individuen die vollkommene Handlung der Moral, indem sie vor sich selbst bzw. vor einer spirituellen Autorität gelobt, von nun an auf einen fest umrissenen Satz negativer Handlungen [*beispielsweise ‚zu nehmen, was einem nicht gegeben worden ist' – so lautet die traditionelle Definition für ,Stehlen'*] zu verzichten. Indem sie diese Gelöbnisse [*traditionellerweise ,Gelübde' genannt*] vor sich selbst einhalten, sorgen sie für alle Zukunft dafür, daß die negativsten psychischen Eindrükke nicht mehr in ihr Unterbewußtsein eingespeist werden können. Dadurch werden sie dann, wenn sie sich den besonders starken und effektiven Reinigungspraktiken des Vajrayana [*beispielsweise der Rezitation des hundertsilbigen Reinigungsmantra in Verbindung mit der Meditation auf den Meditationsaspekt Dorje Sempa*] unterziehen, wirksam ,geschützt'. Dies ist deshalb von herausragender Bedeutung, weil die konsequente Anwendung besonders effektiver Methoden zur Reinigung des Unterbewußtseins zwangsläufig mit dem Durchbruch negativer Eindrücke aus – teilweise außerordentlich weit zurückliegenden – ,vergangenen' Lebenszeiten verbunden ist. Wenn Individuen solche Reinigungspraktiken ausüben, werden sie unvermeidlich von Zeit zu Zeit von schreckenerregenden und ängstigenden Visionen, die zwar nur Sekundenbruchteilen in Anspruch nehmen, deshalb jedoch nicht minder stark erfahren werden, aus ihrem psychischen Gleichgewicht gebracht, denn jene blitzhaften Einblicke in die Tiefe des eigenen Unterbewußtseins sind naturgemäß von einem langen Echo gefolgt [*das Individuum gerät durch sie in einen tiefgreifend aufgewühlten und labilen psychischen Zustand, da es spürt, daß diese Visionen mehr mit ihm selbst zu tun haben, als es ertragen kann; zuweilen setzen sich die mit solchen Visionen konfrontierten Menschen tagelang gedanklich mit deren Bedeutung auseinander. Es kommt sogar verschiedentlich zu vorübergehenden regelrechten Zwangssymptomatiken, um deren ängstigende Inhalte ,irgendwie' zu kontrollieren; Individuen, die psychisch geschützt sind, können sich jedoch bald wieder wieder von diesen Eindrücken innerlich frei machen*]. Das Erleben dieser aufwühlenden Visionen ist umso erschreckender, als jene absolut in keinem Zusammenhang mit dem bisherigen Leben des psychische Reinigung praktizierenden Individuums stehen [*eher berühren sie immer wieder verdrängte Phantasien und Traumwelten, die ihm so merkwürdig vertraut und doch gleichzeitig nicht im Mindesten faßlich und erinnerlich vorkommen*]. Wer psychisch nicht ungewöhnlich stabil ist, kann durch solche Erfahrungen in wiederkehrende Angstzustände, Depressionen oder gar paranoide Wahnvorstellungen verfallen.

Wer nicht von einem dazu autorisierten spirituellen Lehrer eine sog. ‚Ermächtigung' für solche Praktiken erhalten hat und dessen Ratschläge und Hinweise bezüglich der Durchführung dieser Praktiken nicht sprichwörtlich befolgt, läuft allerdings Gefahr, einen psychotischen Schub oder suizidale Impulse zu provozieren. Durch das Praktizieren der vollkommenen Handlung der Ethik jedoch wird das Individuum nicht nur in seiner darauffolgenden Lebenszeit wiederum als Mensch Geburt annehmen, sondern darüberhinaus wird seine psychische Verfassung schon in der jetzigen Existenz zunehmend stabiler werden, so daß es sozusagen mit dem Schrecken davonkommt, wenn es die zwangsläufig mit starker psychischer Reinigung einhergehenden Visionen durchlebt, und so vor psychischen Zusammenbrüchen bewahrt bleiben; überdies wird es ihm möglich sein, diese aus seinem Unterbewußtsein emporquellenden Visionen immer weiter [*genauer: ‚tiefer' in sich selbst bzw. sein Unterbewußtsein hinein*] zu durchleuchten, dadurch in subtile Schichten seines geistigen Erlebens vorzudringen und so seine Erkenntnisfähigkeit immer weiter auszuweiten.

Man unterscheidet die Ethik der Gelübde, die Ethik des Ansammelns von Verdienst und die Ethik des Arbeitens für andere Wesen. Die Ethik ⇨ der Gelübde hat vier Qualitäten: ① Das Gelübde muß in der richtigen Weise [*von jemandem, der jenes selbst in einer vollkommenen Weise hält*] genommen werden, ② in der richtigen Weise gehalten werden, indem das Individuum sich in perfekter Motivation übt, durch das Ansammeln von Verdienst und Weisheit zum Nutzen aller Lebewesen immer tiefere Zustände von Einsicht anzustreben, ③ gebrochene Gelübde müssen unmittelbar erneuert werden, und ④ das Individuum muß sich seine Gelübde in regelmäßigen Abständen immer wieder ins Gedächtnis rufen, um sie erst gar nicht vergessen und anschließend brechen zu können.

Die ⇨ Ethik des Ansammelns von Verdienst erstreckt sich auf die Bemühungen, ① so viele tugendhafte Handlungen wie nur irgend möglich auszuführen, ② sog. Mantras [*das sind ‚Worte der Kraft', die ausschließlich vom historischen Buddha gegeben wurden*] zu rezitieren und ③ Texte zu studieren. Mantras werden meistens geheimgehalten. Ihre Rezitation verändert unbewußte Strukturen des eigenen Bewußtseins in außerordentlich tiefgründiger Weise. Wer etwa das Mantra des Meditationsaspektes ‚Chenrezig' [*sprich: Tschenresi*] – OM MANI PEME HUNG – [*eines der wenigen Mantras, die nicht in der Weise geheimgehalten werden müssen, daß sie – vom Lehrer geflüstert – an einen einzigen Schüler weitergegeben werden, der sie sein ganzes Leben lang für andere unverständlich lediglich murmelt*] über einige Monate immer wieder stundenlang rezitiert, wird – selbst wenn er bislang für seinen ausgeprägten Egoismus bekannt gewesen sein sollte – allein durch die Rezitation dieses Mantra anderen Wesen gegenüber liebevoller werden [*d.h. immer aufrichtiger von dem Wunsch vereinnahmt sein, andere Lebewesen mögen glückhafte Lebensumstände erfahren*].

Die ⇨ Ethik des Arbeitens für andere Wesen umfaßt ① sämtliche Handlungen, die anderen nutzen, sowie ② solche Handlungen, die bewirken, daß die Wesen, zu deren Nutzen das Individuum unermüdlich arbeitet, auf einen spirituellen Weg gelangen, der es ihnen gestattet, sich geistig immer weiter zu entwickeln. Wer sich buddhistischem Gedankengut verpflichtet fühlt, ist also dazu aufgerufen, jeden Moment seines Daseins dafür zu nutzen, anderen durch sein selbstloses Verhalten von Körper, Rede und Geist als Vorbild zu dienen, so daß diejenigen, die sich zu der Lehre hingezogen fühlen, die erklären kann, wie die Dinge tatsächlich sind [*die buddhistische Lehre*], von sich aus und natürlicherweise den Schritt in jene hinein tun können. Aktives Missionieren jedoch ist, wie bereits erläutert, schon deshalb strikt untersagt, weil dadurch womöglich fanatische Befolger einer falsch verstandenen ‚buddhistischen Religion' erzeugt würden; da es sich beim Beschreiten des buddhistischen Entwicklungsweges jedoch um ein Unterfangen handelt, das in der Regel sehr viele Lebenszeiten in Anspruch nimmt, wäre durch ein solches Vorgehen nichts gewonnen: Nur wer Leben für Leben aktiv nach einem spirituellen Weg sucht, der die letztendliche Erkenntnis über die wahre Natur der Wirklichkeit vermittelt, wird spontan von sich aus über viele Lebenszeiten hinweg immer wieder den Kontakt zur buddhistischen Lehre suchen und wiederherstellen.

Ethik bzw. Moral ist pragmatischerweise durch das Einhalten angemessener Gelöbnisse zu praktizieren. Gelöbnisse oder kurz Gelübde, die ausschließlich die eigene Befreiung von leidhaften Zuständen zur Folge haben, bestehen darin, daß Individuen geloben, anderen weder mit Körper, Rede oder Geist Schaden zuzufügen [*die Gelübde des Hinayana*]. Im Hinayana sind Gelübde nur etwas Formelles, das allerdings auch dann bestehen bleiben soll, wenn das Individuum schläft oder nicht an sie denkt. Diese Gelübde enden mit dem Tod, da sie an die vier groben Elemente Feuer, Erde, Wasser und Luft gebunden sind. Die Gelübde, all seine Bestrebungen auf das Wohl der anderen Lebewesen auszurichten [*die Gelübde des Mahayana*], sind nicht an Form gebunden, sondern sind aus dem Grund wirksam, weil sie einen bleibenden Eindruck im Unterbewußtsein hinterlassen. Diese Gelübde enden nicht mit dem Tod.

Wie Shantideva im ›Akashagarba-Sutra‹ sagt, sollten sich Menschen, deren Unterbewußtsein noch mit einer Unzahl negativer Eindrücke belastet ist, darin üben, acht Gelübde einhalten: Sie ① sollen vermeiden, ungeeignete Personen über die lediglich in gegenseitiger Abhängigkeit existierenden drei Bestandteile einer Handlung [*Handelnder, das Objekt der Handlung und die Handlung selbst*] zu unterrichten, um sie nicht abzuschrecken, der Lehre, die zeigt, wie die Dinge tatsächlich sind, freiwillig und von selbst zu folgen; ② sollen andere nicht mit dem unzutreffenden Argument entmutigen, Handlungen zum Nutzen der anderen Lebewesen seien in der heutigen Zeit zu schwierig zu bewerkstelligen; ③ sollen Anhänger des Hinayana nicht zum Mahayana zu bekehren versuchen; ④ sollen nicht behaupten, der Hinayana erstrecke sich lediglich auf das Bewirken des eigenen Vorteils; ⑤ sollen andere nicht herabsetzen und sich selbst nicht loben, um Ruhm zu erringen; ⑥ sollen nicht die eigene Verwirklichung übertreiben; ⑦ sollen andere nicht verleumden; und ⑧ sollen das Eigentum von Meditierenden nicht für andere Zwecke mißbrauchen.

Dies sind die Gelübde, die Individuen, deren Bewußtseinsstrom noch mit einer Vielzahl negativer Eindrücke durchsetzt ist, niemals brechen sollten. Im Falle eines Bruchs dieser Gelübde sollten sie sofort ⇨ Scham, Bedauern und Reue entwickeln, ⇨ die entsprechende Tat, die den Bruch des Gelübdes bewirkt hat, wiedergutmachen, und ⇨ das Gelübde schnellstmöglich wiederherstellen.

Auch wenn Individuen positiv handeln, wird ein entsprechender psychischer Eindruck im Unterbewußtsein abgespeichert, um sich bei erneutem Wirksamwerden der betreffenden primären Ursachen und sekundären Bedingungen wieder ins Bewußtsein zu spülen. Da auch das Eindringen eines positiven psychischen Eindrucks in das Bewußtsein automatisch die Identifikation mit jenem Eindruck zur Folge hat [*durchbricht ein psychischer Eindruck die Wahrnehmungsschwelle, dann wird er im unmittelbar darauffolgenden Moment in einer egozentrischen Weise gedanklich interpretiert: Das Individuum macht sich unwillkürlich zum Subjekt bzw. zum Agenten jenes psychischen Eindrucks, d.h. mit aller Kraft drängt sich ihm der Eindruck auf, als ob ihm in der gegenwärtigen Identität, Verkörperung oder Lebenszeit jene angenehmen, mit friedlichen Gefühlen assoziierten Visionen bereits widerfahren wären; dadurch hebt es das Niveau der eigenen psychischen Ausgeglichenheit, Zufriedenheit, Stabilität und Freudebereitschaft immer weiter an*], wird es durch die automatisch erfolgende Identifikation mit jenem positiven psychischen Eindruck unmerklich dazu provoziert, sich ebenso positiv zu verhalten wie zu dem Zeitpunkt, als es zuletzt in einer vergleichbaren Situation durch bestimmtes Handeln für die Abspeicherung des entsprechenden geistigen Eindrucks sorgte.

Grundsätzlich ist das kurzfristige Resultat von der langfristigen Wirkung eigenen Handelns auf den eigenen Bewußtseinsstrom zu unterscheiden. Die kurzfristige Konsequenz bestimmter Handlungen besteht darin, daß die Spuren eigenen Handelns, die als geistige Eindrücke in das eigene Unterbewußtsein fallen und dort in der Weise als ‚Prädispositionen' [*bzw. ‚Gewohnheitstendenzen'; vgl. weiter unten*] fortbestehen, zur Ursache dafür werden, daß das Individuum immer wieder in Situationen gerät, in denen es das entsprechende Verhalten erneut zeigen und dadurch immer weiter festigen kann. Die langfristige Konsequenz von Handlungen besteht darin, daß das Individuum in seiner nächsten Existenz entweder als Opfer oder als Nutznießer – auf jeden Fall aber als passives Objekt – am eigenen Leibe bzw. an der eigenen Seele einen ‚Negativabdruck' seiner vergangenen Taten erfahren wird. Hat es in der Vergangenheit in einer positiven, d.h. den Vorteil und Nutzen anderer bewirkenden Weise gehandelt und dadurch für eine Einspeisung bestimmter positiver psychischer Eindrücke gesorgt, wird es demgemäß kurzfristig vermehrt zu solchen Situationen kommen, die ihm Gelegenheit bieten, sich in einer ähnlichen Weise positiv zu betätigen; langfristig dagegen werden sich andere Individuen in einer vergleichbaren Weise positiv ihm selbst gegenüber verhalten.

Nun sorgen Individuen aber nicht nur durch ihr Verhalten dafür, daß bestimmte psychische Eindrücke in ihrem Bewußtseinsstrom verankert werden. Auch durch die Miß-/Billigung bestimmten Verhaltens anderer verändern sie ihr Bewußtsein in einer außerordentlich tiefgreifenden Weise. Wer beispielsweise einen bestimmten Fall von Lynchjustiz billigt, indem er diesen aus tiefstem Herzen begrüßt, gleichzeitig aber seine eigenen Hände in Unschuld wäscht, sorgt dafür, daß ein entsprechender geistiger Eindruck in seinem Unterbewußtsein abgelegt wird, der nahezu ebenso stark wirkt, als ob er an der Ausführung der Tat selbst beteiligt gewesen wäre. In der gleichen Weise verhält es sich natürlich auch, wenn Individuen positive und nützliche Taten anderer billigen und aus vollstem Herzen begrüßen, ohne ihnen die dadurch gewonnene Optimierung ihrer psychischen Situation – nämlich ① die Reinigung ihres Unterbewußtseins, ② das dadurch bewirkte zunehmende Freisein von Angst sowie ③ die dadurch bewirkte Zunahme subtiler Erkenntnis über die Zusammenhänge aller Erscheinungen der bedingten Existenz untereinander – zu neiden.

Je unvoreingenommener Individuen sich am geistigen Wachstum und den positiven Handlungen anderer zu freuen vermögen, ohne sich sogleich neidisch die Frage vorzulegen, warum sie denn nicht selbst auf die Idee gekommen seien, jene Handlung auszuführen, umso stärker werden die entsprechenden positiven Eindrücke sein, die sie durch diese aufrichtige Mitfreude in ihr Unterbewußtsein einspeisen. Um es noch einmal ganz deutlich zu sagen: Wer selbst niemals etwas Positives in der Welt bewirkt hat, sich stattdessen aber in einer überaus echten Weise – sozusagen aus vollstem Herzen – an den positiven Handlungen anderer [*beispielsweise den aufopferungsvollen Taten, die die ‚Mutter Theresa' genannte christliche Nonne zu Lebzeiten den Ärmsten und Kranken von Calcutta angedeihen ließ*] erfreut, dessen Bewußtseinsstrom wird eine ebenso umfassende Klärung und Reinigung erfahren wie die Bewußtseinsströme derjenigen, die jene positiven Handlungen tatsächlich ausgeführt haben.

Die Sache hat leider nur einen ‚kleinen Haken': Natürlich kann jeder sich selbst oder anderen gegenüber formulieren, wie sehr er sich über bestimmte Dinge freut, die andere getan haben; die entsprechende Freude in seinem Herzen aber wirklich zutiefst und aufrichtig zu verspüren wird nur denjenigen gelingen, die ‚reinen Herzens sind' – d.h. deren Unterbewußtsein bereits in einer natürlichen Weise für den Nutzen, den andere erfahren, empfänglich geworden ist. Diejenigen Individuen jedoch, denen Mitfreude mit dem Glück anderer noch unvertraut ist, sollten sich zunächst einmal darin üben, sich am Glück anderer zu erfreuen: Immer wenn sie in Erfahrung bringen, daß jemand anderem etwas Gutes widerfahren ist – sei dieser Glücksfall materieller oder irgendwelcher weltlicher Natur, oder erstrecke er sich auf die Reinigung und zunehmende Klärung seines Unterbewußtseins [*im Folgenden immer ‚spirituelle Entwicklung' genannt*] – sollten sie sich darin üben, das Gute, das anderer durch solche Glücksfälle oder bestimmte verdienstvolle Handlungsweisen entstanden ist, zu begrüßen und sich daran zu erfreuen – solange, bis diese Freude am Glück und am geistigen Wachstum anderer tatsächlich einen Kern echter und tiefer Empfindung gewonnen hat.

Die Ethik des aktiven Arbeitens für andere Wesen beinhaltet ① die Teilnahme an sinnvollen Aktivitäten [*beispielsweise daß Individuen anderen ermöglichen, sich geistig weiterzuentwickeln*], ② die Beseitigung aktueller Leiden anderer Lebewesen [*durch materielle Unterstützung, die Vermittlung weltlicher Erkenntnisse sowie das Weitergeben der Lehre, die aufzeigt, wie die Dinge wirklich sind*], ③ anderen Lebewesen Liebe entgegenzubringen und ④ solchen Wesen, die anderen helfen, dankbar zu sein, ⑤ andere physisch vor Angst und Gefahren zu beschützen, ⑥ ihre geistigen Leiden [*etwa die Trauer um den Verlust liebgewordener Menschen*] zu beseitigen, ⑦ die beständige Anstrengung, anderen mit viel Geduld bei der Bewältigung ihrer persönlichen Probleme zu helfen, ⑧ sich unermüdlich um das Vertrauen von Personen unterschiedlichster geistiger Anlagen zu bemühen und ihnen zu helfen, wo immer man kann, ⑨ andere durch gutes Begründen der Lehre, die vermittelt, wie die Dinge wirklich sind, glücklich zu machen, ihre falschen Ansichten richtigzustellen und ihnen zu einem seriösen spirituellen Entwicklungsweg zu verhelfen, sowie ⑩ immer ein gutes Benehmen und einen tadellosen Charakter an den Tag zu legen, um dadurch den Respekt anderer zu rechtfertigen.

Um all diesen Ansprüchen einer vervollkommneten Moral eines Tages genügen zu können, ist es unumgänglich, daß Individuen ihren Körper, ihre Rede und ihren Geist in einer nützlichen und positiven Weise einsetzen. Mit ihrem Körper sollten sie einen ruhigen, gefestigten Eindruck machen und andere immer geradeheraus und lächelnd ansehen. Ausserdem wird empfohlen, eine rauhe und grobe Art des sprachlichen Ausdrucks, die andere zornig machen könnte, und Geschwätzigkeit zu vermeiden [*sinnloses Geschwätz vermindert die eigene Konzentrationsfähigkeit*]; sie sollten nur wenig, aber dann freundlich und bedeutungsvoll sprechen; mit ihrem Geist sollten sie vermeiden, an Ruhm und Ehre, an Respekt und Gewinn, an Schlafen und Faulheit anzuhaften, sondern danach trachten, mit dem zufrieden zu sein, was sie bereits besitzen. So machen sie jede Handlung zu einem Schritt auf dem Weg ihrer spirituellen Entwicklung.

Ähnlich wie die vollkommene Handlung der Großzügigkeit wird die vollkommene Handlung der Ethik durch bewußte Konzentration auf das vom Individuum selbst geübte ethische Verhalten unter dem Einfluß von Mitgefühl quantitativ vermehrt und weitet sich durch die Erkenntnis, daß Subjekt, Objekt und Tat seines ethischen Verhaltens nur in gegenseitiger Abhängigkeit voneinander existieren, qualitativ aus. Dadurch, daß es schließlich sein ethisches Verhalten dem Wohl sämtlicher Lebewesen widmet, wird die vollkommene Handlung des ethischen Verhaltens grenzenlos.

3. Die vollkommene Handlung der Geduld

Wenn Individuen zwar großzügiges und ethisches Verhalten an den Tag legen, jedoch noch keine Geduld aufzubringen vermögen [*d.h. Schädigungen und Benachteiligungen hinzunehmen, ohne mit der Entwicklung von Zorn zu reagieren*], dann werden sie auch weiterhin leicht zornig werden. Mitreißender Zorn wird zur Ursache dafür, daß sämtliche zuvor – d.h. unter Umständen während vieler Weltzeitalter – in ihrem Unterbewußtsein gespeicherten positiven Eindrücke in einem einzigen Moment ‚verbrennen'. Die unvorstellbare Dauer eines solchen Weltzeitalters bzw. Äons (skrt: Kalpa) wird traditionellerweise durch die Vorstellung illustriert, eine Taube ließe alle hundert Jahre an einer bestimmten Stelle ein Reiskorn fallen. Nach einem Weltzeitalter hat sich an dieser Stelle ein Berg von der Höhe des Berges ‚Meru' [*d.i. nach der in den Sutren präsentierten buddhistischen Kosmologie die vertikale Zentralachse einer diskusförmigen Galaxie, deren Ausdehnung astronomischen Erkenntnissen zufolge viele Tausende von Lichtjahren beträgt*] aufgetürmt. Shantideva sagt in seiner ›Bodhicharyavatara‹: „Ein Moment des Zorns zerstört alles Verdienst, das ein Individuum im Verlauf von tausend Weltzeitaltern in seinem Bewußtseinsstrom angesammelt hat." Aversion und Aggression gelten deshalb als die negativsten Handlungen überhaupt, da sie alle positiven Eindrücke, die Individuen durch zahllose Selbstüberwindungen während unvorstellbar langer Zeiträume äußerst mühsam in ihr Unterbewußtsein eingespeist haben, schlagartig wieder aus jenem entfernen.

Das Gegenmittel gegen Zorn ist Geduld. Geduld besteht logischerweise im ‚Erdulden' körperlichen oder seelischen Leides. Indem sich Individuen in der Geduld üben, Schädigungen und das Durchkreuzen ihrer Pläne durch andere klaglos hinzunehmen, gewinnt ihr Geist zunehmend jene Flexibilität, derer er bedarf, um sich allen Geschehnissen in einer positiven, bejahenden Weise zu stellen; dadurch wird es ihm in einem zweiten Schritt möglich, allen unverhofften Wendungen des Lebens bisher unbekannte Vorteile und nützliche Seiten abzugewinnen. Immer wenn das Individuum körperliche Angriffe, aggressive Äußerungen oder Streit erfährt, sollte es nicht unbeherrscht mit Wut reagieren, sondern prüfen, inwieweit es die karmische Spur für diese Ereignisse selbst gelegt hat und in welchem Maße es auch heute noch dazu neigt, negative – d.h. für andere schmerzliche und verletzende – körperliche und geistige Verhaltensweisen an den Tag zu legen [*im westlichen Kulturkreis gilt eine selbstgerechte ‚Moral', die Vergeltung rechtfertigt; hier reflektiert sich der alttestamentarische Rachegedanke: Auge um Auge, Zahn um Zahn*] und auf diese Weise anderen die gleichen Schmerzen und Leiden zuzufügen wie die, die es selbst gerade erleiden muß. Gelingt es ihm, angesichts der eigenen Notlage zuzugestehen, daß grundsätzlich kein Unterschied zwischen eigenem Leid und vergleichbaren Leiden, die von anderen Lebewesen erfahren werden, besteht, dann fällt es ihm zunehmend leichter, sein Leid als Resultat eigenen zornigen Verhaltens in der Vergangenheit zu akzeptieren, ohne weiterhin mehr oder weniger gewalttätig dagegen aufzubegehren.

Zu warnen ist allerdings davor, sich im Praktizieren der vollkommenen Handlung der Geduld zu überfordern, indem man beispielsweise schwerwiegende Schädigungen wehrlos über sich ergehen läßt, ohne anschliessend verhindern zu können, daß man auf diese zu starke Verletzung des eigenen Körpers oder des eigenen Geistes [*d.h. des eigenen Stolzes*] doch wieder mit Wut reagiert; dann kann sogar der gegenteilige Effekt eintreten: daß man sich nämlich wieder von der Lehre, die zu erklären vermag, wie die Dinge wirklich sind, abwendet. Deshalb ist es unter Umständen anzuraten, Situationen aus dem Weg zu gehen, in denen man in Rage geraten könnte – selbst wenn es einem nicht schwer fiele, aus diesen Situationen als Sieger hervorzugehen. Wer aufgrund vorangegangener Übung von Geduld jedoch bereits vermag, sich beispielsweise körperlich zur Wehr zu setzen, ohne dadurch in nur Sekundenbruchteile dauernde Zorneswallungen zu geraten, kann sich nach dieser Lehre – falls erforderlich – auch durch das Mittel körperlicher Auseinandersetzung schützen, ohne dadurch Rückschritte im Praktizieren der vollkommenen Handlung der Geduld zu erleiden [*entsprechendes gilt für verbal-emotionale Auseinandersetzungen*]. Solange ein Individuum jedoch noch nicht dafür garantieren kann, daß es angesichts erboster Angriffe auf seine Persönlichkeit, unfaire Argumentationen oder gar tätliche Angriffe einen kühlen Kopf bewahren kann, sollte es die Bühne des Geschehens lieber verlassen, auch wenn ihm Zeugen des Geschehens eine – gemessen am germanischen Ehrenkodex – unrühmliche Flucht zum Vorwurf machen könnten. Wer es sich zur Aufgabe gemacht hat, sein Unterbewußtsein von negativen Eindrücken zu reinigen und es stattdessen mit positiven Eindrücken aufzufüllen, der sollte sich davor hüten, die Bemühungen der vergangenen Jahre und

Jahrzehnte [*wenn nicht gar vieler Lebenszeiten*], seine eigenen aggressiven Gewohnheitstendenzen zu bezwingen, nicht binnen weniger Augenblicke auf dem Altar eines von Stolz geprägten Selbstbildes [*das – sofern er nicht die gesellschaftliche Norm aggressiver Selbstverteidigung erfüllt – unüberwindbare Scham aufkommen läßt, der er wiederum nur mit Aggresivität zu begegnen weiß*] zu opfern.

An dieser Stelle sei darauf hingewiesen, daß aggressive Tendenzen in dermaßen kurzen Zeiteinheiten zum Durchbruch gelangen, daß ihre Entäußerung das Individuum immer dann überrascht, wenn es sich – zwar im Bewußtsein dieser Gefahr – nicht aktiv gegen ihr Auftreten gewappnet hat. Um ein Beispiel zu geben: Wer aufgrund vorangegangener leidhafter Erfahrungen weiß, daß es unter Umständen soweit kommen kann, daß er oder sie – von Wut überwältigt – in den Sog einer völlig unkontrollierbaren Brutalität geraten kann, obwohl er/sie vielleicht ursprünglich seine/ihre Kinder nur mit einem kleinen ‚Klaps' für irgendeine unbedeutende Ungehorsamkeit strafen wollte, der sollte lernen, vollkommen auf jede Form der körperlichen Züchtigung zu verzichten. Denn solange das Individuum nicht darin geübt ist, geduldig Schädigungen und Enttäuschungen der eigenen Person hinzunehmen, vermag es auch nicht, den außerordentlich kurzen Moment zu kontrollieren, in dem sich das Umkippen in Wut und Aggression vollzieht. Aus buddhistischer Sicht ist es niemals gerechtfertigt, Kinder zu züchtigen – und seien diese ‚Klapse' noch so schwach; Wesen zu schlagen, die erwachsenen Menschen völlig hilflos und schutzbedürftig ausgeliefert sind, ist grundsätzlich ein Zeichen von Wut und Zorn – auch wenn dieser oft durch aggressives Abreagieren dermaßen schnell verraucht, daß den betreffenden Personen weder sein Aufkommen noch sein Abebben ins Bewußtsein dringt.

Wenn ein Individuum sich dennoch dazu hinreißen läßt, aggressives Verhalten zu zeigen, sollte es – wenn sein Zorn verraucht ist – die Sequenz noch einmal eingehend untersuchen und prüfen, wie jene trotz gegenteiliger Absichten zustandekommen konnte, d.h. welches Verhalten als Provokation erlebt wurde und wo das eigene Verhalten zu wünschen übrig ließ. Indem es sich darauf konzentriert, auch während dieser Untersuchung die Verständnisbereitschaft, die es anderen Personen gegenüber prinzipiell aufzubringen bereit ist, auch seinen Schädigern gegenüber gelten zu lassen, wird es erkennen, daß nur eine von Mitgefühl getragene Geduld tatsächliche Geduld ist, und jede andere Form der Geduld, die es übt, lediglich als Vorstufe zum Aufbringen dieser eigentlichen Geduld dienen kann.

Geduld bildet die unabdingbare Voraussetzung dafür, daß das Individuum seine ursprünglichen Ziele nicht aus den Augen verliert; nur wenn es sich nicht permanent dazu hinreißen läßt, vermeintlich ungerechtfertigen Attacken anderer mit mehr oder weniger emotionaler Beteiligung zu begegnen, wird es sich nicht in irgendwelchen Intrigen und Gegenmaßnahmen verzetteln und schließlich – von den Strategien und vom bösen Willen der anderen Personen völlig vereinnahmt – durch eigene Handlungen, die ebenfalls von Wut und Zorn inspiriert sind – von seinen Vorhaben abbringen lassen. In dem Maße also, in dem es noch nicht vermag, Schädigungen durch andere Personen, an denen sowieso nichts mehr zu ändern ist, in einer unaggressiven Weise hinzunehmen, wird es daran scheitern, seine aktuellen praktischen Ziele und seine persönlichen, langfristigen Lebensziele unbeirrbar weiter zu verfolgen. Je geübter das Individuum andererseits darin wird, sich durch Schädigungen, die ihm böswilligerweise oder nur deshalb, weil es anderen im Wege ist, zugefügt werden, nicht mehr zu Wutausbrüchen und aggressiven Handlungen verleiten zu lassen, umso eher gelingt es ihm, angesichts der Vielschichtigkeit des praktischen Lebens die eigenen sachbezogenen Pläne, aber auch die eigenen geistigen Ziele im Auge zu behalten. Weil sie dem Individuum also das Verfolgen der auf eigenes geistiges Wachstum und spirituelle Entwicklung ausgerichteten Pläne und Vorhaben erst ermöglicht, wird das Praktizieren der vollkommenen Handlung der Geduld als die bedeutsamste aller positiven Handlungen angesehen.

Geduld ist naturgemäß solchen Personen gegenüber aufzubringen, die dem Individuum absichtlich Schaden zufügen. In diesem Zusammenhang ist es hilfreich sich vor Augen zu halten, wie stark die einen schädigenden Personen selbst von störenden Gefühlen gequält werden. Wer dies [*anfangs nur, wenn er selbst nicht unmittelbar von der Schädigung betroffen ist*] erkennt, durchschaut zunehmend, welche Merkmale der Situation seine Peiniger überfordern und quälen, und erfaßt dadurch profund, wie sinnlos es ist, sich für die geistige Hilflosigkeit seiner Schädiger zu revanchieren! Die Leiden, denen das Individuum von Zeit zu Zeit unvermeidlich ausgesetzt ist, weil alle für deren Zustandekommen erforderlichen Ursachen und sekundären Bedingungen zusammenwirken – beispielsweise weil andere Personen ihre störenden Gefühle, die sie ‚objektiv' aus ihren persönlichen Interpretationen des momentanen Geschehens heraus entstanden wähnen, auf es projizieren – sollte es mit Würde ertragen – eingedenk dessen, daß mit den Ereignissen der relativen Wirklichkeit unausweichlich Leiden einhergehen, und daß mit dessen Eintreten das Wirksamwerden des entsprechenden Karma erlischt. Ferner sollte es damit den Wunsch verbinden, durch das ihm zugefügte Leid zu erkennen, daß es selbst sowie die Erscheinungen und Ereignisse, die ihm widerfahren, lediglich in Abhängigkeit voneinander zur Existenz gelangen. Diese Erkenntnis kann weder verbal vermittelt noch intellektuell erfaßt werden; das Individuum kann sie aber dadurch vorbereiten, daß es beispielsweise die Schriften zur buddhistischen Erkenntnistheorie, wie sie etwa in diesem Buch präsentiert werden, konsequent reflektiert; eine tiefe Erkenntnis kann jedoch nur dadurch heranreifen, daß es die hier vorgebrachten Hinweise und Ratschläge in den einzelnen Situationen des eigenen Lebens erprobt und anwendet!

Überall, wo das Individuum bereits seinen Schädigern gegenüber Geduld aufzubringen vermag, nutzt es die seltene Gelegenheit, durch das Praktizieren dieser befreienden Handlung aggressive Eindrücke aus seinem Unterbewußtsein herauszureinigen; dadurch wird es in der Zukunft immer seltenere und geringfügigere Schädigungen durch andere erfahren. Nach und nach wird es seine Schädiger ganz unsentimental als Objekte für das Üben von Geduld ansehen, während es ihnen gleichzeitig auf eine sehr sachliche Weise Mitgefühl entgegenbringt, indem es versteht, in welch geringem Maße jene die Tragweite ihres Verhaltens überblicken und lenken können. Überdies stärkt es sein Mitgefühl ihnen gegenüber, indem es sich vor Augen hält, wieviel neues Leid es in die Welt setzen würde, wenn es sich im Gegenzug für die gerade erlittene Schädigung rächen würde. Erst wenn es in dieser Weise durch stetiges Üben geduldig geworden ist, hat es sich zu jemandem entwickelt, der tatsächlich seine eigenen Geschicke lenkt, weil er sich nicht ständig durch jene Mentalfaktoren, die mit Aggressivität assoziiert sind, von seinen Lebenszielen abbringen läßt.

Die vollkommene Handlung der Geduld wird durch bewußtes Üben quantitativ vermehrt und weitet sich durch die analytische Erkenntnis, daß die drei Bestimmungsfaktoren einer Handlung lediglich in Abhängigkeit voneinander existieren, qualitativ aus. Dadurch, daß das Individuum seine Übung geduldiger Handlungen dem Nutzen der anderen Lebewesen widmet, weitet es seine Geduld grenzenlos aus.

4. Die vollkommene Handlung des Fleißes

Mit der vollkommenen Handlung des Fleißes ist nicht etwa das Ausüben ‚gewöhnlicher' Anstrengungen, die auf das Erlangen von Ruhm, Ehre, Reichtum oder Rache abzielen, gemeint, sondern sie ist als ‚Freude an tugendhaftem Verhalten' definiert. In diesem Sinne wird sie traditionellerweise auch als ‚enthusiastische Anstrengung' übersetzt. Dementsprechend ist jede tugendhafte Handlung das Ergebnis dieser vollkommenen Handlung der Ausdauer. Wer Fleiß, Anstrengung oder Ausdauer – wie die Synonyme im Deutschen lauten – praktiziert, kann alles erreichen; ein Mensch – so heißt es in den alten Schriften – kann sogar einen Berg abtragen! Faul zu sein dagegen bedeutet, sich nicht damit auseinanderzusetzen, wie die Dinge tatsächlich sind, weil das Individuum dem Umstand nicht ausreichend Rechnung trägt, daß sein Tod mit jeder Sekunde näher rückt, daß es dessen Zeitpunkt nicht kennt [*es gibt für niemanden – ob arm oder reich – eine Garantie für ein langes und gesundes Leben*] und daß es nicht sicher sein kann, ob es nach diesem Leben wieder eine menschliche Geburt erlangen wird, in der es ihm möglich sein wird, seine Psyche einer grundlegenden Reinigung zu unterziehen und sich so der Erkenntnis, wie die Dinge wirklich sind, weiter anzunähern. Außerdem wird in den Sutras immer wieder darauf hingewiesen, daß mit zunehmendem Alter Kraft und Intelligenz nachlassen; je weiter es seine spirituelle Entwicklung hinauszögert, umso schwerer wird ihm jede erforderliche Anstrengung notgedrungen fallen.

Jede Anstrengung, die es gilt, in Bezug auf das Entstehen und die Kultivierung der Erkenntnis, wie die Dinge tatsächlich sind, und für die anschließende Integration dieser Erkenntnisse in sein innerliches und äusserliches Leben aufzubringen, wird dem Individuum in zukünftigen Zeiten also noch viel schwerer fallen als wenn es sie sofort aufbrächte; deshalb sollte es sich jetzt mit ‚freudiger Anstrengung' der eigenen spirituellen Entwicklung zum Wohl aller widmen. In Gampopas ›Juwelenornament der Befreiung‹ heißt es dementsprechend: „Besitzt jemand

Großzügigkeit, Ethik und Geduld, ermangelt aber des Fleißes, dann ist er von Faulheit besessen. Besteht Faulheit, dann kann Tugend nicht ausgeübt werden – man ist nicht fähig, zum Nutzen anderer zu handeln [*vgl. Gampopas ›Juwelenornament der Befreiung‹ in der Übersetzung aus dem Tibetischen von Albrecht Frasch*, TASHI-VERLAG 1999, *S. 156f*]." Dann können bemerkenswerte Stufen geistiger Entwicklung nicht erlangt werden. Da der durch störende Gefühle und steife Gedankenmuster verschleierte Bewußtseinsstrom eines jeden Individuums seit anfangslosen Zeiten alle Qualitäten letztendlicher ursprünglicher Weisheit [*die traditionellerweise ‚Buddhanatur' genannt werden*] beinhaltet, wird es – so ungeeignet es für diese Aufgabe auch erscheinen mag [*wenn es beispielsweise nur über geringe Intelligenz und Bildung verfügt*] und so schlechte Voraussetzungen es auch immer mitbringen mag [*wenn es beispielsweise viele außerordentlich negative ‚karmische' Handlungen begangen hat*] – durch Fleiß die Grundlage zur Verwirklichung hoher Stufen geistiger Erkenntnis legen. Wenn es ihm gelingt, von hochverwirklichten spirituellen Lehrern sog. authentische Erklärungen darüber, wie die Dinge wirklich sind, zu erhalten, wird seine Praxis der vollkommenen Handlungen effektiv werden und es schließlich zum Ziel führen – wenn es nur den Fleiß aufbringt, jene tatsächlich in jeden Moment des eigenen psychischen und physischen Lebens zu integrieren!

Man unterscheidet traditionellerweise drei Arten von Fleiß: Wer – bislang unter dem Einfluß von Faulheit stehend – plötzlich große Anstrengungen gegen seine Faulheit unternimmt, den schützt dieser Fleiß wie eine Rüstung im Kampf gegen seine Faulheit – d.h. er ist bereit, einfach jede Anstrengung auf sich zu nehmen, um zum Besten aller Wesen eine höhere Stufe geistiger Entwicklung zu realisieren. Diese sog. ‚rüstungsgleiche' Anstrengung beinhaltet das Kriterium der Grenzenlosigkeit, die das Individuum über endlose Zeiträume hinweg zum Nutzen der zahllosen fühlenden Wesen arbeiten läßt, selbst wenn es dadurch alle Leiden, die ihm in der relativen Wirklichkeit widerfahren können, [*beispielsweise die von Paranoia überschwemmten Zustände, die entweder in diesem Le-*

ben oder danach als die ‚Höllen' erfahren werden] auf sich nehmen müßte. Zweitens konzentriert sich der sog. ‚Fleiß der Anwendung' darauf, störende Emotionen, die das Individuum jederzeit überraschen können, zu beseitigen, indem es unermüdlich darauf achtet, jene rechtzeitig aufzuspüren, bevor sie ihn überwältigen. Jemand, der konsequent daran arbeitet, die in den Tiefen seines Unterbewußtseins schlummernden negativen Eindrücke, die sich jeden Moment in den unterschiedlichsten Objekten, Situationen und Verhaltensdispositionen manifestieren können, zu reinigen, konzentriert seinen ganzen Fleiß darauf, durch das ununterbrochene, unerschütterliche, respektvolle, irreversible und nicht mit Stolz vermischte Praktizieren der sechs vollkommenen Handlungen soviele positiven Eindrücke wie nur möglich in sein Unterbewußtsein einzuspeisen. Individuen, die ihre Praxis der sechs vollkommenen Handlungen und ihre Bemühungen, interessierten Personen zu erläutern, wie die Dinge tatsächlich sind, mit Freude, Interesse und Hingabe betreiben, dabei unermüdlich gegen eigene Zweifel, störende Gefühle und körperliche Beschwerden angehen, sich nicht von einflußreichen Persönlichkeiten von ihren Bemühungen abbringen lassen, und ihre Aufmerksamkeit darauf ausrichten, die Bemühungen anderer, die erläutern, wie die Dinge tatsächlich beschaffen sind, zu unterstützen, anstatt ihre eigenen diesbezüglichen Bemühungen vor anderen ins rechte Licht zu setzen [*wodurch sie dem Entstehen spirituellen Stolzes vorbeugen*], verfügen bereits über ein gewisses Maß spiritueller Verwirklichung [*eigentliche spirituelle Verwirklichung besteht dann, wenn das Individuum durch die Anwendung solcher Bemühungen über lange Zeiträume seine Einsichtsfähigkeit in die wahre Natur der Dinge merklich vertiefen konnte*]. In diesem Zusammenhang hat Atisha gesagt: „Ein Bodhisattva soll allen Nutzen und Verdienst, den er durch seine Bemühungen angesammelt hat, an andere weitergeben und allen Verlust, Schaden und Nachteile auf sich selbst nehmen [*zitiert nach Khenpo Chöthrak Thenpel Rinpoches Kommentar zu Vasubandhus ›Abhidharmakosha‹;* KIBI 1992, *Bearbeiter: Albrecht Frasch, unveröffentlichtes Manuskript, S. 33*]."

Drittens gilt es diejenige Ausdauer zu entwickeln, die sich mit dem Erreichten niemals zufrieden gibt: Je weiter das Individuum sich durch das Praktizieren der sechs vollkommenen Handlungen weiterentwickelt, um so höher soll es seine Ziele stecken. Diese Form des Fleißes ist dann vervollkommnet, wenn es durch praktiziertes Mitgefühl und dem immerwährenden Wunsch, zum Besten aller fühlenden Wesen zu handeln, zu der Erkenntnis vorgedrungen ist, daß es selbst als der die vollkommene Handlung des Fleißes Praktizierende, die Objekte jenes Fleißes sowie die fleißige Handlung selbst nicht unabhängig voneinander existieren.

5. Die vollkommene Handlung der meditativen Konzentration

Im ›Juwelenornament der Befreiung‹ von Gampopa heißt es: „Hat man zwar Großzügigkeit, Ethik, Geduld und Fleiß entwickelt, besitzt aber noch keine meditative Konzentration, dann wird man permanent durch geistige Unruhe aufgewühlt, so daß einem immer wieder von den Klauen der störenden Gefühle Wunden geschlagen werden. Besitzt man aber meditative Konzentration, dann gibt man die Vorstellung an minderwertige Dinge immer mehr auf, unmittelbares Wissen entsteht, und viele Tore meditativer Vertiefung werden sich im Bewußtseinsstrom öffnen [*vgl. Gampopas ›Juwelenornament der Befreiung‹ in der Übersetzung aus dem Tibetischen von Albrecht Frasch,* TASHI VERLAG 1999, *S. 163f*]."

Die vollkommene Handlung der meditativen Konzentration wird im Mahayana als die Meditation des friedlichen Verweilens (tib: zhi.gnas; *eingedeutschte Transliteration: ‚Shine'*) – genauer: als das ‚nach innen gewandte einsgerichtete Verweilen im Tugendhaften' – definiert. Die Meditation der Geistberuhigung stellt die erste Stufe der eigentlichen Meditation dar. ‚Meditation' meint in diesem Zusammenhang einen Zustand völliger Konzentration oder Abstraktion, der den Geist über einen längeren Zeitraum [*so lange das Individuum dies eben wünscht*] in einer natürlichen Weise friedlich und entspannt in sich selbst ruhen läßt – frei von jeder Anhaftung oder Abneigung, die nur das permanente Entstehen neuer Gedanken nach sich ziehen würden. Das Individuum macht seinen Geist in einer Weise gedankenlos, die jenen nicht gefroren oder tot sein läßt, sondern sein Bewußtsein immer klarer und weiser macht, indem es nicht mehr durch seine gedanklichen Gewohnheitstendenzen konfus, abgelenkt und verwirrt werden kann. So wird es mit zunehmender Übung von meditativer Konzentration naturgemäß immer konzentrierter und schließlich sogar intelligenter: Zwar wird es auch weiterhin von einer Unzahl von Gedanken regelrecht überschwemmt; diese Gedanken werden aber einerseits immer klarer und schärfer, und andererseits kontrolliert es nun seine Gedanken, anstatt ihnen hilflos ausgeliefert zu sein, weil es sie irrtümlich für authentische Reflektionen der Wirklichkeit hält. Wenn das Individuum aufgrund regelmäßiger Übung nach und nach bemerkenswerte Fortschritte in seiner Übung von Konzentration gemacht hat, nimmt schließlich sogar die Frequenz der ihm ins Bewußtsein dringenden Gedanken deutlich ab.

Der Geist hat die Natur von Verstehen. Deshalb hat er auch die Fähigkeit, mit den Objekten der fünf Sinne kommunizieren zu können. Aus diesem Wechselspiel zwischen den Formen, Geräuschen, Gerüchen, Geschmäckern und zu tastenden Objekten/Körperempfindungen einerseits und den fünf Arten der jene wahrnehmenden Sinnesbewußtseine andererseits [*siehe S. 37f*] entsteht natürlicherweise Anhaftung. Der menschliche Geist steht seit anfangslosen Zeiten unter dem zwingenden Eindruck einer Gewohnheitstendenz, ihm in irgendeiner Form als wünschenswert erscheinenden Dinge konsumieren und behalten und ihm in irgendeiner Weise als unangenehm erscheinenden, keine Lust in ihm weckenden Dinge eliminieren zu wollen. Objekte, die dem Geist weder in positiver noch negativer Weise auffallen, ignoriert er dagegen gleichgültig. Die sich unmittelbar im Anschluß an jeden Wahrnehmungsakt ins Unterbewußtsein drängenden ‚karmischen' Gewohnheitsmuster provozieren den Geist, der von der vermeintlichen Wirklichkeit seiner wahrgenommenen Objekte völlig geblendet ist, den Anforderungen momentaner Situationen durch negative Handlungen [*genauer: durch Handlungen, die unter dem Einfluß einer egozentrischen Motivation den eigenen Nutzen durch die Schädigung anderer zu bewirken trachten*] zu begegnen.

Unter dem Wiederholungszwang karmischer Eindrücke, die bei geeigneten Ursachen und Bedingungen erneut aktiv werden, perpetuiert der Bewußtseinsstrom seine Eindrücke unwillkürlich: Immer dann, wenn der Geist seinen steifen Gewohnheitsmustern die Interpretation seiner einzelnen Wahrnehmungen [*die quasi die ‚Atome' komplexer Situationen darstellen*] sowie komplexerer situativer Gegebenheiten und darüberhinaus die Auswahl der angemessensten Reaktionsweise überläßt [*und er tut dies ungeachtet des intellektuellen Niveaus des Betroffenen grundsätzlich, solange nicht jahrelange Meditationspraxis ihn dagegen feit, jeden Augenblick*], anstatt in einer besonnenen Weise den einzigartigen Erfordernissen der jeweils momentanen Situation gerecht zu werden, speichert er dieselben Eindrücke, die sich in sein Bewußtsein spülten, als entsprechende Veränderungen die entsprechenden Situationen schufen [*also jeden Moment*], mit allen sie bestimmenden Akzentuierungen erneut ab. Diese Prozesse finden unmerklich jeden kürzesten Sekundenbruchteil statt; nur die wenigsten Wahrnehmungen und Ereignisse können vom in Meditation ungeübten Individuum mit der gebotenen analytischen Schärfe und Präzision analysiert und interpretiert werden, so daß es auf sie in einer ungewohnten und eigenwilligen Weise, die sein neu gewonnenes Verständnis von den jeweiligen Zusammenhängen klar reflektiert, reagieren kann. Dadurch festigen sich die entsprechenden karmischen Gewohnheitstendenzen immer mehr. So kommt es, daß seine Wahrnehmungsobjekte dem Individuum in einer immer überzeugenderen Weise den Eindruck zunehmender Verbindlichkeit und Wirklichkeit aufdrängen; an sich gar nicht tatsächlich bzw. in einem absoluten Sinne existent, bestehen jene doch nur für eine gewisse Zeit, da sie durch spezifische Muster von Ursachen und Bedingungen hervorgerufen worden sind, die sich nach einer gewissen Zeit wieder erschöpfen.

Diese karmischen Prädispositionen bzw. Gewohnheitsmuster, die sich dem Individuum Moment für Moment mit großer Gewalt aufdrängen, können sehr lange andauern, ohne daß es ihm unter dem Einfluß der mit jenen einhergehenden immer gleichen Illusionen über die Natur der Geschehnisse gelänge zu erkennen, daß es sich quasi in einem selbst kreierten Traum befindet. Sogar der aktive, die permanent aufscheinenden Ereignisse gestaltende Geist an sich ist unwirklich wie eine Illusion. Einzig die Weisheit, die erkennt, wie die Dinge wirklich sind, existiert wirklich – wenn auch nicht so, wie es sich jene vorstellt [*nämlich irgendwie dinglich, manifest oder zumindestens irgendwo lokalisierbar*], weil der Geist unverwirklichter Individuen grundsätzlich verschleiert ist: So wie blinde Augen überhaupt nichts sehen können, kann der gewöhnliche, zu dauerhafter Konzentration unfähige Geisteszustand die Ebene der absoluten Wirklichkeit nicht im mindesten beurteilen. Tatsächlich existiert auf der absoluten Ebene der Wirklichkeit weder der wahrnehmende Geist noch die Erkenntnis, daß dieser wahrnehmende Geist nicht wahrhaft existiert! Die Erkenntnis dieses Umstandes ist es, die absolut gesehen wahrhaft existiert; und diese Erkenntnis ist kein Nichts bzw. lediglich die vollkommene Auslöschung eines individuellen ›Selbst‹, sondern mit ihr geht die Verwirklichung unvorstellbarer Qualitäten einher, die unter den Begriffen ‚Allwissenheit' [*also einer vollkommen uferlosen Erkenntnis, die alles zu allen Zeiten an allen Stellen gleichzeitig weiß*], grenzenloser Liebe und grenzenlosem Mitgefühl allen fühlenden Wesen gegenüber, unvorstellbar großer Freude, vollkommener Furchtlosigkeit und aller nur erdenklicher übernatürlicher Fähigkeiten (skrt: Siddhi) zusammengefaßt werden kann: Dies ist die Erleuchtung oder die Buddhaschaft, die jeder praktizierende Buddhist selbst zu realisieren trachtet.

Durch die Meditation der Geistberuhigung, wie die meditative Konzentration auch genannt wird, reinigt das Individuum seinen Geist von den Schleiern der störenden Gefühle der Anhaftung, der Abneigung sowie der geistigen Dumpfheit, indem es durch sie sowohl seine aufgewühlten Emotionen als auch seine subjektiven Deutungsmuster und intellektuellen Irrtümer über die Natur der Wirklichkeit zunehmend beruhigt. Dadurch reift die Erkenntnis in ihm heran, daß die Wirklichkeit jenseits aller geistigen – d.h. gedanklichen und emotionalen – Aktivitäten liegt. Die Erkenntnis von der wahren Natur der Wirklichkeit wird in dem Maße immer unmittelbarer und direkter erfahren, als es dem Individuum durch die Kultivierung meditativer Konzentration gelingt, mit seiner Bewußtheit in Bereiche jenseits gedanklicher und emotionaler Aktivitäten vorzudringen.

Die Erfahrung, daß weder der wahrnehmende Geist noch die von jenem wahrgenommenen Objekte unabhängig voneinander tatsächlich zur Existenz gelangen, sondern nur für eine gewisse zeitliche Erstreckung als Produkte des Entstehens in gegenseitiger Abhängigkeit Bestand haben, ist nicht mit der Erfahrung von Bewußtlosigkeit oder Koma zu vergleichen. Vielmehr wird der Geist durch die Entwicklung meditativer Konzentration dazu befähigt, einen in sich selbst ruhenden, friedlichen Zustand einzunehmen, der solange aufrechterhalten werden kann, wie das Individuum dies wünscht. Da der Geist mit seinen Projektionen keine irgendwie objektivierbare oder wirkliche Verbindung eingeht, existiert er nicht eigenständig bzw. unabhängig von den von ihm wahrgenommenen Objekten und erkannten Inhalten. Trotzdem lebt er, ist klar und kann verstehen, auch wenn er nicht als etwas Körperliches oder eine irgendwo im Körper manifestierte Entität existiert; vielmehr kennzeichnet der Geist die ausschließlich geistige Qualität, zu verstehen und erkennen zu können.

Von der Warte der relativen Wirklichkeit aus betrachtet besitzt der Geist verschiedene Qualitäten: ① Er existiert zwar nicht aus sich selbst heraus, existiert aber quasi als etwas Nicht-Existentes. Dieser Aspekt wird traditionellerweise die ‚Raumnatur' des Geistes genannt – so wie der Raum offen und unendlich ist und alles in sich entstehen lassen kann, was immer es auch sei, ohne selbst in einer dinglichen Weise zu existieren, so nehmen auch die Objekte der relativen Wirklichkeit im Raum des Geistes Gestalt an, ohne daß jener Raum des Geistes in irgendeiner kognitiv faßbaren Weise existieren würde. ② Der Geist verfügt über eine Selbsterkenntnis, die man ‚Klarheit' nennen könnte. ③ Und wenn der Geist friedlich und ohne Gedanken in Ruhe verweilt, entsteht natürliche, ausserordentlich starke und befreiende ‚Freude' in ihm. Diese drei Qualitäten beschreiben sozusagen die Persönlichkeit des Geistes.

Befindet ein Individuum sich noch am Anfang dieses Übungsweges, seinen Geist sich selbst wahrnehmend konzentriert in sich selbst ruhen zu lassen, wird es zunächst mit überaus starken Schwierigkeiten zu kämpfen haben, weil es sein Bewußtsein noch nie auf dessen eigene Natur fokussiert hat. Wenn es sein Bewußtsein unvorbereitet auf einen Punkt ausrichtet und es dann mit keinen neuen Informationen mehr versieht, kollabiert seine bisherige Funktionsweise, permanent außerhalb seiner nach neuen Reizen zu suchen. Desorientierung und das Aufkommen von Angst sind die Folge. Nur wer von einem authentischen Meditationsmeister darin unterrichtet wurde, wie in dieser Situation weiter zu verfahren [*d.h. zu meditieren*] ist, und sich anschließend mit Fleiß und enthusiastischer Anstrengung diesen regelmäßigen – trotz aller unvorhersehbar eintretenden Störungen – täglichen Übungen unterzieht, wird nach einer gewissen Zeit einen Schimmer der Erfahrung von der wahren Natur seines Geistes erhaschen. Dieser vage Eindruck von der wahren Natur des Geistes überflutet das Individuum mit derart tiefen Erkenntnissen über das Zusammenspiel der beiden Ebenen der Wirklichkeit [*die relative und die absolute Ebene der Wirklichkeit*], während es gleichzeitig von überaus starken Gefühlen unbedingter Freude vereinnahmt wird, daß es einen starken Motivationsschub zum Fortführen seiner meditativen [*besser: konzentrativen*] Übungen erfährt.

Diese erste Ahnung von wahren Natur des eigenen Geistes stellt sich ein, weil das spirituelle Übungen praktizierende Individuum sein Bewußtsein durch wochenlanges Training von Meditation [*besser: meditative Konzentration*] so weit verfeinert, bis jenes das erste Mal für einen kurzen Moment in sich selbst ruht. Der nächste aufkeimende Gedanke wird diese Erfahrung stören: Er wird die erstaunte Feststellung in Worte kleiden: „Nanu, Meditation funktioniert doch! Hier ist sie endlich, die erste Meditationserfahrung!" Dieses Erstaunen über diesen ersten Moment der Beruhigung des Geistes läßt automatisch und unmittelbar wieder Unruhe in Form eines entsprechenden Gedankens im Geist entstehen [*wie nach jeder Sinneswahrnehmung setzt im unmittelbar auf eine geistige Erkenntnis folgenden Augenblick ein Moment begrifflichen Mentalbewußtseins ein, der jene etikettiert, konzeptualisiert, verbalisiert und kommentiert*]; dadurch wird der Geist sofort wieder aus diesem ersten kurzen Moment innerer Ruhe zurück in die aufgewühlte Welt seiner Gedanken gerissen – weiß nun aber aus eigener Erfahrung, daß ihm zumindestens eine [*wenn nicht gar mehrere*] sehr tiefgründige Dimensionen zugänglich sind, die für in Meditation Ungeübte geistiges Neuland darstellen. Gleichzeitig erhält das Individuum durch diese Meditationserfahrung eine erste Bestätigung dafür, daß seine bislang aufgebrachten theoretischen und praktischen Mühen nicht vergebens waren und es sich auf dem richtigen Weg befindet.

Das Individuum sollte sich an dieser Stelle nicht dazu verleiten lassen, den Prozeß der gedanklichen Kommentierung jener den Rahmen sämtlicher bisheriger kognitiver Ereignisse bei weitem sprengenden Erfahrungen gewaltsam unterdrucken zu wollen, sondern stattdessen der Frage nachgehen, welcher Unterschied zwischen dem nicht-denkenden Geist, der in Ruhe ist, und dem denkenden Geist, der seine externen Objekte durch die Sinne erfaßt, sie identifiziert, benennt und anschließend Erwägungen darüber anstellt, welchen Gebrauch er von ihnen machen könnte, besteht. Dabei dringt ihm ins Bewußtsein, wie eng miteinander verflochten die sich ihm manifestierenden Phänomene mit seinen Gefühlen und begrifflichen Vorstellungen sind. Natürlich steigen während der ersten Bemühungen, sich in Konzentration zu üben, störende Gefühle in ihm auf. Natürlich manifestieren sich emotionale Schwierigkeiten, während es mit seinen zementierten Gewohnheiten kämpft. Natürlich fällt die durch alle bisherigen intellektuellen Anstrengungen mühsam gewonnene geistige Klarheit zunächst einmal verwirrten und u.U. sogar neurotischen Erklärungen über die Zusammenhänge zwischen den neuen Erkenntnissen, die es durch die Meditation [*besser: meditative Konzentration*] sammelt, zum Opfer. Das ›Ich‹ des Individuums setzt sich mit allen erdenklichen Mitteln zur Wehr, um seinen Untergang zu verhindern. Was dann folgt, ist die sehr harte Arbeit, die eigene Konfusion, die diese Widerstände immer wieder von Neuem nährt, durch das stete Üben von meditativer Konzentration stetig zu dezimieren.

Mit jeder künstlichen, den Besonderheiten seines Werdeganges entspringenden Vorstellung, die ihm bislang die Wirklichkeit zufriedenstellend erklärlich und verständlich machte, fällt eine weitere Strebe eines äußerst verworrenen, komplexen Gedankengebäudes. An die Stelle der gedanklichen Konstruktionen, die bisher die Regeln darstellten, nach denen die Ereignisse der relativen Wirklichkeit vermeintlich funktionierten, tritt nach und nach ‚offener Raum'. Aus diesem offenen Raum heraus gelingt es dem Geist erstmalig, seine Objekte und komplexen Situationen auf eine vollkommen neue Art zu ergreifen, ohne sie zunächst mit biographischen Erfahrungen vergleichen zu müssen. War das Individuum bislang darauf angewiesen, jede Erfahrung gedanklich nachzuvollziehen, zu interpretieren und schließlich auszuwerten, so beginnt es nun, den Schritt aus den gedanklichen Vorstellungen heraus in den Bereich der ungedanklichen Ideen hinein zu vollziehen. Dadurch erkennt es zusehends, daß sein Geist weder etwas tut noch irgendwelche Absichten und Bedürfnisse hat. Gleichzeitig wächst seine Überzeugung, daß der denkende Geist und der nicht-denkende Geist nicht unabhängig voneinander existieren können – daß sie also beide von gleicher Natur sein müssen. Auf diese Weise macht sich das Individuum durch Meditation [*besser: meditative Konzentration*] zunehmend damit vertraut, seinen Geist zu kontrollieren, anstatt sich weiterhin wie eine Biomaschine von seinen Gefühlen und Emotionen sowie von seinen Gedanken, kognitiven Erklärungsmodellen und Meinungen über die Ereignisse der relativen Wirklichkeit kontrollieren und leiten und lenken zu lassen.

Die Yoga-Übung

Das Individuum übt sich in der vollkommenen Handlung der meditativen Konzentration, indem es sich in der sog. ‚Fünf-Punkte-Haltung' niedersetzt. Anfänger, die keine Anleitung von autorisierten Lehrern erhalten haben, seien jedoch ausdrücklich davor gewarnt, sich unvorbereitet und womöglich in einer fehlerhaften Weise dieser Form des Yoga zu unterziehen. Schlimmstenfalls kann das unvorbereitete Bewußtsein durch mangelhaftes Praktizieren dieser Übung so stark in die Irre geleitet werden, daß ihm nur noch eine psychiatrische Behandlung aus den geistigen Irrwegen, auf die es durch jene gelangt ist, herauszuhelfen vermag! Wer sich dennoch unbedingt in meditativer Konzentration üben möchte, sollte sich damit begnügen, sich möglichst aufrecht auf einen Stuhl zu setzen, ohne den Rücken an dessen Lehne anzulehnen. Der Rücken sollte deshalb so gerade und aufrecht wie möglich gehalten werden, weil dadurch die einzelnen Wirbelkörper der Wirbelsäule idealerweise vollkommen senkrecht übereinander angeordnet sind. Und noch einmal: Vom Praktizieren des im folgenden auszugsweise geschilderten Yoga auf eigene Faust wird dringend abgeraten!

Die Beine kreuzt ein Yoga-Praktizierender im sog. vollkommenen Lotus [*wobei das linke Bein sich unbedingt unter dem rechten befinden sollte*], wodurch er das innere feinstoffliche Energiesystem derart beeinflußt, daß sämtliche Gefühle von Neid und Eifersucht zur Ruhe kommen. Die Hände legt er vier Fingerbreiten unterhalb des Nabels ineinander [*die rechte Hand ruht auf der linken Handfläche, die Daumenspitzen berühren sich leicht*], wodurch er das innere feinstoffliche Energiesystem derart beeinflußt, daß alle aggressiven Gefühle zur Ruhe kommen. Die Wirbelsäule hält er völlig aufrecht und die Schultern nach hinten hochgereckt, wodurch er das innere feinstoffliche Energiesystem derart beeinflußt, daß sich Dumpfheit und Ignoranz erschöpfen. Das Kinn neigt er leicht zur Brust, wodurch er das innere feinstoffliche Energiesystem derart beeinflußt, daß alle Gefühle von Begierde zur Ruhe kommen. Der Blick ruht vier Fingerbreiten vor der Nasenspitze im Raum, und die Zunge berührt leicht den Gaumen, wodurch er das innere feinstoffliche Energiesystem derart beeinflußt, daß alle Gefühle von Stolz zur Ruhe kommen und das Bewußtsein ruhig und klar wird. Sitzt der Körper perfekt in dieser Haltung, dann kommen die fünf störenden Gefühle von selbst zur Ruhe. Sitzt der Körper allerdings nach rechts geneigt, dann nährt das Individuum durch seine Bemühungen, Meditation zu praktizieren, nur destruktive Gedanken und Aggressionen. Wird der Körper zu weit nach links geneigt, dann entstehen heftige leidenschaftliche Gefühle der Begierde. Wird der Körper nach vorne geneigt, dann kommt es zu dumpfen und ignoranten Gedanken. Und wird der Körper nach hinten geneigt, dann werden Gefühle von Stolz aufkommen. Hat sich das Individuum aber ausgiebig in dieser Methode der Körperhaltung geübt, dann können die inneren Elemente ins Gleichgewicht kommen, die Lebensspanne kann sich verlängern, frühere alte Krankheiten können ausheilen und neue erst gar nicht entstehen.

Die Stufen der Meditation 1

Die Meditation [*besser: meditative Konzentration*] des friedlichen Verweilens auf einem Objekt besteht darin, im Abstand von cirka zwei Metern vor sich in Augenhöhe ein bestimmtes Objekt [*beispielsweise eine Kerzenflamme, einen Stein oder eine einfache bildliche Darstellung*] anzubringen, sich in die gerade erläuterte Meditationshaltung zu begeben und dann den Blick unter halb geschlossenen Augenlidern hervor unverwandt auf diesem Objekt ruhen zu lassen, ohne sich die geringste Ablenkung von dieser Tätigkeit zu gestatten. Immer, wenn dem Meditation praktizierenden Individuum bewußt wird, daß es durch die Macht seiner Gedanken vom konzentrierten Ruhen auf seinem Meditationsobjekt abgelenkt wurde, sollte es gleichmütig seine Aufmerksamkeit wieder auf das Meditationsobjekt zurücklenken und versuchen, jene aufrechtzuerhalten. Dies praktiziert es in mehreren Sitzungen am Tag, die allerdings anfangs die Dauer von drei Minuten nicht überschreiten sollten. Überdies sollte das Individuum zu Beginn relativ große Meditationsobjekte wählen, sich nicht auf deren Details konzentrieren und auch keine willentlichen Gedanken über die Qualitäten dieses Objekts anstellen. Anschließend verringert es die Größe des Objekts immer weiter, bis es sehr klein geworden ist. Dann geht es zu inneren Meditationsobjekten über.

Was die Konzentration auf innere Meditationsobjekte anbelangt, so ‚meditiert' das Individuum hier etwa über die fünf Elemente, aus denen sein Körper zusammengesetzt ist, nämlich ① Erde/Festigkeit, ② Wasser/Körperwärme, ③ Feuer/Körpertemperatur, ④ Luft/Atmung und ⑤ Raum/Bewußtsein, und löst dann – von der Erde ausgehend – die Elemente sukzessive in die verbleibenden auf, bis nur noch reines Gewahrsein übrigbleibt. Aus diesem Zustand heraus betrachtet es die Stabilität seines Geistes, wenn er in Ruhe ist, und verfolgt dessen Bewegungen, wenn er sich in Aktion befindet. Am Ende seiner Meditationssitzung läßt es die fünf Elemente in umgekehrter Reihenfolge wieder entstehen. Diese Meditation kann auch von Nicht-Buddhisten [*d.h. ohne besondere Vorbereitungen und Ermächtigungen*] praktiziert werden; aber Vorsicht: Anfänger sollten diese Übung nur sporadisch [*d.h. nicht täglich und anfangs nur eine dreiminütige Sitzung pro Tag*] praktizieren, um sich so behutsam wie möglich an diese vollkommen ungewohnte geistige Aktivität heranzuführen; auch robuste psychische Naturen können durch unvermittelte massive Konfrontation mit ihrem eigenen Unterbewußtsein ins Wanken geraten!

Meditation dient u.a. dem Zweck, Störungen im Zusammenspiel von Körper und Geist wieder aufzulösen. Was dieses Zusammenspiel anbelangt, so könnte man in Anlehnung an das oben Gesagte vermuten, daß in diesem Buch ein metaphysischer Standpunkt vertreten wird, der auf keinen Fall den Geist bzw. das menschliche Bewußtsein als Funktion bestimmter körperlicher Organe versteht, sondern sich auf die Dualität – d.h. auf die unvereinbare Gegensätzlichkeit von Materie und Geist – beruft. Dieser Standpunkt spiegelt zwar die Sichtweise des sog. ‚kleinen buddhistischen Fahrzeugs' (skrt: Hinayana) wieder, wird aber nach Meinung des Verfassers der Komplexität des Gegenstandes nur teilweise gerecht. In der Logik des sog. ‚großen buddhistischen Fahrzeugs' (skrt: Mahayana) – und hier wiederum in der Tradition, die sich selbst ‚nicht einmal die Mitte' (skrt: Madhyamaka) nennt – wird der Zusammenhang zwischen Körper und Geist folgendermaßen formuliert: Weder ① gibt es einen Zusammenhang zwischen Körper und Geist, noch ② gibt es keinen Zusammenhang zwischen Körper und Geist, noch ③ gibt es einerseits einen Zusammenhang zwischen Körper und Geist und andererseits keinen Zusammenhang zwischen Körper und Geist, noch ④ gibt es den Zusammenhang zwischen Körper und Geist nicht, während der Zusammenhang zwischen Körper und Geist gleichzeitig nicht nicht [*doppelte Verneinung*] existiert. Traditionellerweise wird empfohlen, diese vier logischen Alternativen über einen langen Zeitraum immer wieder sorgfältig zu überdenken; sie geben in einer sehr subtilen Weise die tatsächlichen Gegebenheiten wieder.

Auf derjenigen Ebene des Mahayana, die allgemein mißverständlich ‚Tantra' [*besser: ‚Vajrayana'*] genannt wird, wird der Zusammenhang zwischen Körper und Geist als Bewegungen der sog. ‚Tropfen' (skrt: Bindu; tib: thig.le) durch die sog. Winde (skrt: Prana; tib: rlung) in den sog. Energiebahnen (skrt: Nadi; tib: rtsa) verstanden. Diese Energiebahnen oder Kanäle existieren nicht in einer materiellen oder grobstofflichen Weise, sondern kennzeichnen die sog. ‚innere Bedeutung des Körpers' [*vgl. Tenga Rinpoches Kommentar zu Gyalwa Karmapa Rangjung Dorjes ›Tiefgründiger innerer Bedeutung‹*]. Entsprechendes trifft für die ‚Tropfen' und ‚Winde' zu. Die größten dieser Energiebahnen weisen den Durchmesser eines menschlichen Haares auf. Der feinstoffliche Körper bzw. die Kanäle, Tropfen und Winde existieren bei jedem Wesen – gleichgültig ob ‚gut' oder ‚böse' oder zu welcher Religion es sich hingezogen fühlt – sind jedoch meistens zerrissen oder verklebt, so daß dadurch der Energiefluß in ihnen gestört oder unterbrochen ist. Durch bestimmte sehr tiefgründige Visualisierungen [*das sind bildhafte Vorstellungen bei geschlossenen Augen; siehe S. 202f*] können sie während der eigentlichen Meditation quasi repariert werden; dies gelingt allerdings nur dem, der von einem realisierten Meditationsmeister genaue Instruktionen über ⇨ die Beschaffenheit der Kanäle, ⇨ Anfangs- und Endpunkte der Kanäle, ⇨ ihren genauen Verlauf, ⇨ die Art der Winde, die in ihnen zirkulieren, ⇨ die Funktion der Winde, die in ihnen zirkulieren sowie ⇨ die Natur der beiden Arten von Tropfen, die durch die Winde in den Kanälen auf- und abbewegt werden, erhalten hat. Diese Kenntnisse stellen ‚geheimes Wissen' dar, das auf keinen Fall in irgendeiner Form weitergegeben werden darf, da anderen dadurch ungeheurer geistiger Schaden zugefügt wird. Wie starkes Gift, das auch zu medizinischen Zwecken verwendet wird, können diese starken Methoden ohne den Segen [*d.h. die subtile psychische Kraft*] des verwirklichten Meditationsmeisters, der seine Schüler anleitet und den Prozeß ihrer Meditation sorgfältig verfolgt, nicht nur nicht wirksam werden, sondern führen zwangsläufig zum geistigen Kollaps des auf eigene Faust Praktizierenden.

Das System der Kanäle beschreibt ein Geflecht von mehr als siebzigtausend (!) solcher haarfeinen Energiebahnen, die in einer sehr komplexen Weise den ganzen Körper durchziehen. Dreizehn Arten von Winden [*acht Haupt- und fünf Nebenwinde*] bewegen zwei unterschiedliche Arten von Tropfen durch die Kanäle, die sich in einer Vielzahl von Energierädern (skrt: Chakren) entlang der Wirbelsäule sowie in allen Gelenken des Körpers konzentrieren. Darüberhinaus unterscheiden sich diese Energiesysteme der Kanäle, Winde und Tropfen je nach Meditationsaspekt nicht unerheblich voneinander. Die erfolgreiche Bewältigung der Geistberuhigungsmeditation (skrt: Shamata; tib: zhi.gnas) gilt als unverzichtbare Voraussetzung für das Praktizieren derjenigen Meditationsformen, die das feinstoffliche Energiesystem des menschlichen Körpers zu ihrem Gegenstand machen. Diese sog. Yidam-Meditationen [*‚Yidam' bedeutet ‚Meditationsaspekt'*] stellen die mittlere Stufe der Meditation dar. In der Kagyü-Tradition des Tibetischen Buddhismus wird diese Stufe der Meditation in die Praxis der sog. ‚sechs Yogas von Naropa' integriert.

Die höchste Meditationsstufe ist die Meditation, die das Individuum die Natur seines Geistes direkt erkennen läßt. Sie wird Mahamudra-Meditation genannt und kann erst geübt werden, nachdem die Geistberuhigungsmeditation und die Meditationsformen, die die feinstofflichen Energiekanäle zu ihrem Gegenstand machen [*und die – leider im Anklang an hinduistisches Tantra, das mit verschiedenen Formen der geschlechtlichen Vereinigung arbeitet – mißverständlich ‚Tantra' genannt werden*], zuvor gemeistert worden sind. Wenn der Praktizierende bereits sehr hohe Stufen der Erkenntnis verwirklicht hat, wird ihm schließlich ein sog. ‚Hochverwirklichter' die Natur seines eigenen Geistes direkt erklären – unter Verwendung einer Terminologie, die es vermag, speziell jenen Praktizierenden zu erreichen [*vgl. dazu das erste Buch von Dhagpo Tashi Namgyals ›Strahlen des Mondlichts, die die Meditationsstufen des Mahamudra außerordentlich erhellen‹ in der Übersetzung aus dem Tibetischen von Albrecht Frasch, unveröffentlichtes Manuskript,* BERLIN 1997].

Das Zusammenwirken von Körper und Geist

Das Zusammenspiel zwischen Körper und Geist, das auf der absoluten Ebene der Wirklichkeit weder ① tatsächlich existiert noch ② nicht existiert, noch ③ existiert und gleichzeitig nicht existiert, noch ④ nicht existiert und gleichzeitig nicht nicht-existiert [*doppelte Verneinung*], besteht auf der subtilsten Ebene der relativen Wirklichkeit so gut wie überhaupt nicht; auf einer immer noch feinen Ebene der relativen Wirklichkeit besteht das Zusammenspiel zwischen Körper und Geist in der Zirkulation der feinstofflichen Winde in den feinstofflichen Kanälen, und auf der grobstofflichen Ebene der relativen Wirklichkeit äußert sich dieses Zusammenspiel in den gesunden Funktionen der Organe und intakten Körperfunktionen.

Damit dieses Zusammenspiel zwischen Körper und Geist auf grobstofflichen wie auf feinstofflichen Ebenen da wieder ungestört funktionieren kann, wo ernstliche Störungen im Energiesystem körperliche und/oder geistige Dysfunktionen, Störungen oder gar Erkrankungen nach sich zogen, müssen die Betroffenen überdies lernen, einen Ausweg aus ihrer Anhaftung an die Belange des alltäglichen Lebens zu finden, die sich im unermüdlichen Kreisen ihrer Gedanken um die Wünsche und Befürchtungen ihres gegenwärtigen Lebens äußern. Sie üben dies, indem sie sich [*zumindestens während ihrer Übung meditativer Konzentration*] nicht gestatten, über Vergangenheit und Zukunft nachzudenken, gleichzeitig aber konsequent auf die Stabilität ihres Geistes achten. Wer durch mangelnde oder mangelhafte meditative Übung in einen trüben, unkonzentrierten Geisteszustand, der zwar bar jeder gedanklichen Aktivität ist, jedoch jeder geistigen Klarheit und Achtsamkeit ermangelt, gerät oder dort verbleibt, kann schlimmstenfalls für viele Jahre in einem solchen ‚weiße-Wand Samadhi' absorbiert bleiben und so die kostbaren Möglichkeiten seines Lebens verschwenden. Die Übung der Meditation der Geistesruhe dagegen soll im

Herstellen eines konzentrierten, wachen und seiner selbst gewahren Geisteszustandes gipfeln.

Folgt Individuen der Tradition der Shravakas [*das sind Praktizierende des ‚Kleinen Fahrzeugs' des Hinayana*], dann schalten sie im Verlaufe ihrer Versenkung in einen meditativen Geisteszustand zunächst sämtliche Störungen von außen und anschließend auch alle inneren Störungen zunehmend aus. Haben sie so Kontrolle über Äußeres und Inneres gewonnen, dann ruht ihr Geist in seiner eigenen Natur. Shantidevas ›Bodhicharyavatara‹ beispielsweise schildert verschiedene Methoden, wie im Mahayana Geistesruhe realisiert werden kann. Grundsätzlich jedoch müssen im sog. ‚großen Fahrzeug' zuvor solche Methoden erfolgreich praktiziert werden, die es den Praktizierenden ermöglichen, ihrer fünf störenden Gefühle [*Stolz, Eifersucht, Begierde, Aggression und Ignoranz*] Herr zu werden.

Störende Gefühle

Unabhängig von ihren Bemühungen, die Meditation der Geistesruhe zu praktizieren, sollte das Individuum sich immer wieder daraufhin untersuchen, welches störende Gefühl ist das eigene Erleben momentan dominiert. Begierde oder Anhaftung, die sich grundsätzlich auf den eigenen Körper erstreckt [*es wird empfohlen, immer wieder konzentriert darüber nachzudenken, warum dies so sein muß*] wird überwunden, indem das Individuum reflektiert, wie es zusammengesetzt ist, was ihm widerfahren wird, wenn es erst einmal gestorben sein wird usw., und indem es versucht, sich nicht von Hitze, Kälte und anderen unangenehmen körperlichen Gefühlen ablenken zu lassen. Aversion oder Aggression bekämpft es, indem es eine Liebe und ein Mitgefühl gegenüber anderen Lebewesen kultiviert, die/das alle Wesen glücklich zu sehen und jene aus dem Kreislauf der Existenzen zu befreien wünscht. Gegen Unwissenheit, Gleichgültigkeit oder Ignoranz geht es vor, indem es die zwölf Glieder des abhängigen Entstehens zum Gegenstand seiner Kontemplation macht. Neid und Eifersucht schwinden, wenn es sich vor Augen hält, daß nicht nur es selbst, sondern alle Wesen Glück erlangen und Leid vermeiden wollen. Und Stolz läßt schließlich nach, indem es andere im Geist an seine eigene Stelle setzt. Hat es seine störenden Gefühle im Laufe der Jahre ‚gereinigt', dann gewinnt es Sanftmut und erlangt in seiner Meditation eine völlige Leichtigkeit und Unbeschwertheit: Endlich befindet sich der zuvor unter dem Diktat des Intellekts stehende Geist im Einklang mit dem Geisteszustand, der auch während der meditativen Konzentration erfahren wird.

Die Stufen der Meditation 2

Wer bis in subtile Schichten seines Bewußtseins hinein die Erkenntnis realisiert hat, daß die Phänomene lediglich einerseits in Abhängigkeit von bestimmten materiellen Ursachen und sekundären Bedingungen sowie andererseits in Abhängigkeit von ihm selbst als demjenigen, der sie wahrnimmt, existieren, verläßt die Erfahrungsebene der relativen Wirklichkeit, die in der Meditation als meditative Versenkung bzw. als Ursachen-Meditation innerhalb des sog. ‚Begierdebereiches' bezeichnet wird, und tritt in den ‚Samadhi' [*den Zustand meditativen Gleichgewichts*] der Form ein. Das Samadhi der Form beschreibt eine Stufe der meditativen Versenkung [*genauer: der meditativen Konzentration*], in der sich die Tätigkeit des Geistes noch an subtilen Spuren von Form orientiert. Dieser Bereich des Samadhi der Form untergliedert sich in vier Stadien zunehmender Subtilität. Je tiefer die Versenkung im Samadhi der Form, umso feiner sind die Spuren von Formhaftem, an denen der wahrnehmende Geist noch Halt findet. Die Erkenntnis der Selbstlosigkeit des Individuums [*d.h. die zur direkten Wahrnehmung transformierte Einsicht, daß das Individuum an sich letztendlich nicht existiert*] sollte bereits auf der ersten Stufe dieses Formbereichs realisiert werden.

Nachdem der Praktizierende sämtliche Stufen der meditativen Versenkung des Formbereichs durchlaufen hat, meditiert er die siebzehn Bereiche der vier Formlos-Stufen des Ruhens in meditativem Gleichgewicht, dessen subtilster,weder Sein noch Nichtsein' genannt wird. Die Verwirklichung der Formlos-Samadhis umfaßt neben der vollkommenen Verwirklichung der Selbstlosigkeit des Individuums die teilweise Verwirklichung der Selbstlosigkeit der Phänomene [*nämlich die direkte Erkenntnis, daß die Wahrnehmungsobjekte letztlich ebenfalls nicht existieren*] umfaßt. Der Begriff ‚formlose Samadhis' kennzeichnet das Ruhen in Zuständen meditativen Gleichgewichts, die keine formhaften Bezugspunkte mehr aufweisen. Wenn der Praktizierende die Selbstlosigkeit von ›Selbst‹ und Individuum vollkommen realisiert hat, hat er die neunte und letzte Stufe der Meditation der Geistberuhigung [① *die Ursachen-Meditation innerhalb des Begierdebereichs,* ②-⑤ *die vier Stufen des Form-Samadhis und* ⑥-⑨ *die vier Stufen des Formlos-Samadhis*] realisiert und damit die Meditation der Geistesruhe vervollkommnet.

Da es Praktizierenden durch die Meditation von Geisteszuständen, die in keinster Weise mehr formhafte geistige Inhalte zum Gegenstand haben [*die Samadhis im Formlos-Bereich, in dem alle Ereignisse von äußerster Subtilität sind*] allerdings kaum gelingen dürfte, die Selbstlosigkeit der formhaften Phänomene zu erkennen, sind die Bereiche von formhafter Meditation für das Praktizieren der Geistberuhigungsmeditation vorzuziehen. Menschliche Existenzen gelten zudem als günstigste Verkörperungen, um die eigene Geistberuhigungsmeditation zu vervollkommnen, da Menschen i.d.R. etwa zu gleichen Teilen Freuden und Leiden erfahren; ichnen geht es also weder so schlecht, daß sie sich nicht den Mühen unterziehen könnten, die es ihnen ermöglichen, sich geistig weiterzuentwickeln [*in den drei niederen Bereichen der Existenz erfahren die fühlenden Wesen dermaßen viel Leid, daß sie ihren Geist auf nichts anderes konzentrieren können*], noch geht es ihnen so gut, daß sie nicht erkennen, daß auch ihr gegenwärtiges und/oder zukünftiges Leben leidhafte Zustände beinhaltet, gegen die sie nur eine spirituelle Praxis wappnet [*Halbgötter und Götter schwelgen permanent in solch angenehmen Erfahrungen, daß sie ihren Geist auf nichts anderes ausrichten wollen*]. Und die Wesen innerhalb der niederen Existenzen [*beispielsweise bestimmte sehr hoch entwickelte Tiere, deren Intelligenz ausreicht, um Meditation zu praktizieren*] und innerhalb der höheren Existenzbereiche [*bestimmte Götterwesen verfügen über Interesse an spiritueller Entwicklung und sind zudem in der Lage dazu, sich einem gestuften Praxisweg zu unterziehen*] haben so gut wie nie die Gelegenheit, einem spirituellen Lehrer zu begegnen, der ihnen die Mittel für eine geistige Entwicklung übertragen könnte. Diejenigen Menschen, die mit aussergewöhnlicher Machtfülle, Schönheit oder mit einem großen Vermögen ausgestattet sind, geht es ebenfalls zu gut, als daß sie freiwillig die Annehmlichkeiten ihres Lebens gegen die Mühen der Meditation eintauschen würden [*in den traditionell buddhistischen Ländern ziehen die Reichen es vor, regelmäßig Unsummen für den Wiederaufbau von Klöstern oder für andere religiöse Projekte zu spenden, anstatt sich selbst den Mühen meditativer Praxis zu unterziehen – und legen durch diese großzügigen Handlungen in ihrem Bewußtseinsstrom die Ursachen dafür an, daß sie in künftigen Existenzen noch mehr Reichtum anhäufen können*].

Meditationspraxis entfaltet sich nur durch Kontinuität! Ohne spektakuläre Ergebnisse zu erwarten, sollten Praktizierende täglich an ihrem Geist arbeiten. Kommt es dann zu freudvollen Meditationserfahrungen [*beispielsweise zu starken Gefühlen von Freude; es wird jedoch ausdrücklich davor gewarnt, Anhaftung an jene zu entwickeln!*] oder Schwierigkeiten in der Praxis, sollten sie grundsätzlich einen Meditationsmeister zu Rate ziehen. Wenn Resultate auftreten, dann kommen sie spontan und aktuell. Läßt der Praktizierende sich von ihnen jedoch in Aufregung versetzen, bewirkt er dadurch nur, daß jene wieder verflachen oder künstlich werden. Sind dauerhafte Fortschritte in der Meditation eingetreten, dann rät der Meditationsmeister dem Praktizierenden, mit welchen Methoden er weiterhin die schnellsten Ergebnisse erzielen wird, ohne auf überwältigende Schwierigkeiten zu stoßen.

Noch ein Wort zu den Lehrern im Tibetischen Buddhismus: Weibliche Meditationsmeister und hohe Gelehrte sind leider immer noch die Ausnahme. Es gibt sie, wenn leider auch in der absoluten Minderzahl, was natürlich nicht durch geringere Begabung oder eingeschränkte spirituelle Möglichkeiten von Frauen bedingt ist, sondern letztlich in den gesellschaftlichen Strukturen Tibets begründet ist.

6. Die vollkommene Handlung der ursprünglichen Weisheit

Die bis jetzt geschilderten fünf vollkommenen Handlungen dienen der ‚Ansammlung von Methoden', d.h. sie vertiefen den intellektuellen Aspekt der Erkenntnis. Ohne die Ansammlung von Weisheit [*d.h. von Erkenntnissen, die – obschon direkt erfahren und in keinster Weise der Vernunft zuwiderlaufend – den intellektuell faßlichen Rahmen sprengen*] führt das Üben dieser fünf vollkommenen Handlungen allerdings nicht zur Verwirklichung der wahren Natur des eigenen Geistes, sondern läßt den spirituelle Methoden Praktizierenden in nur immer ausgedehnteren und freudvolleren gedankenfreien Geisteszuständen verharren. Zwar von angenehmen Geisteszuständen vereinnahmt, ist er dennoch wie ein Blinder, der seinen Weg nicht findet. Shantideva sagt sinngemäß, daß man die ersten fünf vollkommenen Handlungen ausschließlich zu dem Zweck praktizieren sollte, um die letzte vollkommene Handlung – nämlich Weisheit – anzusammeln. In der Linie der Karma Kagyüs [*d.i. eine der vier großen Übertragungslinien des Tibetischen Buddhismus, die ohne Unterbrechung bis auf den heutigen Tag erhalten werden konnte*] besteht das Praktizieren von Weisheit im Praktizieren von ‚Mahamudra' [*eine Form der Meditation, die den meditierenden Geist seiner selbst gewahr werden läßt*]. Um diese Praktiken anwenden zu können, muß der Praktizierende zuvor die verschiedenen Stufen der Geistberuhigungsmeditation [*und anschließend die Meditation auf einen Meditationsaspekt – d.i. ein sog. ‚Yidam'*] gemeistert haben.

Weisheit besteht in nichts anderem als der völligen Unterscheidungsfähigkeit sämtlicher Phänomene voneinander. Dies mag als zu bescheidenes Kriterium für wahrhafte Weisheit erscheinen; man bedenke jedoch, daß eine solche Weisheit es vermag, alle Erscheinungen, Symptomatiken und philosophischen Sichtweisen voneinander zu unterscheiden und zu wissen, worin die Unterschiede zwischen diesen bestehen! Insofern ist Weisheit als Gegenpol zu jenen dumpfen Geisteszuständen anzusehen, die alle Dinge miteinander vermischen und die unterschiedlichsten Ansichten miteinander vermengen. Es sind diese dumpfen, ignoranten Geisteszustände, die dadurch, daß sie die Dinge in einer unangebrachten Weise miteinander in Beziehung setzen, für die Verbreitung irriger Ansichten und in der Folge davon für das Entstehen unermeßlichen Leides verantwortlich sind. Wer beispielsweise vertritt und propagiert, daß Tierversuche gerechtfertigt seien oder Schlachttiere, Ungeziefer oder gar ungeborenes menschliches Leben nur eine eingeschränkte Existenzberechtigung besässen – etwa mit dem Argument, weil jene nicht [*oder noch nicht*] mit einem Geist ausgestattet seien – der trägt dadurch u.U. zur Tötung vieler Lebewesen bei. Von den karmischen Folgen für den Verursacher war bereits weiter oben mehrfach die Rede.

Man unterscheidet die gewöhnliche oder ⇨ weltliche Weisheit [*die Kenntnis der weltlichen Zweige der Wissenschaften: ① Naturwissenschaft einschließlich Medizin, ② Literatur, ③ Logik und Philosophie sowie die ④ Künste; diese weltlichen Wissenschaften werden von Personen betrieben, die am eigenen Körper und den Erscheinungen der relativen Wirklichkeit als vermeintlich wirklich existierende Entitäten anhaften und nicht an die Vergänglichkeit denken*] und die ⇨ überweltliche Weisheit [*die die Kenntnis des abhängigen Existierens des eigenen Persönlichkeitskerns sowie die Kenntnis, daß darüberhinaus sämtliche äußeren Phänomene einer eigenständigen Existenz entbehren, beinhaltet*].

Um die Weisheit zu entwickeln, die die Erkenntnis umfaßt, daß sämtliche äußeren ebenso wie sämtliche inneren Phänomene einer eigenständigen Existenz entbehren, studiert das Individuum zunächst die Lehren, die zu erklären vermögen, wie die Dinge wirklich sind, und gewöhnt sich langsam an sie. Indem es über sie nachdenkt und sie immer genauer untersucht und überprüft, entwickelt es zunehmend Vertrauen in diese Lehren. Dazu muß es sich zunächst einmal einem sehr umfangreichen Textstudium unterziehen, um ein umfassendes theoretisches Wissen anzusammeln. Um die bedeutsamsten Schriften des Mahayana zu studieren, muß es darüberhinaus entweder des Sanskrit oder des Tibetischen mächtig sein. Zudem bedarf es authentischer Lehrer, die in der Übertragungslinie stehen, damit jene dem Individuum die wahre, auf die authentischen Äusserungen des historischen Buddha zurückgehende Bedeutung dieser Lehren vermitteln können. Erst wenn es aufgrund seiner umfangreichen Studien und seiner anschließenden gründlichen verstandesmäßigen Auseinandersetzung mit diesen Lehren zu intellektuellen Erkenntnissen über die Natur der Phänomene gelangt ist, kann es damit beginnen, diese Erkenntnisse in seiner Meditation zu überprüfen und dadurch in die tieferen Strukturen seines Unterbewußtseins zu integrieren. Infolgedessen werden die intellektuellen Erkenntnisse zu subtilen, wortlosen und unbegrifflichen Einsichten, die aus dem Inneren des Geistes heraus die äußere Form der noch vom Verstand getragenen Erkenntnisse ergreifen und mit jenen verschmelzen. Verwirklichung erlangt das Individuum also erst durch das Kultivieren der sog. ‚höchsten Einsicht' (skrt: Vipassana; tib: lhag.mthong) – der Meditation des durchdringenden Gewahrseins.

Die fünf Skandhas

Zunächst gilt es, die Nicht-Existenz des ›Selbst‹ zu erkennen. Die eigene Persönlichkeit bzw. der eigene Ich-Kern [*das im Individuum selbst scheinbar dauerhaft Existierende, das traditionellerweise Seele oder ›Selbst‹ genannt wird*] ist nach buddhistischer Vorstellung nichts anderes als eine Ansammlung der fünf ‚Aggregate' (skrt: Skandhas; tib: phung.po), nämlich der ① Form [*des eigenen Körpers, aber auch aller wahrgenommenen Objekte*] und der vier nicht-materiellen Skandhas der ② Gefühle, der ③ Wahrnehmungen [*in anderen Quellen auch ‚Unterscheidung' oder ‚Erkennen' genannt*], der einen jeden Denkvorgang begleitenden ④ psychischen Funktionen [*siehe S. 47-68*] sowie der einzelnen Momente des ⑤ Bewußtseins. Durch den Vorgang fälschlicher Identifikation mit einem stabilen, dauerhaften Kern der eigenen Persönlichkeit, die scheinbar aus diesen Skandhas besteht, kommt letztlich alles Leiden in dieser Welt zustande. Dies ist die Grundbedeutung der sog. ‚Wahrheit vom Leiden'. Weil die Skandhas durch Karma und die leidbringenden Geisteszustände vergangener Lebenszeiten angesammelt worden sind, werden sie auch ‚leidinhärent' (tib: nyer.lan) genannt.

Die beiden Mahayana-Traditionen des Chittamatra und des Madhyamaka sehen die Erscheinungen der fünf Skandhas lediglich als Ausdruck oder Projektion des Geistes und seiner Gewohnheitstendenzen an. Im Chittamatra sind diese Tendenzen des Geistes insofern wirklich existierender Ausdruck verschleierter Geisteszustände, als der Geist selbst, der sie erzeugt, als letztendlich wahrhaft existent aufgefaßt wird. Im Madhyamaka wird diese Hypothese allerdings bestritten. Und im geheimen Mantrayana [*das als höchste philosophische Tradition innerhalb des Mahayana gilt*] schließlich sind die fünf Skandhas dasjenige, das gereinigt und zu Ethik [*Form*], meditativer Konzentration [*Gefühl*], analytischer Erkenntnis [*Wahrnehmung*], vollkommenem Freisein von den ‚Verschleierungen' begrifflicher Konzepte [*psychische Funktionen*] und ursprünglicher Weisheit [*Bewußtsein*] veredelt wird, indem das Individuum die Methoden anwendet, die sowohl bestimmte Formen der wahren Natur seines Geistes als auch das Ruhen in der Natur seines Geist selbst umfassen.

Diese fünf Skandhas werden von allen Individuen, die die Selbstlosigkeit des Individuums noch nicht verwirklicht haben, zwangsläufig in einer egozentrischen Weise erfahren und bilden deshalb auch die Grundlage für das Aufkommen sämtlicher störender Gefühle sowie für alle negativen Handlungen, die aus jenen erwachsen. Sich mit einem tatsächlich existierenden ›Selbst‹ zu identifizieren stellt also letztlich die Ursache für alle Leiden auf dieser Welt dar.

Auch die äußeren Phänomene existieren nicht in einem absoluten Sinne, sondern kommen durch ihre jeweils entsprechenden Ursachen und Bedingungen zustande. Chandrakirti beweist in Anlehnung an Nagarjunas vier grundlegende logische Beweise im ›Madhyamakavatara‹, daß ① die Phänomene weder aus sich selbst heraus wahrhaft zur Existenz gelangt sein können [*Gleiches entsteht nicht aus Gleichem – etwa daß ein höheres ›Selbst‹ (skrt: Atman) der Schöpfer von allen individuellen ›Selbsten‹ wäre*], noch ② daß sie aus etwas substantiell Unterschiedlichem heraus wahrhaft zur Existenz gelangt sein können [*Verschiedenes entsteht nicht aus Verschiedenem – etwa aus den wirklich existierenden kleinsten Teilchen – den Atomen*], noch ③ daß durch eine Kombination dieser beiden Möglichkeiten die Phänomene wahrhaft zur Existenz gelangt sein können [*beispielsweise glauben die Anhänger der hinduistischen Tradition des Jainismus, daß die Dinge sowohl aus sich selbst als auch aus etwas anderem heraus entstehen würden*], noch ④ daß die Phänomene ursachenlos wahrhaft zur Existenz gelangt sein können [*eine Annahme, die beispielsweise von einer nihilistischen Hindu-Tradition vertreten wird*]. Diesen fehlerhaften Annahmen steht die Sichtweise des ‚Mittleren Weges' (skrt: Madhyamaka) gegenüber, der aufzeigt, daß die Phänomene auf der relativen Ebene der Wirklichkeit dem Gesetz von Ursache und Wirkung unterworfen und auf der absoluten Ebene in sich leer sind, da sie lediglich in Abhängigkeit von entsprechenden Ursachen und sekundären Bedingungen entstehen.

Und schließlich: Nicht nur besitzt die eigene Persönlichkeit bzw. das eigene ›Selbst‹ keine wirkliche Existenz, sondern auch der wahrnehmende und erkennende Geist selbst – also auch das Bewußtsein, das dies erkennt – weist keine wirkliche Existenz auf, obwohl dies von einer Unterschule des Mahayana [*dem Chittamatra bzw. der ‚Nur-Geist-Schule'*] irrtümlich unterstellt wird; wie die Theoretiker des Madhyamaka aufzeigen können [*vgl. Khenpo Chöthrak Thenpels Kommentar zu Chandrakirtis ›Madhyamakavatara‹*; BERLIN 1995, *Bearbeiter: Albrecht Frasch, unveröffentlichtes Manuskript, S. 68f, S. 190f, und S. 267*], erscheint der Geist vielmehr ständig – d.h. von Bewußtseinsmoment zu Bewußtseinsmoment – während er in jedem dieser Momente substantielle Veränderungen erfährt. Jeder Bewußtseinsmoment ähnelt zwar dem vorigen Bewußtseinsmoment, unterscheidet sich aber auch von ihm. Jeder Bewußtseinsmoment geht aus dem jeweils vorherigen Bewußtseinsmoment hervor bzw. schließt sich an den jeweils vorherigen Bewußtseinsmoment an, ohne mit jenem identisch zu sein. Die jeweils folgenden Bewußtseinsmomente ähneln ihren Vorläufern, auch wenn sie – bis auf einen sie von jenen unterscheidenden Aspekt –ihnen gleichen. So bildet der jeweils vorherige Bewußtseinsmoment die Ursache für den jeweils darauffolgenden Bewußtseinsmoment. In dieser Weise unterliegt der Geist permanenten Veränderungen.

Außerdem hat bisher kein Wesen jemals den Geist sehen können; er besitzt keine Bestimmungsstücke wie Form, Größe, Farbe, Aufenthaltsort o.ä. Tilopa gab folgende Definition über den Geist an Naropa weiter: „Der Geist ist frei von jeder sprachlichen Ausdrucksmöglichkeit und ist vollkommen frei von Gefühlen. Es gibt keine andere Möglichkeit, den Geist zu erkennen, als die Erkenntnis der wahren Natur aller Phänomene zu realisieren [*zitiert nach einer mündlichen Belehrung von Khenpo Chöthrak Thenpel Rinpoche zur buddhistischen Logik*]."

Da – wie mehrfach konstatiert – die äußeren Phänomene eine Projektion des sie erkennenden Geistes sind und keine eigenständige Existenz besitzen, existieren Subjekt [*bzw. der erkennende Geist*] und Objekt [*die Wahrnehmungsobjekte*] nur in gegenseitiger Abhängigkeit voneinander; Subjekt und Objekt existieren also in letztendlicher oder absoluter Hinsicht nicht. So wie die äußeren Phänomene jeglicher tatsächlicher Existenz entbehren, lassen auch die inneren Phänomene eine tatsächliche Existenz vermissen.

Trotz dieser Erklärung der Nicht-Existenz beziehen die Vertreter des Madhyamaka keinen nihilistischen Standpunkt, sondern stellen vielmehr fest, daß die Phänomene frei von den Extremen des wahrhaften Existierens und des wahrhaften Nicht-Existierens sind. Die Sichtweise, die die Leerheit zum Gegenstand hat, ist also nicht nihilistisch, sondern vereint die relative und die absolute Ebene der Wirklichkeit miteinander. Die direkte Erfahrung von der absoluten Wirklichkeit kann aber erst dann verwirklicht werden, wenn die Nicht-Existenz des wahrnehmenden Individuums [*d.h. des ›Selbst‹ bzw. der eigenen Persönlichkeit*] realisiert worden ist. Bis dahin gilt es, sich mittels des lediglich die Gegebenheiten der relativen Wirklichkeit reflektierenden Intellekts der absoluten Ebene der Wirklichkeit anzunähern, indem das Individuum zunächst ein intellektuelles Verständnis beispielsweise der oben ausführlich erläuterten zwölf Glieder des abhängigen Entstehens entwickelt und dadurch Wissen über die relative Existenz der Phänomene erlangt, obwohl jene auf der absoluten Ebene der Wirklichkeit nicht wahrhaft existieren. Dieses Wissen um die beiden Ebenen der Wirklichkeit muß anschließend durch Meditation zu ‚höchstem Wissen' bzw. zu Weisheit kultiviert werden.

Von anfangslosen Zeiten an hat der eigene Geist aufgrund begrifflich-gedanklicher ‚Verschleierungen' [*d.h. solcher Anschauungen, die auf einer dualistischen Aufspaltung zwischen Subjekt und Objekt fußen*] und gefühlsmäßig-emotionaler ‚Verschleierungen' [*d.h. der Neigung, den eigenen stö-*

renden Gefühlen die grundsätzlichen Entscheidungen gegenüber neuen situativen Merkmalen zu überlassen] gewohnheitsmäßige Tendenzen ausgebildet und vertieft, die ihn bislang an der Erkenntnis der wahren Natur der Phänomene hinderten. Statt die Ebene der absoluten Wirklichkeit erfahren zu können, erlebt er also ‚nur' die Illusionen der relativen Ebene der Wirklichkeit. Um seine grundlegende Unwissenheit zu durchbrechen, die ihn in einem Maße dumpf und grob sein läßt, daß er die Erscheinungen auf der relativen Ebene der Wirklichkeit für absolut wirklich [*d. h. für tatsächlich bzw. aus sich selbst heraus existierend*] hält, und zu einer wirklichen Erkenntnis vorzudringen, muß der intellektuelle Aspekt des Geistes sich zunächst mit den Informationen auseinandersetzen, die ihn aus seinem Verhaftetsein in dieser Unwissenheit befreien können. Hat der Intellekt in dieser Weise einen Ausgang aus seinem Verhaftetsein in der relativen Ebene der Wirklichkeit gefunden, dann sollte sich das Individuum an einem abgeschiedenen, ruhigen Platz, der frei von Ablenkung und Geschäftigkeit ist, in der fünf-Punkte-Haltung zur Meditation niederlassen und seinen Geist zur Ruhe bringen [*Meditation der Geistesruhe*].

Die Methode der Visualisierung

Diese Weise, Meditation zu praktizieren, kennzeichnet den Sutraweg der Geistesberuhigungspraxis, die über das bloße friedliche Verweilen (tib: zhi.gnas) hinausgeht, da sie mit der direkten Erkenntnis der Wirklichkeit kombiniert wird. Man kann diese Form der Meditation anfangs auch ohne Einweihung praktizieren, weil man sich im Verlauf dieser Form der Geistberuhigung noch nicht selbst als Yidam visualisiert. Dennoch sind erst recht für das Praktizieren der Geistberuhigungsmeditation gemäß dem Sutraweg Erklärungen autentischer Meditationsmeister unerläßlich! Diese Form der Geistberuhigungsmeditation kombinieren Praktizierende nach und nach mit den tantrischen Praktiken des Guru-Yoga – tantrisch insofern, als in ihrem Verlauf bestimmte Visualisierungen [*also bildhafte*

Vorstellungen] als Meditationstechnik verwendet werden. Diese Visualisierungen stellen eine Methode dar, mittels derer das Individuum immer wieder bestimmte Meditationsaspekte in seiner willentlichen Vorstellung ‚nachzeichnet', bis es sich deren verschiedenen Bestimmungsstücke gleichzeitig, automatisch und augenblicklich ins Bewußtsein zu rufen vermag. Wenn es die Visualisierungen spontan erzeugen und daraufhin lange genug aufrechterhalten kann, kommt es schließlich zur Identifikation mit diesen ‚reinen Formen', wodurch sich die Erkenntnisse in seinem Geist in unvorstellbarem Maße vertiefen. Dies wird die ‚aufbauende Phase der Meditation' (tib: bskyed.rim) genannt.

Die sog. ‚Einweihungen'

Für diese tantrischen Übungen ist eine sog. ‚Einweihung' unverzichtbar. Eine Einweihung besteht in der Rezitationen des Ritus des entsprechenden Yidam, die von einem hochverwirklichten Meditationsmeister in Anwesenheit seiner einzuweihenden Schüler gesprochen wird. Der Meditationsmeister zelebriert während seiner Rezitation alle [*zumeist geheimen*] Stufen der entsprechenden Praxis, stellt alle Visualisierungen her und hält diese in einer einwandfreien Weise über die ganze Dauer der Einweihung hindurch aufrecht; zwischendurch unterbricht er seine Praxis, um den Einzuweihenden Hinweise und Informationen bezüglich der Visualisierung und des Einnehmens bestimmter Bewußtseinszustände zu geben. Sinn und Zweck der Einweihung ist es, daß die Schüler die Praxis das erste Mal in Gegenwart eines verwirklichten Meditationsmeisters vollziehen, der währenddessen zweifellos den Geisteszustand innehat, den sie mittels dieser Meditation zu realisieren trachten. Nur wenn sie dereinst diese Praxis in einer dermaßen vollkommenen Weise beherrschen sollten, daß es ihnen gelänge, die vielen Hunderte von verschiedenen Bestandteile dieser Meditation in einer makellosen Weise zu praktizieren, obwohl sie dabei von Wind und Wetter, von vielen Geräuschen und von anderen Menschen gestört werden, können sie diese Praxis selbst als Einweihung an andere weitergeben. Eine solche Stufe der Verwirklichung erlangen jedoch nur äußerst wenige Praktizierende. Momentan mögen einige Tausend solcher Hochverwirklichten auf unserer Erde leben; die meisten von ihnen geben bedauerlicherweise keine öffentlichen Einweihungen. Deshalb wird die Gelegenheit, an einer Einweihung teilzunehmen, auch wenn man wahrscheinlich niemals auf diesen Meditationsaspekt praktizieren möchte, als ‚selten und kostbar' bezeichnet.

Die Übertragungslinie

Natürlich muß der Meditationsmeister, der eine Einweihung gibt, in der Übertragungslinie stehen. ‚Übertragungslinie' bedeutet, daß er die entsprechende Einweihung selbst von einem hochverwirklichten Meditationsmeister erhalten haben muß, der sie selbst wiederum von einem hochverwirklichten Meditationsmeister erhielt und solange übte, bis er jene in einer vollkommen perfekten Weise beherrschte – usw. bis zurück zu demjenigen, auf den diese Praktiken letztendlich zurückzuführen sind – dem historischen Buddha. Im Buddhismus werden nur diejenigen theoretischen Belehrungen und diejenigen Formen meditativer Praxis, die auf den historischen Buddha Shakyamuni zurückgehen, als authentisch angesehen. Niemals hat jemand, dessen Verwirklichung niedriger war als die des historischen Buddha, eine Praxis geschaffen und verbreitet. Alles, was im Buddhismus vermittelt wird, muß also dem Kriterium genügen, aus der auf den historischen Buddha zurückgehenden ungebrochenen Übertragungslinie zu stammen. So erklärt es sich auch, daß immer mehr theoretische Erklärungen und praktische Meditationsübungen ‚aussterben', weil der letzte hochverwirklichte Meditationsmeister, der sie beherrschte, verstarb, ohne sie an Schüler weitergegeben zu haben, die jene selbst irgendwann verwirklichten. Die Besetzung Tibets durch die chinesische Volksbefreiungsarmee und die Kulturrevolution haben ihren Teil zur Zerstörung buddhistischer Schriften und der Eliminierung jener, die in der Lage waren, sie zu verstehen und weiterzugeben, beigetragen. Die

Annektion Tibets Anfang der Fünfziger Jahre des zwanzigsten Jahrhunderts war zudem nicht der erste Krieg mit religiösem Hintergrund, der einem buddhistischen Land gewaltsam eine andere Religion und Weltanschauung aufgezwungen hätte. Dieser Prozeß begann bereits um die erste Jahrtausendwende, als der indische Subkontinent von islamischen Eroberern überrollt wurde – damals wurde der Buddhismus in seinem Mutterland endgültig ausgerottet, und unschätzbare Werte buddhistischen Schrifttums und meditativer Praktiken gingen entweder ganz verloren, oder niemand lebt mehr, der die Bedeutung dieser Schriften noch kennen würde oder noch die Kraft besäße, diese Meditationstechniken auf geeignete Schüler zu übertragen. Überdies ließen die hohen Lehrer des Tibetischen Buddhismus auch manche Übertragungen [*also manche meditativen Praktiken*] absichtlich aussterben, um dem Mißbrauch, der mit jenen betrieben wurde, ein Ende zu setzen [*so gab es beispielsweise bis vor kurzem eine Praxis, mittels derer Praktizierende ihr Bewußtsein in den Körper eines anderen Lebewesens überführen konnten. Diese Meditation, die ursprünglich von großem Nutzen für die beteiligten Wesen war, wurde jedoch zunehmend für persönliche Vorteile der Praktizierenden eingesetzt – aus diesem Grund haben die hohen Lehrer diese Praxis bewußt aussterben lassen, indem sie sie nicht mehr übertrugen*]. Verallgemeinernd läßt sich sagen, daß die meisten buddhistischen Lehren und Praktiken im Laufe der vergangenen zweitausendfünfhundert Jahre verlorengegangen sind, weil ihre Übertragungslinie gewaltsam, mangels geeigneter Schüler oder absichtlich unterbrochen worden ist.

Die fünf Weisheiten

In der Mahamudra-Tradition kennt man schließlich fünf Arten der Geistberuhigungsmeditation, die sämtlich nicht öffentlich gelehrt werden dürfen. Während der aufbauenden Phase der Meditation, in der der Geist gleichzeitig nach innen und nach außen konzentriert ist, lernen die Praktizierenden, ihre Gedanken nicht als Feinde ihrer Meditation anzusehen und zu versuchen, jene zu stoppen, sondern sie begreifen, daß die Natur ihrer Gedanken von der Natur der absoluten Wirklichkeit nicht verschieden ist. Wenn sich ihnen diese Erkenntnis entschleiert, dann transformieren sich ihre fünf störenden Gefühle in die sog. fünf Weisheiten.

Die Bedeutung dieser fünf Weisheiten sei durch ein Zitat illustriert: „Die Qualitäten eines Buddha beziehen sich auf den erleuchteten Geist eines Buddha, also auf seine Verwirklichung – d.h. die letztendliche Bewußtheit bzw. die ‚ursprüngliche Weisheit'. Traditionellerweise werden fünf Aspekte dieser letztendlichen Weisheit unterschieden. Die letztendliche Bewußtheit eines Buddha, die geschickte Mittel einerseits und Einsicht bzw. höchste ursprüngliche Weisheit andererseits miteinander vereint, wird die ① Weisheit der Gleichheit genannt. Die ② spiegelgleiche Weisheit besitzt wie ein Spiegel die unbegrenzte Fähigkeit, einfach alles zu reflektieren, ohne daß es bezüglich dieser Eigenschaft eines Spiegels irgendwelche Hemmnisse oder Begrenzungen gäbe. Ebenso ist die letztendliche Bewußtheit desjenigen Geisteszustandes, der seine wahre Natur erkannt hat, unbegrenzt. ③ Unterscheidende Weisheit ist diejenige Bewußtheit, die alle Aspekte der Existenz vollständig getrennt voneinander erfährt. Sie entsteht aus der Weisheit der Gleichheit. Ein Individuum, das die wahre Natur des eigenen Geistes vollkommen verwirklicht hat, sieht alle Wesen gleichzeitig, d.h. vermag alle fühlenden Wesen zu allen Zeiten bezüglich ihrer Praxis anzuleiten und bezüglich der Ausweitung intellektuellen Wissens zu belehren. Dies wird die ④ allesvollendende Weisheit genannt. Die fünfte Weisheit ist die letztendliche ⑤ Weisheit des Dharmadhatu, die die wahre Natur der Phänomene vollkommen erfaßt [*s. Khenpo Chöthrak Thenpel Rinpoches Kommentar zum ›Sutra der Betrachtung der drei Edlen Juwelen‹* KIBI 1992, *Bearbeiter: Albrecht Frasch, unveröffentlichtes Manuskript, S. 20f*]."

Die Stufen der Meditation 3

Nach diesen Vorbereitungen nimmt der Praktizierende die eigentliche Mahamudra-Meditation auf, in deren Verlauf er die Phänomene auf Existenz und Nicht-Existenz hin analysiert. Sie wird nicht öffentlich gelehrt sowie keinesfalls gegeben, bevor der Praktizierende ernsthafte Fortschritte in seiner Geistberuhigungsmeditation gemacht hat. Diese Form der Praxis gestattet es ihm, in einer meditativen Versenkung zu ruhen, in der sein Geist ohne Objekt ungerichtet und ohne irgendeine Beeinflussung in seiner eigenen Natur verweilt. Diesen Zustand nennt man ‚ungeboren'. Indem er über die Leerheit meditiert, nähert er sich immer mehr einem Zustand an, in dem sein Geist weder durch Geschaffenes noch durch Gefühle und Konzepte beeinflußt wird. Dadurch entschleiern sich alle Qualitäten, die ein Geist überhaupt besitzen kann [*d.h. die sog. ‚Buddhanatur' sowie die mit jener verbundenen fünf Weisheiten*], in seinem Bewußtseinsstrom.

Da er diese sog. ‚Meditation höchster Einsicht', die ihn Klarheit über die ungeborene Natur innerer wie äußerer Phänomene gewinnen läßt, auch auf äußere Erscheinungen anwendet, wird sie mit offenen Augen praktiziert. Solange der Meditierende seinen Wahrnehmungsobjekten den Stellenwert einräumt, der ihnen vom ‚gewöhnlichen' [*d.h. in Meditation ungeübten*] Geisteszustand blindlings zugebilligt wird, wird sein Bewußtsein unvermeidlich Moment für Moment durch sie abgelenkt; diesen von wirrer Gedankentätigkeit zerstreuten Geisteszuständen soll er nicht folgen, sondern seine Gedanken stattdessen einfach ‚laufen lassen'. Die Meditation ist dann gut, wenn der Meditierende in den Raum blickt, ohne etwas Bestimmtes zu sehen. Er soll also weder an äußeren Formen anhaften noch in ihnen versinken; vielmehr soll er sich darin üben, die Phänomene wahrzunehmen, ohne auf sie zu reagieren, indem er sie bewertet und benennt. Solange er alle Phänomene einfach wahrnimmt, ohne an seinen Wahrnehmungen anzuhaften, praktiziert er aus der Ruhe seines Geistes heraus die Meditation höchster Einsicht. Wenn er nicht an die Phänomene anhaftet, indem er sie interpretiert, benennt und Konzepte über sie bildet, können jene seinen Geisteszustand nicht mehr beherrschen. Der Praktizierende ist also nicht durch die Phänomene und Erscheinungen an die relative Wirklichkeit gebunden, sondern durch seine Anhaftung an die Erscheinungen der relativen Phänomene an die Erfahrungsebene der relativen Wirklichkeit gebunden; deshalb weicht diese höchste Stufe der Meditation der Auseinandersetzung mit den Phänomenen und Erscheinungen nicht mehr aus, sondern überwindet jede Anhaftung an die Phänomene der relativen Wirklichkeit sogar auf Ebenen weit unterhalb der Wahrnehmungsschwelle!

Der Nutzen, der aus der Meditation über die Leerheit sowie aus der Nachmeditation, die im Verharren in der richtigen Sichtweise besteht, die alle Ereignisse wie eine künstlich hervorgerufene Illusion oder das trügerische Geschehen in einem Traum begreift, ist grenzenlos. So bewirkt ein Tag des Ruhens in der Leerheitsmeditation die Ansammlung von mehr positiven geistigen Eindrücken, als ein Individuum durch Studieren und Reflektieren jener Lehre, die zu erklären vermag, wie die Dinge tatsächlich sind, während vieler Weltzeitalter ansammeln könnte. Das Ruhen in meditativer Versenkung ist das Herzstück jeder spirituellen Praxis. Es schließt alle Methoden [*die aufbauende und die vollendende Phase der Yidampraxis, die sechs Yogas von Naropa usw.*] ebenso wie das Praktizieren der übrigen fünf Paramitas mit ein. Um allerdings die Leerheitsmeditation mit guten Resultaten anwenden zu können, müssen die Praktizierenden alle vorher erforderlichen Schritte des buddhistischen Entwicklungsweges gemeistert haben. Die Leerheitsmeditation bewirkt kurzfristig die Verminderung von Leiden und Ängsten, das Freisein von Krankheiten, die Entwicklung geistiger Klarheit und allgemein das Erlangen eines freudevollen Geisteszustandes.

VI. Implikationen buddhistischer Erkenntnisse für Psychologie und Psychotherapie

1. Schlußfolgerungen für die Entwicklungspsychologie

Der entwicklungspsychologische Zweig der psychologischen Wissenschaft erforscht die menschliche Ontogenese – d.h. die kindlichen Entwicklung – in Abhängigkeit von Faktoren wie beispielsweise unterschiedlichen Spielarten der frühkindlichen Entwicklung, verschiedenen Erziehungsstilen oder unterschiedlichen Sozialisatiosverläufen und kommt dadurch zu bestimmten Schlußfolgerungen. Diese Zusammenhänge sollen von einem buddhistisch inspirierten Standpunkt in keinster Weise bestritten werden. Solange generelle Zusammenhänge zwischen bestimmten Faktoren ermittelt werden, die sich auf sämtliche Mitglieder einer in Frage kommenden Population – beispielsweise alle Kinder, deren Sozialisation einen vergleichbaren Verlauf genommen hat – erstrecken, haben die Aussagen, die in der Entwicklungspsychologie getroffen werden, auch von einem buddhistischen Standpunkt aus ihre uneingeschränkte Berechtigung; sobald die Betrachtung jedoch vom Gesamt einer Population auf bestimmte Individuen eingegrenzt wird, geraten die Vorhersagen der Entwicklungspsychologie aus buddhistischer Sicht jedoch in den Bereich des Spekulativen.

Aus der Sicht des Tibetischen Buddhismus ließe sich anhand solcher ‚Determinierungen' nicht eindeutig bestimmen, welchen Verlauf die Entwicklung eines Individuum nehmen wird. Gemäß dieser Sichtweise kommt ein Mensch nicht als ‚tabula rasa' zur Welt: Ein Neugeborenes hat zwar noch all die Erfahrungen zu machen hat, die in seiner Welt von Bedeutung sind, da sein Bewußtsein noch vollkommen leer ist; im Unterbewußtsein des Säuglings dagegen lagern unzählige Gewohnheitstendenzen bzw. Prädispositionen, die genau dann zum Tragen kommen, wenn er in die Auseinandersetzung mit den Determinanten der für ihn vollkommen neuen Welt eintritt. Dann drängen sich ihm die Negativabdrücke der hauptsächlich in seinen unmittelbaren Vorleben vollzogenen Taten als Handlungsbereitschaften auf, die ihm nahelegen, in welcher Weise er die verschiedensten Situationen, in die er gerät, interpretieren und anschließend handelnd auf sie reagieren soll.

Die Entwicklung des Individuums verläuft nach buddhistischer Auffassung also nicht aufgrund bestimmter sozialer Umfelder, Erziehungsstile, Geschwisterpositionen oder anderer bedeutsamer Merkmale der kindlichen Entwicklung in eine bestimmte Richtung, sondern das entstehende und heranwachsende Individuum kann seine Individuation t r o t z dieser systematischen oder gar gezielten Einflußnahmen vollziehen. Noch deutlicher gesagt: Das Individuum ist im Verlauf des Prozesses seiner frühkindlichen und kindlichen Entwicklung einer Vielzahl von systematischen Beeinflussungen ausgeliefert; diese gezielten Einflußnahmen können seine Individuation zwar in einer förderlichen oder hinderlichen Weise beeinflussen und einzelnen Persönlichkeitszügen zuweilen neue Wendungen verleihen – sie vermögen die Individuation jedoch nicht maßgeblich zu bestimmen! Beispielsweise werden sich wißbegierige Kinder, gleichgültig ob sie gebildete oder ungebildete Eltern haben, eine gute Schule besuchen oder nicht, Zugang zu relevanten Lehrmaterialien bekommen oder nicht – bestimmtes Wissen in der einen oder anderen Weise aneignen, während diejenigen Kinder, deren Interessen eher im sportlichen, kommunikativen oder geschäftlichen Bereich liegen, sich – ob sie relevante Unterstützung erfahren oder nicht – die für diese Interessen entsprechenden Fähigkeiten antrainieren werden und beispielsweise der Aneignung von Schulwissen nur untergeordnete Aufmerksamkeit schenken.

Der buddhistische Ansatz vertritt denn auch einen Standpunkt jenseits der Anlage-Umwelt-Debatte. Welches Individuum auch immer auf diese Welt geboren wird – es bringt einen ausgefeilten Satz von ‚Veranlagungen' mit. Diese Veranlagungen sind nicht deckungsgleich mit den ‚Anlagen' des genetisch-biologischen Paradigmas; sie sind nicht in irgendeiner Weise somatisch determiniert – beispielsweise in der Information des Zellkerns oder in bestimmten Strukturen des Gehirns. Es handelt sich bei ihnen vielmehr strikt um geistige Phänomene. Veranlagungen sind die unentfalteten Gewohnheitstendenzen, die den Bewußtseinsstrom des Individuums färben und sich im Verlauf der Auseinandersetzung mit seiner Umwelt immer mehr entfalten. Wenn Individuum ein ausgeprägtes Interesse an technischen Apparaten, musischer Betätigung oder der Ausübung eines Heilberufes hat, dann nur deshalb, weil sich sein Intellekt in seinen vorherigen Existenzen immer wieder ausführlich mit diesen Bereichen des Wissens oder der Kenntnisse und Fertigkeiten befaßt hat, so daß sich seine Auffassungsgabe von diesen Gegenständen über das rein Technische hinausgehend weit ins Subtile hinein verfeinern konnte.

Daß äußeren Faktoren die entscheidende Bedeutung bei der Entwicklung des Individuums zukommt, wird in der buddhistischen Psychologie bestritten. Stattdessen wird bezüglich der kindlichen Entwicklung die Selbstbestimmung und die Rolle geistiger Prozesse in den Vordergrund gestellt: Ob Menschen aus eigener Kraft aus ärmlichen Verhältnissen zu Wohlstand kommen, oder ob sie sich zum Avantgardisten, zum Alkoholiker oder zum gesellschaftlichen ‚Aussteiger', zu einem begabten Handwerker, zum Intellektuellen, zu einem Künstler, Philosophen oder Politiker entwickeln, ob sie im Erwachsenenalter eine Familie gründen oder alleine leben, permanent herumreisen oder ihr ganzes Leben am gleichen Ort zubringen, liegt nach diesem buddhistisch orientierten Ansatz einzig darin begründet, ob sie die dafür erforderlichen Neigungen in Form karmischer Dispositionen mitbringen.

'Karma' beschreibt in diesem Zusammenhang den Aspekt der Konfrontation mit bestimmten äußerlich heranreifenden Situationen und innerlich heranreifenden Befindlichkeiten, während das Konzept der Gewohnheitstendenzen bzw. der Prädispositionen die Nahtstelle zwischen den unbewußt im Individuum wirksam werdenden und es unbewußt steuernden ‚karmisch' entstandenen Handlungsimpulsen einerseits und andererseits der völligen Entscheidungsfreiheit, seine Handlungen gemäß bestimmter willkürlicher Vorgaben [*beispielsweise solche Handlungen zu favorisieren, die für es selbst sowie für andere nützlich sind*] bewußt akzentuieren zu können, kennzeichnet. Es ist diese Entscheidungsfreiheit – der sich das Individuum zwar nur zeitweise bewußt wird und der es noch seltener und häufig nur gegen eigene Vorurteile und Standpunkte sowie die erbitterten Widerstände seiner engsten Sozialpartner genügen kann – die prinzipiell allen Wesen jederzeit die Möglichkeit bietet, ihren sozialen Rahmen zu sprengen, indem sie in einer zunehmend reifen Weise auf situative Gegebenheiten reagieren. Auch wenn sich solche ‚Highlights' der kindlichen Entwicklung sicherlich der methodischen Überprüfung und eingehenderen Untersuchung entziehen: Die meisten Personen gelangen im Laufe ihrer Individuation – wenn nicht sogar wiederholt – an solche einschneidenden Punkte ihrer Entwicklung, an denen sie das Wagnis eingehen, die ihnen bisher überschaubaren Horizonte komplexer psychosozialer Zusammenhänge zu sprengen und erstmalig auf die Umstände ihres Lebens in einer völlig neuartigen, entwicklungsorientierten Weise zu reagieren.

Dieser Aspekt der Selbstbestimmung und Eigenverantwortlichkeit für die maßgebliche Richtung der eigenen psychosozialen Entwicklung ist gemäß der buddhistischen Psychologie unabhängig von der Zugehörigkeit zu bestimmten Gesellschaftsschichten, von der individuellen Förderung und vom Bildungsstand für die Entwicklung eines jeden heranwachsenden Individuums richtungweisend. So sehr Kinder in den entscheidenden Jahren ihrer psychischen Entwicklung auch immer in ihr eigenes Lebensgefüge eingebunden sein mögen: An manchen Stellen ihrer Entwicklung stoßen sie in den verschiedensten Bereichen ihres Lebens an die ihnen durch ihre Erziehung und Sozialisation vorgezeichneten Grenzen, überschreiten sie und verleihen ihnen so ihre eigene Handschrift. Natürlich machen solche Erfahrungen nicht die Regel der kindlichen Entwicklung, sondern eher deren einschneidende Wendepunkte aus. Wenn der direkten Erforschbarkeit auch nicht zugänglich, da sie relativ seltene Ausnahmen von den üblichen Verläufen der individuellen Entwicklung darstellen, so verkörpern jene selbstbewußt, konfrontativ und eigenverantwortlich den eigenen Werdegang bestimmenden Willensakte die kennzeichnenden Höhepunkte der kindlichen Entwicklung. Buddhistische Psychologie rückt also nicht die allgemeingültigen Regeln der kindlichen Entwicklung, sondern deren für die Vertiefung der persönlichen Reife ausschlaggebende Ausnahmen in den Mittelpunkt der psychologischen Betrachtung.

Dementsprechend unsentimental verläuft denn auch die Kindererziehung im tibetischen Kulturraum. Forschen in den Ländern des westlichen Kulturkreises bemühte und aufgeschlossene Eltern schon frühzeitig im Wesen ihrer Kleinkinder nach bereits erkennbaren Anzeichen von deren Persönlichkeit, um ihr Heranwachsen in jeder nur erdenklichen Weise zu unterstützen und zu fördern, oder versuchen sie gar, die Auffassungsgabe und den Intellekt ihrer Kinder im Kindergartenalter durch pädagogisches Spielzeug und Initiativen zu spielerischem Lernen anzuregen, so überlassen tibetische Eltern in Nepal und Nordindien [*die beiden Länder, in denen Hunderttausende von Exiltibetern nach der Annektion ihres Landes Aufnahme gefunden haben; im ,alten' Tibet dagegen gestatteten mittelalterliche Herrschaftsstrukturen und der sehr harte Überlebenskampf, im ,neuen' Tibet die kommunistischen Machthaber soviel Freiheit in der Erziehung der Kinder nicht*] im gleichmütigen Vertrauen auf die automatische Entfaltung ihrer ,Veranlagungen' [*karmisch festgelegten, unwandelbaren Gewohnheitstendenzen*] ihren Kindern die Gestaltung ihrer psychosozialen Entwicklung weitgehend selbst und widmen ihre Aufmerksamkeit stattdessen in einem für uns ungewöhnlichen Ausmaß den eigenen Geschäften und ihrer religiösen Betätigung. Die Exiltibeter ,verwestlichen' jedoch in einer erschreckenden Geschwindigkeit, so daß heute nur noch cirka die Hälfte von ihnen tief in der buddhistischen Religion verwurzelt ist; im annektierten Tibet hielten die meisten Tibeter trotz unmenschlicher Sanktionen über vier Jahrzehnte lang unbeugsam an ihrer eng mit der buddhistischen Religion verflochtenen Lebensweise fest – wohl nicht zuletzt deshalb, weil sie von der chinesischen Oberschicht an der Teilnahme am gesellschaftlichen Leben ausgeschlossen wurden; seit etwa einem Jahrzehnt kooperiert in der Hauptstadt Lhasa, dem Zentrum des öffentlichen Lebens, eine breite Schicht junger Tibeter – von ihren Eltern ‚chinesisch' erzogen – eng mit der chinesischen Besatzungsmacht; von diesen ‚sinisierten' Tibetern dürften [*nach Einschätzung des Autors nach dessen jüngstem Besuch in Tibet im August 1997*] die meisten die Verbindung zu ihrer eigenen Kultur und Geschichte verloren haben. Dennoch spielt das Familienleben bei den Tibetern auch weiterhin eine herausragende Rolle – Tibeter setzen sich beispielsweise nach wie vor außerordentlich stark selbst für entfernte Mitglieder ihrer Familie ein; nur die Kindererziehung wird nicht so behütend und strukturiert gestaltet wie im Westen.

Erwartungsgemäß entwickelten sich tibetische Kinder bis vor kurzem zu traditions- und familienverbundenen Jugendlichen und Erwachsenen, die im Vergleich zu zentraleuropäischen Jugendlichen sehr viel liebevoller und fürsorglicher miteinander umgingen. Letztere Eigenschaft war sicherlich zum einen durch das Eingebundensein in die buddhistische Religion bedingt, die das Leben der Exil- wie der Sino-Tibeter bis Ende der Achtziger Jahre in einem für uns unvorstellbar starken Maße prägte, und zum anderen durch die Armut und technologisch-kulturelle Rückständigkeit der Regionen in Indien und Nepal, in denen die Exiltibeter ein vorläufiges Refugium gefunden haben. Da die kindliche Entwicklung im tibetischen Kulturkreis immer sehr frei und vollkommen unbeeinflußt durch pädagogische Maßnahmen verlief, entschieden die Kinder der bezeichneten tibetischen Subkulturen meist selbst, ob sie bei Erreichen des entsprechenden Alters – wie der Großteil ihrer Altersgenossen – den Beruf eines Händlers oder – seltener – den Beruf eines Handwerkers oder gar speziellere Berufe [*Fernmeldewesen, computergeleitete Kommunikation oder technische Berufe – andere Berufe standen den jungen Exilanten kaum offen*] annehmen wollten. Ob sie allerdings den ‚Beruf' einer buddhistischen Nonne oder eines buddhistischen Mönches ergreifen, liegt und lag in erster Linie in der Hand der Eltern und wurde – während sich das entsprechende Kind noch im Kleinkindalter befand – zwischen den Eltern und dem Abt desjenigen Klosters vereinbart, das das Kind im Alter von cirka fünf Jahren aufnahm [*traditionellerweise wurden im ‚alten' Tibet etwa ein Drittel der Kinder als Mönche und Nonnen an die Klöster gegeben, um so einerseits der Überbevölkerung vorzubeugen und bei der doch relativ hohen Geburtenrate und der relativ geringen Säuglingssterblichkeit die überzähligen ‚Esser' aus dem Kreis der Familie zu verbannen. Die Klöster erklärten sich bei der Aufnahme einer Novizin oder eines Novizen für deren lebenslängliche Erziehung, Kleidung, Unterkunft und Ernährung verantwortlich; heute werden tibetische Kinder nur noch vorgeblich aus religiösen Beweggründen zur Erziehung in die Klöster gegeben – ist ihre religiöse Grundausbildung im Alter von etwa sechzehn oder siebzehn Jahren abgeschlossen, dann verlassen die jungen Mönche in Scharen die Klöster, die sie über ein Jahrzehnt unentgeltlich beherbergten, nährten, kleideten und erzogen, um ihr Glück als Kaufleute zu machen oder in den ‚goldenen' Westen auszuwandern; die Klöster dagegen verwaisen oder sind mit Mönchen besetzt, die kaum noch Interesse für ihre eigene Religion aufbringen*].

Zusammenfassend läßt sich sagen, daß Entwicklungspsychologie und buddhistische Psychologie zwei völlig unvereinbare Standpunkte vertreten. Die buddhistische Psychologie geht von den im Unterbewußtsein des Neugeborenen verankerten ‚Veranlagungen' zu den maßgeblichen Handlungsbereitschaften, die die entscheidenden Wendungen in dessen zukünftigem Leben verursachen werden, aus. Exakt zu welchem Zeitpunkt, in welchen situativen Kontexten und mit welchen Wirkungen sich diese Prädispositionen allerdings manifestieren werden, entzieht sich jeder signifikanten Vorhersagbarkeit. Individuelle Gegebenheiten lassen sich nicht in einer reliablen und validen Weise operationalisieren, messen und interpretieren. Einzig das Individuum und solche Personen, die außerordentlich vertraut mit jenem sind, können die Bedeutung bestimmter Handlungen beurteilen, die grundsätzlich in Abhängigkeit von der jeweiligen geistigen Entwicklung des Individuums zu werten sind. Dem Reifegrad und der Entwicklungshöhe eines Individuums sind bei Gewährleistung der psychischen Gesundheit und der förderlichen Bedingungen [*beispielsweise des Studiums bestimmter philosophischer Texte oder des Praktizierens bestimmter das eigene Unterbewußtsein ‚reinigender' Techniken*] nach oben keine Grenzen gesetzt. Insofern entzieht sich nach einem buddhistischen Verständnis die kindliche Psyche und deren Entwicklung grundsätzlich einer jeden übergreifenden Untersuchung.

2. Abgrenzung gegenüber der Differentiellen Psychologie

Die Position des Tibetischen Buddhismus gegenüber einer Systematisierung zu, einer Einordnung in und einer Meßbarkeit von relativ überdauernden Charakteristika der menschlichen Persönlichkeit sowie dem interindividuellen Vergleich hinsichtlich der Ausprägung von bestimmten Variablen zwischen Angehörigen der verschiedensten Populationen untereinander ist in diesem Lichte denn auch als skeptisch zu bezeichnen, legt doch die buddhistische Psychologie das Schwergewicht ihrer Betrachtung der menschlichen Psyche auf geistige Faktoren – nämlich die fünf sog. Störgefühle [*die archaischen Gefühle, wie sie traditionellerweise genannt werden*] sowie die unwillkürlichen Gedanken und die willkürlichen Gedanken, die sich zum Muster der psychischen Funktionen auffächern.

Da die buddhistische Psychologie den Menschen nicht in erster Linie als individuelle Variante eines ‚Pools' von Persönlichkeitsmerkmalen versteht [*der gegeben sei, auch wenn dessen Erforschung sich noch in einem vorläufigen Stadium befindet*], sondern ihn als Individuum auffaßt, das seinen geistigen Entwicklungsweg bereits vor unendlich vielen Verkörperungen – in welcher Form auch immer – angetreten hat und sich an einem bestimmten Punkt seines geistigen Entwicklungs- und Reifungsprozesses befindet, besitzen Einstufungen der individuellen Persönlichkeit anhand von Fragebögen, Persönlichkeitstests, Expertenbeurteilungen oder experimentalpsychologischen Tests nur eine äußerst begrenzte Aussagekraft. Wie schon gesagt, läßt sich der geistige Entwicklungsgrad eines Menschen endlos weiterentwickeln und verfeinern. Durch fortgesetzte theoretische [*d.h. durch das Studium der nahezu unüberschaubaren Vielfalt der buddhistischen Lehre*] und praktische [*also durch Meditation*] Geistesschulung wird das Individuum in die Lage versetzt, die Tiefen des eigenen Unterbewußtseins zunehmend auszuloten [*d.h. zu reinigen und der eigenen Einsicht zugänglich zu machen*].

Die Einordnung der in ständigem Fluß befindlichen menschlichen Persönlichkeit durch die Provokation relativ grober, starrer Verhaltensmuster, die zudem von einem Versuchsleiter einzuordnen und zu bewerten sind [*vom Problem der Operationalisierung bestimmter Persönlichkeitseigenschaften zum Zwecke ihrer Erforschbarkeit ganz zu schweigen*] und in vorgegebenen, schematisierten Situationen erhoben werden, läßt nur wenige – wenn nicht gar überhaupt keine – Rückschlüsse auf das Niveau des geistigen Erlebens und Verarbeitens komplexer, wirklichkeitsgetreuer Situationen bei erwachsenen Individuen zu. Ebensowenig könnte ein experimentalpsychologisches ‚Setting' so realitätsnah gestaltet werden, daß es die Unzahl situativer Reizkonstellationen kontrollieren würde, die bestimmte Reaktionen vollkommen einzigartiger, miteinander unvergleichbarer Individuen auslösen. Keine experimentalpsychologische Versuchsanordnung könnte jemals so diffizil gestaltet werden, daß sie die mentalen Mechanismen [*von denen dieses Buch lediglich einen groben Abriß vorstellt*], die sämtliche menschlichen Reaktionen veranlassen und begleiten, messen und miteinander vergleichen könnte.

Den Methoden der Experimentalpsychologie sind folglich deutliche Grenzen gesetzt, wenn es um die Erforschung der unterschiedlichen Stufen und Niveaus der geistigen Entwicklung von Individuen geht. Das Realisieren zunehmender geistiger Klarheit und höherer Stufen individueller Erkenntnis durch unterschiedliche Individuen läßt sich am Beispiel des Besteigens eines kegelförmigen Berges veranschaulichen: So wie jedes Individuum diesen Berg von einer anderen Richtung bzw. auf einem anderen Weg besteigen würde, so unterscheiden sich zu Anfang ihres geistigen Entwicklungs- und Reinigungsweges die individuellen ‚Persönlichkeiten' – d.h. in diesem Zusammenhang die individuellen Muster verhaltensbezogener Prädispositionen – voneinander; je weiter sich die mit einem jeweils einzigartigen Satz von Gewohnheitstendenzen ausgestatteten Individuen jedoch geistig entwickeln, umso mehr gleicht sich im Verlauf ihres geistigen Entwicklungsweges ihre geistige Klarheit und Weisheit aneinander an [*so gelingt es ihnen zunehmend, sich untereinander verbal über die von ihnen ‚verwirklichten' Stufen der spirituellen Entwicklung auszutauschen, und gleichzeitig finden sie zunehmend die richtigen – und immer sehr einfachen – Worte, um Personen, die sich noch nicht einmal auf einem solchen geistigen Entwicklungsweg befinden oder gerade erst die ersten Schritte auf einem solchen Weg absolviert haben, durch ihre Ansprache höhere Stufen der Einsicht und Erkenntnis intellektuell zu veranschaulichen und sie so ungeheuer zu inspirieren; diese Erklärungen sind bei aller Tiefe und Subtilität deshalb so einfach, weil die Wahrheit grundsätzlich direkt verständlich ist*]. Schließlich haben sie alle – wenn auch auf unterschiedlichen Wegen – den Gipfel letztendlicher Erkenntnis [*d.h. die vollkommene Buddhaschaft*] verwirklicht.

Wie bereits bei der Erläuterung der unwillkürlichen Gedanken [*siehe S. 34f*] dargestellt, dringt die eigene Erkenntnisfähigkeit umso mehr ins Subtile vor, je mehr der Verstand auf die Verbalisierung der von ihm erkannten Phänomene verzichtet und dadurch in einen vorbegrifflichen Raum vorstößt; dies gilt sowohl für die durch den Wahrnehmungsakt ergriffenen Phänomene der Formen, Töne, Gerüche, Geschmäcker und Körpersensationen als auch für alle komplexeren, abstrakteren geistigen Erkenntnisse des über sich selbst reflektierenden Geistes – gleichgültig ob jener dem vorgezeichneten Weg der Meditationen folgt oder seinen eigenen Weg geht [*der allerdings ernstliche Risiken in sich birgt, weil das Individuum auf ihm sehr leicht auf geistige Irr- und Abwege geraten kann*].

Wenn sich das Individuum auf dem Weg fortschreitender geistiger Vereinfachung und zunehmender geistiger ‚Entbegrifflichung' weiterentwickelt, durchläuft es verschiedene Stufen einer ‚Averbalisierung' bzw. dieses Vorstoßes in den vorbegrifflichen Raum. Zunächst einmal entledigt es sich durch striktes Vermeiden negativer Handlungsweisen sowie sämtlicher negativer Weisen des Denkens und Fühlens, durch psychische Reinigung und das Praktizieren von Meditation „ ... des sog. ‚zugeschriebenen Aspektes der

Verschleierung der dualistischen Erkenntnis' [*hierunter sind alle in die Form von dualistischen Gedanken gekleideten Auffassungen, Überzeugungen, Meinungen und Glaubenssysteme zu fassen, die im Verlauf der Entwicklung ansozialisiert werden*]. Hierbei handelt es sich um grobe verallgemeinernde Konzepte, die der wahren Natur der Phänomene nicht gerecht werden. Diese im Verlauf der Individuation erworbenen, in fehlerhafte Begriffe bzw. Gedanken gekleideten Erkenntnisse werden aus dem eigenen Bewußtseinsstrom herausgereinigt, indem man erkennt, daß den innerlichen Phänomenen [*einschließlich der Gedanken*] bzw. dem eigenen ›Selbst‹ [*also der eigenen Psyche, Seele oder Persönlichkeit*] keine wahrhafte Existenz zukommt, weil sie jedweder sie tatsächlich konstituierenden Charakteristika bzw. Merkmale entbehren [*sinngemäß nach Thrangu Rinpoches Kommentar zu Maitreya via Asangas ›Mahayana-Uttaratantrashastra‹;* KATHMANDU 1985, *unveröffentlichtes Transskript, deutsche Bearbeitung: Albrecht Frasch 1994, S. 57*]." Wenn die noch relativ grobe [*d.h. im Verlauf dieser Lebenszeit ansozialisierte*] begriffliche Geistestätigkeit überwunden worden ist und gleichzeitig die relativ groben [*d.h. im Verlauf dieser Lebenszeit ansozialisierten*] Aspekte der Störgefühle überwunden worden sind, hat der Praktizierende den sog. ‚Pfad des Sehens' realisiert.

Mit ‚Pfad des Sehens' wird eine – sehr hohe – Stufe der geistigen Verwirklichung oder Erkenntnis bezeichnet, auf der das Individuum, das den Weg geistiger Erkenntnis beschreitet, realisiert und auch tatsächlich erlebt, daß sämtliche Gedanken, mittels derer es bislang die Erscheinungen seiner Erfahrungswelt zu deuten versuchte, nicht wirklich existieren; von dieser Erkenntnis überwältigt, verzichtet es von dieser Stufe seiner geistigen Entwicklung an vollkommen auf die Identifikation mit eigenen Gedanken. Das Individuum erfährt auf dieser Stufe seiner geistigen Entwicklung zwar noch Gedanken, deutet sie aber nicht mehr als Anzeichen der Wirklichkeit. Sozusagen vom Glauben an seine Gedanken befreit, gerät das Individuum, das diese Stufe der spirituellen Verwirklichung realisiert hat, in einen Geisteszustand völliger Furchtlosigkeit. Keine Bedrohung, keine Gefahr, ja selbst die Aussicht auf den unmittelbar bevorstehenden eigenen Tod könnten es noch veranlassen, einen Gedanken zu formulieren und sich mit jenem zu identifizieren. Deshalb ist es auch dazu fähig, seine geistige Kontrolle [*d.h. seine Meditation*] bis zum letzten Moment seiner irdischen Existenz – und das ist weit nach seinem letzten Atemzug, wie im Kapitel über Tod, Sterben und Wiedergeburt bereits verdeutlicht wurde – und sogar noch nach Abschluß des Sterbevorganges aufrechtzuerhalten [*es sei daran erinnert, daß die Ursache des rein geistigen Phänomens des jeweils darauffolgenden Bewußtseinsmomentes nur der jeweils vorhergehende Bewußtseinsmoment sein kann; ist ein Individuum dazu in der Lage, sein Bewußtsein Moment für Moment aufrechtzuerhalten, ohne es durch die Ereignisse der relativen Wirklichkeit – ja selbst durch das eigene Sterben – trüben zu lassen, dann überwindet es den Prozeß der ‚Verbeunwußtung', dem er sonst passiv ausgeliefert wäre*]. Erst solche Praktizierenden, die diese Stufe der geistigen Erkenntnis verwirklichen konnten, sind dazu in der Lage, ihr Bewußtsein während ihres Sterbens, über ihr Sterben hinaus in den eigenen Tod hinein und über den eigenen Tod hinweg in die nächste Existenz hinein aufrechtzuerhalten. Es sind diese Individuen, auf die das im Westen verbreitete Vorurteil über ‚Reinkarnation' [*das bereits im Kapitel über Sterben, Tod und Wiedergeburt entkräftet wurde; siehe S. 21-26*] tatsächlich zutrifft, daß sie nämlich ihr eigenes Bewußtsein – d.h. zu grossen Teilen das Bewußtsein der vorherigen Existenz – in die nächste Existenz hinüber- bzw. ‚re'-inkarnieren.

„Die daraufhin erlebten feineren Schichten begrifflicher Geistestätigkeit stellen die gedanklichen Prozesse von Individuen dar, die das Stadium der Befreiung von der Illusion einer vermeintlich wahrhaft existierenden Persönlichkeit oder Psyche realisiert haben. Diese Individuen erfahren zwar noch Gedanken [*'Ich denke, daß …'*], identifizieren sich allerdings weder mit jenen noch mit der eigenen denkenden Instanz in sich. Dementsprechend erfahren sie sich sowie die Ereignisse, die ihnen widerfahren, in einer traumhaften Weise – so als ob sie einen Film sehen würden, in dem sie die Hauptrolle spielen und bestimmte Situationen durchleben würden. Deshalb halten die Individuen, die diese Stufe der Befreiung realisiert haben, weder ihre Wahrnehmungsobjekte noch den diese Wahrnehmungsobjekte wahrnehmenden Geist noch die Existenz ihres physischen Körpers als Vermittler zwischen ersteren beiden für wirklich [*d.h. für aus sich selbst heraus bzw. unabhängig existierend*].

Die Ideen und Vorstellungen über die vermeintlich wirklich [*d.h. unabhängig*] existierenden äußeren Phänomene stellen den automatisch erfolgenden Ausdruck vergangener, in endlosen Lebenszeiten angesammelter Gewohnheitstendenzen dar, über die bereits jeder winzige Säugling verfügt. Die ansozialisierten Verschleierungen von durch Begriffe beeinträchtigter Erkenntnis können alle auf ein Mal überwunden werden [*wodurch der ‚Pfad des Sehens' realisiert wird*], während ihre angeborenen Aspekte lediglich schrittweise abgebaut werden können: Zunächst werden die groben, dann die feineren und schließlich die subtilsten begrifflich induzierten Täuschungen einem sukzessiven Klärungsprozeß unterzogen. Es genügt aber nicht, diese angeborenen Aspekte der begrifflichen Verschleierungen des Geistes zu reinigen, um die wahre Natur der Phänomene wahrnehmen zu können, denn die Gewohnheitstendenzen fehlerhafter Wahrnehmungsprozesse sind außerordentlich machtvoll. Der einen geistigen Entwicklungsweg Praktizierende muß sich im Verlaufe eines sehr ausgedehnten Zeitraumes daran gewöhnen, seine Erkenntnis von der wahren Natur der Wirklichkeit zu kultivieren, d.h. immer wieder wahrzunehmen und zu erkennen, daß die Phänomene keine unabhängige Existenz aufweisen. Während dieser Phase der spirituellen Entwicklung werden auch die subtilsten angeborenen begrifflichen Verschleierungen zunehmend aus seinem Bewußtseinsstrom herausgewaschen.

Die reine Essenz eines Individuums, das bereits alle ansozialisierten Aspekte seiner Verschleierungen zu reinigen vermochte, aber noch unter den angeborenen Aspekten seiner begrifflichen Verschleierungen leidet, wird im

Buddhismus ‚Bodhisattva' genannt. Wenn ein solcher Bodhisattva sein Unterbewußtsein schließlich vollkommen gereinigt hat, indem er alle groben und subtilen Verschleierungen seiner störenden Gefühle und seiner dualistischen Erkenntnis beseitigte, ohne daß noch der leiseste Rest von jenen zurückgeblieben wäre, dann hat er das Stadium vollkommener Reinheit bzw. die erleuchtete Essenz seines Geistes, die ‚Buddha' genannt wird, realisiert [*sinngemäß zitiert nach Thrangu Rinpoches Kommentar zu Maitreya via Asangas ›Mahayana-Uttaratantrashastra‹;* KATHMANDU 1985, *unveröffentlichtes Transskript, deutsche Bearbeitung: Albrecht Frasch 1994, S. 58-59*]."

Wenige Individuen befinden sich bereits relativ am Anfang eines solchen geistigen Entwicklungsweges, an dem sie sich zunächst einmal konsequent in Konzentration üben, um dadurch nach und nach in ihrem Erleben in Zeiträume kürzerer Dauer vorzudringen, in denen sie ihre Erfahrungen in einer averbalen und direkteren Art und Weise vollziehen, und um sich gleichzeitig davon zu lösen, ihre Erfahrungen von Wahrnehmungsobjekten und ihre Reflektionen über sich selbst permanent in die Form von Worten und gedanklichen Konzepten kleiden zu müssen [*der nie versiegende innerliche Gedankenfluß*]. Und sogar nur verschwindend wenige Individuen konnten auf einem solchen Weg der geistigen Entwicklung bereits merkliche Fortschritte verbuchen. Die überwältigende Mehrzahl aller Individuen dagegen, anhand derer natürlich sämtliche Forschungsergebnisse zur Differentiellen Psychologie gesammelt wurden, und die auch diejenigen Individuen stellen, die um eine psychologische Beratung oder Therapie nachsuchen, dürften jedoch kaum zu jener Gruppe von Menschen gehören, die bereits über einen beachtlichen Zeitraum hinweg ihre ganze Energie ihrem psychischen Wachstum widmeten. Diese Individuen sind vielmehr vollkommen damit ausgelastet, sich mit ihren inneren Widersprüchen, Konflikten und Lebenskrisen auseinanderzusetzen. Sie sind deshalb darauf angewiesen, ohne die richtungweisende Unterstützung einer lebensnahen Philosophie, einer zweckdienlichen Religion oder einer tragfähigen Weltanschauung über alle Mißgeschicke, Schwierigkeiten und Schicksalsschläge hinweg ihr Leben ‚irgendwie' zu meistern.

Die meisten Menschen durchlaufen in ihrem Leben Phasen des Scheiterns, der schmerzlichen Auflösung von zentralen menschlichen Beziehungen und von psychischen Leiden, die sich jeder Ursachenforschung entziehen und nur deshalb zutage treten, weil bestimmte Ursachen und unterstützende Bedingungen reif wurden. Dennoch sind auch diese u. U. sogar naiven, die eigenen Problematiken nur unzureichend überschauenden Personen als Experten bezüglich ihrer eigenen Lebenslage anzusehen. Auch wenn sie bestimmte eigene Problembereiche intellektuell nur in einer ungenügenden Weise kontrollieren, haben sie bezüglich ihres eigenen Lebensrahmens im Vergleich zu beispielsweise einem Psychologen, der sie mittels bestimmter Testbatterien und Fragebögen untersucht, weiterhin unbestritten einen Expertenstatus inne. Selbst wenn sie bestimmte problematische Bereiche ihres äußerlichen und/oder psychischen Lebens nur unzureichend zu überblicken vermögen, kann doch niemand die meisten übrigen Situationen ihres Lebens, in denen sie permanent auf unterschiedlichen Abstraktionsniveaus agieren und reagieren, besser und tiefgründiger durchschauen und verstehen als sie selbst – insofern sind sie bezüglich ihrer hochkomplexen Lebensumstände als die einzigen Experten anzusehen.

Man mag vertreten, daß zumindestens im psychologischen Experiment mit Tieren die Beschränkung des Individuums auf bestimmte Reiz-Reaktionsmuster gerechtfertigt sei – keinesfalls [*selbst wenn den untersuchten Individuen nicht im Geringsten an der Vertiefung der eigenen Erkenntnisfähigkeit gelegen sein sollte*] können solche Methoden der experimentellen Psychologie jedoch der Komplexität des menschlichen Verhaltens und Erlebens gerecht werden! Überdies geht eine buddhistisch orientierte Psychologie davon aus, daß erwachsene Individuen [*d.h. solche Individuen, bei denen der Prozeß der eigenen Individuation bereits weitestgehend abgeschlossen ist – dieser Prozeß soll traditionellerweise im Alter von etwa vierzig Jahren beendet sein*] üblicherweise dahin tendieren, die Tiefe ihrer Erfahrungs- und Erkenntnisfähigkeit bis zum Ende ihres Lebens weiter zu steigern [*auch wenn sie dies irrtümlich auf der Ebene der gedanklichen Tätigkeit – also intellektuell – versuchen; ob ihnen dies gelingt, hängt u.a. davon ab, ob sie weiterhin ihren Intellekt schulen, und inwieweit sie in einer intuitiven Weise die Gültigkeit der primären und vor allem der sekundären negativen psychischen Funktionen (siehe S. 58-63) erkennen und überwinden*]. Zur Befriedigung intellektueller Bedürfnisse sowie eines jeden Informationsbedürfnisses steht diesen Personen heute – zumeist sogar unentgeltlich – eine unüberschaubare Vielfalt von Institutionen, Medien und Publikationen zur Verfügung.

Aus diesen Gründen muß grundsätzlich bezweifelt werden, ob die Methoden der Persönlichkeitspsychologie dafür geeignet sind, den Grad geistiger Entwicklung und Reife bei erwachsenen Individuen zu berücksichtigen oder gar zu erfassen. Eine Persönlichkeitspsychologie, die die psychische Beschaffenheit von Menschen in modernen Industrie- und Informationsgesellschaften untersucht, muß nach buddhistischer Auffassung dem Anspruch gerecht werden, deren geistigen Entwicklungsstand zumindestens grob zu berücksichtigen. Die Erfassung allgemeingültiger und vergleichbarer Daten und Erkenntnisse kann und darf schon aus dem Grund, weil dies den Menschen per definitionem vom Tier unterscheidet, nicht auf Kosten der reifsten Leistungen der menschlichen Psyche – der zunehmenden Vertiefung der Einsichtsfähigkeit des Menschen in seine unterbewußten Vorgänge – geschehen!

3. Eine Gegenüberstellung mit der klassischen Psychoanalyse

Die buddhistische Vorstellung vom Wesenskern des Menschlichen soll hier dem Menschenbild, wie es der klassischen Psychoanalyse – zumindestens implizit – zugrundeliegt, gegenübergestellt werden, da die Psychoanalyse freudianischer Prägung historisch-entstehungsgeschichtlich als die ‚Mutter aller Psychotherapien' gelten darf. Insofern sei sie in diesem Zusammenhang exemplarisch für die schwer zu überschauende Vielfalt der unterschiedlichen Psychotherapieformen der buddhistischen Auffassung von der Psyche des Menschen gegenübergestellt.

Nach Sigmund Freuds Auffassung stellt das sog. ›Es‹ diejenige angeborene und unbewußte Tendenz des Organismus als Ganzem dar, die beständig nach einer Optimierung der Triebbefriedigung [*Einverleibung von Nahrung, Verschmelzung mit dem Geschlechtspartner und – eine späte Ergänzung Freuds zur Psychoanalyse – der Aggressions- bzw. Todestrieb*] sowie nach einer Minimierung von Ängsten und Bedrohungen, die den psychosozialen Status Quo gefährdeten, strebe. Aus diesem ›Unbewußten‹ oder ›Es‹ heraus entwickelt sich im Verlauf der Individuation aus der Konfrontation des ganzheitlich aufgefaßten Organismus mit den komplexen Anforderungen der individuell gedeuteten sozialen Umwelt das ›Ich‹. Als Instanz der Realitätskontrolle kommt dem ›Ich‹ dabei die Aufgabe zu, die unbewußten bzw. vorbewußten Impulse und Strebungen [*die mit den Gewohnheitstendenzen bzw. Handlungsdispositionen der buddhistischen Ansatzes weitgehend gleichbedeutend sind*] zu kanalisieren und – sofern die Situation es erfordert – jene zu verdrängen oder anderweitig abzuwehren, um einer bewußten Verarbeitung, mit der unbewußt schmerzliche und ängstigende Erinnerungen einhergehen würden, aus dem Weg zu gehen. Das Gewissen, das Freud ›Über-Ich‹ nannte und als Internalisierung gesellschaftlich tradierter Normen verstanden wissen wollte, die dem Individuum in erster Linie über elterliche Gebote und Verbote und über

Vorbilder ansozialisiert werden würden, sei die Instanz, die dafür sorgen würde, daß gesellschaftlich nicht tolerierte Impulse, Triebe und Strebungen sowie die Konsequenzen solcher Handlungen, die dennoch unter derem Einfluß begangen worden sind, durch die sog. Abwehrmechanismen des ›Ich‹ [*Verdrängung, Verleugnung, Regression, Kompensation, Identifikation, Rationalisierung, um nur die wichtigsten zu nennen*] wieder ins ›Unbewußte‹ bzw. ins ›Es‹ zurückgedrängt werden würden.

An dieser Stelle kann und soll natürlich kein Abriß der Psychoanalyse geleistet werden, sondern lediglich die Kernaussagen der psychoanalytischen Theorie dem buddhistischen Verständnis gegenübergestellt werden. Dem psychoanalytischen Menschenbild zufolge ist das Verhalten des Menschen durch unbewußte Triebe determiniert, die ihm größtenteils nicht – oder nur mit einer sehr großen zeitlichen Latenz – einsichtig werden können. Durch konsequente Auseinandersetzung mit seinen angstinduzierenden, unbewußten Impulsen und deren Ursachen, die Freud zufolge in entsprechenden frühkindlichen Erfahrungen begründet liegen, könne sich der Mensch günstigstenfalls unter der Anleitung und Führung eines erfahrenen Psychoanalytikers zu einem im psychoanalytischen Sinne reifen – d.h. realitätsbezogenen bzw. realitätsangepaßten – Individuum entwickeln, das zunehmend in der Lage dazu sei, im Bewußtsein seiner bislang unbewußten negativen Handlungsdispositionen jene negativen [*d.h. die Normen der Gesellschaft – beispielsweise ‚Du sollst nicht töten!' – verletztenden*] Handlungsimpulse zu kontrollieren, wodurch jene immer schwächer werden würden und schließlich keine determinierende Macht mehr über das Individuum ausüben könnten.

Zwischen diesem zentralen Konzept der Psychoanalyse und der buddhistischen Auffassung vom Wesenskern des Menschen sind mehr Berührungspunkte als Widersprüche zu verzeichnen. Sieht man einmal von der relativ starren, mechanistischen Einteilung in die drei psychischen Instanzen des Unbewußten, Vorbewußten und Bewußten – oder, wie Freud es später nannte, des ›Es‹, ›Ich‹ und ›Über-Ich‹ – ab, die nicht im Einklang mit dem amorphen, vollkommen unphysischen und nicht zu lokalisierenden buddhistischen Geist- bzw. Bewußtseinsbegriff [*siehe S. 26ff*] stehen, so spiegelt die freudianische Theorie der Psychoanalyse den ubiquitären Wirkmechanismus des Ursache-Wirkungs-Prinzips, der im buddhistischen Karma-Begriff seinen Ausdruck findet, noch am ehesten wider: Frühkindliche ‚traumatisierende' Erfahrungen [*und nach buddhistischer Auffassung zusätzlich sämtliche zeitlich vorgeschalteten Erfahrungen aus der fötalen Entwicklung sowie aus vorigen Existenzen*] determinieren das Verhalten des Individuums in einer unbewußten Weise bzw. stellen solche Gewohnheitstendenzen und Handlungsbereitschaften dar, die dem Individuum bestimmte Ziele als außerordentlich erstrebenswert darstellen, während es aufgrund bestimmter durch sein eigenes Verhalten in vergangenen Lebenszeiten entstandener Gewohnheitstendenzen danach trachtet, andere Objekte und Umstände unbedingt zu vermeiden. ‚Kathartische' Bewußtmachung durch Psychoanalyse führt ebenfalls zur Vermeidung nicht zu tolerierender Verhaltensweisen, während die Anwendung buddhistischer Methoden das Individuum generell auf höhere Bewußtseinsstufen hebt, auf denen es weder den Anfechtungen seiner Triebimpulse noch der Konfrontation mit ängstigenden Erlebnisinhalten mehr ausgesetzt ist.

Nach buddhistischer Auffassung kommt der Psychoanalyse und anderen auf ihr fußenden psychotherapeutischen Verfahren die Aufgabe zu, solchen Individuen, die in einem Maße unter neurotischen Fehlentwicklungen zu leiden haben, daß sie aufgrund ihrer Ängste, Zwänge und anderer leidhafter psychischer Erfahrungen nicht mehr dazu fähig sind, ein geordnetes Leben zu führen, wieder zu einer ‚normalen' – d.h. relativ angstfreien und eigenständigen – Lebensführung zu verhelfen. Insofern kann sie idealerweise als Vorstufe für die spirituelle Entwicklung und geistige Reifung des Individuums angesehen werden. In diesem Zusammenhang soll nicht unerwähnt bleiben, daß eine Vielzahl von Personen um die Übermittlung meditativer Praktiken nachsuchen, die eher in die Hände erfahrener Psychotherapeuten gehörten; offenbar ‚spüren' viele Betroffene, daß die Methoden des Tibetischen Buddhismus ihren psychischen Störungen ‚irgendwie entgegengesetzt sind'. Nachdem solche Personen ihren Geisteszustand durch eine fundierte Psychotherapie stabilisieren und konsolidieren konnten, sind viele von ihnen dadurch in den Stand versetzt worden, mit den subtileren und weitaus effizienteren Methoden der buddhistischen Meditation an ihrem eigenen Geist zu arbeiten, wodurch sie – regelmäßige Übung vorausgesetzt – über geistige Gesundung hinaus zu außerordentlich tiefgreifenden Erkenntnissen über die Natur der Wirklichkeit und zu einer unbegrenzten Transformation ihres Bewußtseins gelangen können. Dementsprechend wendet sich eine beachtliche Zahl von Personen, nachdem sie sich einer hilfreichen psychotherapeutischen Behandlung unterzogen haben, dem spirituellen Entwicklungsweg des Tibetischen Buddhismus zu.

4. Implikationen für die psychologische Beratung und die Psychotherapie

Aufgrund der bisherigen Ausführungen dürfte sich die Frage erübrigen, ob sich aus einer buddhistisch inspirierten Sichtweise von der Beschaffenheit und Funktionsweise des menschlichen Bewußtseins schwerwiegende Konsequenzen für die psychologisch beratende/therapeutische Tätigkeit ergeben; da der menschliche Geist diejenige Instanz darstellt, die die Wahrnehmungsobjekte wahrnimmt, interpretiert und sich über deren wechselseitige Zusammenhänge ‚Gedanken macht', gleichzeitig aber über seine eigene Natur zu reflektieren und tiefgründige Erkenntnisse über das eigene Wesen zu sammeln in der Lage ist, muß der menschliche Geist bzw. das Bewußtsein notwendigerweise zum Gegenstand einer psychologischen Beratung bzw. einer psychotherapeutischen Behandlung gemacht werden. Die menschliche Psyche kann nur in dem Maße tiefgreifende und dauerhafte Veränderungen erfahren, in dem Klienten/Patienten gravierende Erkenntnisse über bislang problematische Weisen ihres eigenen Erlebens, Deutens und Reagierens sammeln. Dies kann nur unter Anleitung von solchen Beratern/Therapeuten geschehen, die sämtliche Methoden, mit denen sie ihre Klienten/Patienten konfrontieren, selber soweit beherrschen, daß sie entscheiden können, welche Methoden für jene angemessen sind, um ihren Klienten/Patienten – wenn sie jene anschliessend üben – einerseits tatsächlich in dem Maße, wie sie diese Methoden auf sich [*d.h. auf ihren eigenen Geist*] anwenden, zu einschneidenden Erkenntnissen zu verhelfen, und um andererseits entsprechende Fehlentwicklungen bei ihren Klienten/Patienten frühzeitig erkennen, unterbrechen und auflösen zu können. Durch die konsequente Übung der Methoden der buddhistischen Psychologie können sich Klienten/Patienten psychisch so weit entwickeln, daß sie ihre persönlichen leidhaften Erfahrungen und ‚neurotischen' Geisteszustände in einem absehbaren Zeitraum überwinden können. Eine buddhistisch orientierte psychologische Beratung/Therapie beschränkt sich jedoch nicht darauf, anhand festgeschriebener Methoden bestimmte Problemkomplexe bei ihren Klienten/Patienten direkt zu bearbeiten, sondern ist bemüht, das Niveau der direkten Erkenntnis bei den Behandelten soweit zu steigern, daß dadurch die ganze psychische Erfahrungsebene, auf der ihre Probleme ursprünglich angesiedelt waren, transzendiert wird. Mit einer buddhistisch ausgerichteten psychologischen Beratung/Therapie geht also eine generelle Steigerung aller psychisch/mentalen Kapazitäten und damit automatisch auch des allgemeinen Wohlbefindens bzw. der psychischen Gesundheit der Betroffenen einher.

Zielgruppe

Nicht jede Person eignet sich gleichermaßen für eine Beratung/Behandlung mit dem buddhistisch orientierten Ansatz. Der Therapeut sollte Bewerbern in einem Vorgespräch den theoretischen Hintergrund und die Arbeitsweise der buddhistischen Beratung/Therapie erläutern und ihnen mitteilen, welche Formen der Mitarbeit von ihnen als Klienten/Patienten erwartet werden [*siehe den übernächsten Abschnitt*]. Er sollte ferner klären, ob seine Bewerber unter Angstzuständen leiden. Das Expertenurteil einer ‚psychischen Störung mit psychotischen Anteilen' bzw. einer ‚gesteigerten Angstbereitschaft' stellt ein unabdingbares Ausschlußkriterium für eine Behandlung dar, die sich am buddhistischen Ansatz orientiert, weil die Methoden dieses Ansatzes den Klienten/Patienten notwendigerweise an sein Unterbewußtsein heranführen und ihm sogar bei ausreichender Übung dazu verhelfen, in die Tiefen des eigenen Unterbewußtseins vorzudringen. Wie die Erfahrung mit Personen, die in die sog. buddhistischen Zentren der europäischen Großstädte strömen, um dort ohne die notwendige Vorbereitung außerordentlich starke meditative Methoden ‚auszuprobieren', bedauerlicherweise zeigt, können psychisch labile Individuen [*sog. ‚Borderline-Persönlichkeiten'*] durch die Anwendung solcher Methoden durchaus in unkontrollierbare Geisteszustände geraten, die sich u.U. zu psychotischen Episoden ausweiten können. Selbst konzentrative Übungen verbieten sich bei Bewerbern, die eventuell diesem Personenkreis zuzurechnen sind. Therapeuten, die mit buddhistischen Elementen arbeiten, sind gut beraten, wenn sie das Risiko scheuen, Bewerber zu behandeln, deren psychische Befindlichkeit die Anwendung konzentrativer Verfahren nicht mit ausreichender Sicherheit rechtfertigt. Psychische Stabilität ist dasjenige Kriterium, dem alle Bewerber für eine psychologische Beratung/Therapie, die sich an buddhistischen Verfahren orientiert, unbedingt genügen müssen!

Darüberhinaus müssen Bewerber ① eine überdurchschnittliche intellektuelle Flexibilität, ② die Neigung, spielerisch-experimentell mit unbekannten oder unsicheren geistigen Inhalten umzugehen, sowie ③ ausreichendes Interesse an der Logik, der Erkenntnistheorie bzw. Philosophie und an der Psychologie des [*Tibetischen*] Buddhismus mitbringen: Da es sich bei der ,Wissenschaft', deren Forschungsgegenstand der eigene Geist ist [*der im Rahmen einer buddhistisch orientierten psychologischen Beratung/Therapie zu vermitteln ist*], um ein hochkomplexes System handelt, dessen Studium und Anwendung hohe Anforderungen an alle stellt, die sich mit ihr befassen, sollte sichergestellt sein, daß der Intellekt der Bewerber eine gewisse Unkonventionalität aufweist, damit sie sich mit diesem Gegenstand in einer angemessenen Weise auseinandersetzen zu können. Buddhistisch orientierte Beratung/Therapie möchte sich keinesfalls elitär präsentieren, sondern vielmehr konventionelle Bewerber nicht davon abhalten, sich für ein konventionelles therapeutisches Verfahren zu entscheiden. Außerdem sollten Bewerber für eine buddhistisch orientierte Beratung/Therapie dazu in der Lage sein, sich in gedanklich-logische Systeme einzudenken, die über den Rahmen des Allgemeingültigen und Anerkannten hinausgehen. Sie sollten eine gewisse Neigung besitzen, neue Systematiken spielerisch aufgreifen und in einer experimentellen Weise auf sich selbst anwenden zu können, auch wenn sie deren ,Gültigkeit' noch nicht ausreichend erprobt und schließlich anerkannt haben. Bewerber für eine buddhistisch orientierte psychologische Beratung/Therapie sind also dazu aufgerufen, sich in der ,Grauzone' der logisch-erkenntnismäßigen Vorläufigkeit zu bewegen, ohne dabei den Überblick über ihre eigene kognitive Situation zu verlieren. Und wer sich schließlich beispielsweise den Doktrin der christlichen Religion verpflichtet fühlt oder ausgesprochen materialistisch-naturwissenschaftlich orientiert sein sollte, ist sicherlich kein geeigneter Bewerber für eine psychologische Beratung/Therapie, die buddhistische Elemente beinhaltet – selbst wenn sie/er darum nachsuchen sollte. Therapeuten sollten an dieser Stelle auf keinen Fall Überzeugungsarbeit in der einen oder anderen Form leisten!

Folgende Formen der Mitarbeit werden von Bewerbern für eine buddhistisch ausgerichtete psychologische Behandlung erwartet: ① Die Bereitschaft, die zentralen Stationen ihres bisherigen Lebens unter der Anleitung des psychologischen Beraters/Therapeuten aus buddhistischer Sicht gedanklich-intellektuell ‚durchzuarbeiten'; ② die regelmäßige [*d.h. tägliche*] Erledigung von sog. ‚Hausaufgaben', die im Reflektieren bestimmter zentraler Aspekte des eigenen Lebens sowie im Trainieren bestimmter psycho-physischer Übungen [*Vorstufen zum Yoga*] bestehen; ③ das Üben von ‚Gedankenstops' bei bestimmten problematischen psychischen Ereignissen; sowie ④ das Training von Konzentrationsübungen. Hierüber sollte im Erstgespräch eine Einigung erzielt werden.

Funktionen und Aufgaben des Beraters/Therapeuten

Psychologische Berater/Therapeuten, die ihren Klienten/Patienten Elemente einer buddhistisch orientierten Therapie nahebringen wollen, müssen selbstverständlich selbst Experten im Ausüben dieser Methoden sein. Zum Experten in konzentrativen und meditativen Methoden werden sie allein dadurch, indem sie sich selbst schrittweise einem geistigen Entwicklungsweg unterziehen, der sie nach und nach in zunehmend größere Tiefen ihres Unterbewußtseins vordringen und dort eine Klärung und Reinigung derjenigen psychischen Eindrücke vornehmen läßt, die die karmischen ‚Negativabdrücke' der eigenen Handlungen aus unzähligen Lebenszeiten darstellen. Dieses Vorhaben kann allerdings nur denen gelingen, die sich an einen authentischen und hochverwirklichten Meditationsmeister der tibetischen Tradition des Buddhismus anbinden können. Dieser Lehrer muß ihnen ausdrücklich bestätigen, daß er bereit ist, die Verantwortung für ihre – anfangs – psychische und – später – geistige Entwicklung zu übernehmen. Diese Verantwortung umfaßt die Übermittlung bestimmter Methoden, die ihnen die schnellst- und größtmögliche geistige Entwicklung gestatten, ohne daß sie dadurch in irgendeiner Weise an ihrer Psyche Schaden nehmen. Sie müssen diesen Lehrer jederzeit erreichen können, um ihm im Notfall baldmöglichst telefonisch, per Fax oder e-mail besorgniserregende Meditationserfahrungen mitteilen und dabei eventuell von ihm korrigiert werden zu können. Leider gibt es nur noch wenige Meditationsmeister, die hoch genug entwickelt und auch bereit dazu sind, die Verantwortung dafür zu übernehmen, neue Schüler durch die Risiken ihrer anfänglichen psychischen Reinigungen zu führen. Westliche Schüler werden von den tibetischen Meditationsmeistern glücklicherweise momentan insofern bevorzugt, als dem Tibetischen Buddhismus derzeit in seinen traditionellen Herkunftsländern die Schüler ‚ausgehen' [*junge Tibeter sind in in der Regel sehr darum bemüht, sich weitestgehend an einen je nach Aufenthaltsland westlichen oder chinesischen Lebensstil anzupassen*], während ihm derzeit in den westlichen Ländern ein beachtliches Interesse entgegengebracht wird. Deshalb bereisen die hohen tibetischen Lamas gegenwärtig vermehrt Europa und die USA.

Überdies ist es unerläßlich, daß psychologische Berater/Therapeuten, die buddhistische Elemente in ihre Behandlungen einbauen wollen, sich fundiertes Fachwissen über Logik, Erkenntnistheorie bzw. Philosophie und Psychologie des Tibetischen Buddhismus angeeignet haben. Dies sollte relativ zu Anfang ihrer eigenen Meditationspraxis geschehen, weil jene sich ansonsten nicht mit ausreichender Intensität entfalten könnte. Übersetzungen solcher Studientexte – idealerweise in die deutsche Sprache – sind bislang leider nur in geringem Umfang publiziert worden.

Warum muß es unbedingt ein Textstudium sein, das jenen Individuen, die nach hohen Stufen geistiger Verwirklichung streben, den Zugang dazu verschaffen kann? Und warum müssen es unbedingt solche ‚alten' Texte sein, die zu diesem Zweck zu studieren sind? Genügt es nicht, ähnlich wie bei den Ausbildungen zu den gängigen Psychotherapien ‚Reader' zu den bedeutsamsten Themenbereichen zu studieren und strittige Punkte mit seinem Lehrtherapeuten durchzusprechen? Unerläßlich ist es deshalb, ① diese ‚alten' Texte der Worte des historischen Buddha selbst [*also desjenigen Individuums, das vor zweitausendfünfhundert Jahren lehrte, wie die von ihm realisierte geistige Verwirklichung zu erlangen ist*], die in den sog. ‚Sutren' [*den Belehrungen des historischen Buddha*] und ‚Tantren' [*den Praxisanweisungen des historischen Buddha*] festgehalten wurden, sowie ② die schriftlichen Kommentierungen dieser authentischen Belehrungen des Buddha, wie sie von den höchsten Gelehrten und gleichzeitig meditativ Verwirklichten der tibetischen Tradition des Buddhismus des gerade vergangenen Jahrtausends präsentiert wurden [*beispielsweise Maitreya via Asanga, Chandrakirti, Dignaga, Dharmakirti, Nagarjuna, Gampopa, der achte Gyalwa Karmapa Rangjung Dorje, Shantarakshita, Shakya Pandita oder Vasubandhu*], und ③ die mündlichen Kommentierungen der Sutren und Tantren einerseits sowie dieser schriftlichen Kommentare andererseits durch namhafte tibetische Gelehrte der Gegenwart zu studieren, weil es im Buddhismus darauf ankommt, sich exakt der Erfahrung, die der historische Buddha Shakyamuni als ‚Erleuchtung' bezeichnet hat, zunächst in einer intellektuellen Weise und anschließend durch praktische Übungen, die das zuvor intellektuell Erkannte auch tatsächlich in die eigene Erfahrung integrieren, immer mehr anzunähern. Um zu verhindern, daß die authentischen buddhistischen Belehrungen im Laufe der Jahrhunderte und Jahrtausende immer mehr verwässerten, indem sie zunehmend die davon abweichenden spirituellen Erfahrungen anderer Individuen widerspiegeln, wurde bereits frühzeitig festgelegt, daß nur diejenigen Belehrungen als authentisch anerkannt werden sollten, die sich auf die authentischen Erfahrungen des historischen Buddha und seine Lehre beziehen – gleichgültig ob es sich dann um die Worte des Buddha selbst oder die Worte der höchsten Gelehrten und Meditationsmeister der tibetischen Tradition [*die indische ist – wie bereits ausgeführt – durch die Islamisierung und Hinduisierung des indischen Subkontinents ‚ausgestorben'*] handelt. Um nun noch zu gewährleisten, daß sich bei der Interpretation dieser Texte und Kommentierungen keine Fehler und persönlichen Umdeutungen einschleichen, studiert man diese Texte traditionellerweise unter Anleitung der höchsten zeitgenössischen Gelehrten des Tibetischen

Buddhismus [*es ist unter anderem die Aufgabe und Pflicht dieser Gelehrtesten unter den Gelehrten, interessierten Zuhörern den ‚Dharma' – also die Lehre, die aufzeigt, wie die Dinge wirklich sind – jeden Tag ihres Lebens eingehend und im Sinne des Wortes ‚unermüdlich' viele Stunden lang zu erläutern*]. Nur so konnte über zweitausendundfünfhundert Jahre hinweg eine sog. ‚lebendige Übertragung' aufrechterhalten werden, die bezüglich der Sutren die intellektuelle Bedeutung der buddhistischen Lehre und bezüglich der Tantren die minutiösen Anweisungen, wie diese Praktiken anzuwenden sind, die einen tatsächlich zu den entsprechenden Stufen geistiger Erkenntnis und Verwirklichung zu führen vermögen, vermittelt. Die Lehrer, die die Theorie und/oder die Praxis des Tibetischen Buddhismus vermitteln, können nur dann in der Übertragungslinie [*siehe S. 204f*] stehen, wenn sie ihre Belehrungen von ebenfalls in der Übertragungslinie stehenden Lehrern erhalten haben, die ihre Belehrungen wiederum von in der Übertragungslinie stehenden Lehrern erhielten – usw. bis zurück auf den historischen Buddha Shakyamuni. Die Gelehrten oder Meditationsmeister, die in der Übertragungslinie stehen, können deshalb authentische – d.h. auf den historischen Buddha zurückgehende – Belehrungen wiedergeben, weil sie erst dann Belehrungen wietergeben dürfen, nachdem sie selbst hohe Stufen spiritueller Verwirklichung und Einsicht erlangt hatten. Dieses Procedere wurde vom Buddha Shakyamuni vorgeschrieben, um so die Voraussetzungen dafür zu schaffen, daß seine authentische Lehre so lange wie möglich an andere Wesen weitergegeben werden kann. Bliebe zu wünschen, daß solche authentischen buddhistischen Belehrungen auch in der deutschen Sprache verfügbar würden.

Noch ein Wort zu den immer wieder erwähnten ‚Hochverwirklichten' bzw. zu den Meditationsmeistern des Tibetischen Buddhismus: Wer keine [*oder ‚noch keine'*] Gelegenheit hatte, einem hohen Lehrer der tibetischen Tradition des Buddhismus zu begegnen, dem sei zumindestens die Lektüre der Biographien großer Meditationsmeister des Tibetischen Buddhismus ans Herz gelegt; in diesen manchmal auch reich bebilderten Texten wird das Leben der größten buddhistischen Lehrer – zumeist von ihren engsten Schülern oder Familienangehörigen – detailliert nachgezeichnet [*vgl. etwa Matthieu Ricards ›Journey to Enlightenment; The Life and World of Khyentse Rinpoche, Spiritual Teacher of Tibet‹,* APERTURE 1996, *betitelte Biographie von Dilgo Khyentse Rinpoche, die Biographie von Chagdud Tulku ›Der Herr des Tanzes‹*, THESEUS 1998, *oder die Biographie von Urgyen Tulku, die unter dem Titel ›Khyabje Tulku Urgyen Rinpoche* 1920 – 1996‹ *bei* RANGJUNG YESHE TRANSLATIONS & PUBLICATIONS *erschienen und nur an die bei der Bestattung in Kathmandu/Nepal anwesenden Schüler des verstorbenen Lehrers verteilt wurde*]. Auch Biographien solcher großen Meister der Vergangenheit wie etwa Milarepa [*von Lobsang P. Lhalungpa unter dem Titel ›The Life of Milarepa‹*, BOULDER 1982 *neu übersetzt; die im Jahr* 1928 *von W.Y. Evans-Wentz angefertigte Übersetzung ins Englische war für Leser mit buddhistischer Vorbildung nur noch von begrenztem Nutzen*] oder Gampopas Lebensgeschichte [*vgl. beispielsweise ›The Life of Gampopa, the Incomparable Dharma-Lord of Tibet‹*, SNOW LION 1995] und natürlich erst recht Filme über die unvergleichlichen Lehrer der jüngsten Vergangenheit [*aus Bescheidenheit würden diese Meditationsmeister der Veröffentlichung ihrer Biographien zu Lebzeiten niemals zustimmen – posthume Veröffentlichungen biographischer Werke über Hochverwirklichte gelten jedoch allseits als Quelle einzigartiger Inspiration; vgl. beispielsweise den Film ›The Lions Roar‹, der die letzten dreißig Jahre aus dem Leben des sechzehnten Gyalwa Karmapa Rangjung Rigpe Dorje zeigt*] sind nicht nur außerordentlich informativ und inspirieren ungeheuer, sondern vermitteln darüberhinaus unvoreingenommenen Lesern/Betrachtern einen direkten Eindruck von der spirituellen Verwirklichung dieser Wesen, die nur oberflächlichen Betrachtern als ‚Mensch wie Du und ich' erscheinen: Wer ihre Fotographien aufmerksam betrachtet und dabei den Mut aufbringt, sich in den Blicken dieser Meditationsmeister zu verlieren; wer seinem Herzen während der Lektüre solcher Lebensgeschichten gestattet, von dem in unserer Kultur als überirdisch und unerreichbar geltenden

Maß an Güte und Selbstlosigkeit, die diese Verwirklichten spürbar ausstrahlen, bewegt und angerührt zu werden; wem es, wenn er die Gelegenheit dazu finden sollte, einem solchen spirituellen Meister [*die traditionellerweise als ‚wunscherfüllendes Juwel', das jeden Wunsch erfüllt, bezeichnet werden, da sie ebenso selten und kostbar sind wie jene*] persönlich gegenüberzutreten, gar gelingt, wachen Geistes wenigstens für einige Augenblicke den innerlichen Gedankenfluß [*d.h. den permanenten Automatismus gedanklicher Bewertungen und Interpretationen*] zu unterbinden, dem wird sich – wenn auch nur für einige kurze Momente – die geistige Dimension erschließen, die diese Wesen innehaben. Dann bekommen selbst Außenstehende eine Ahnung davon, was es bedeutet, wenn ein hoher Meditationsmeister seine Verwirklichung einer bestimmten spirituellen Praxis auf einen Schüler ‚überträgt'.

Erfreulicherweise fühlte sich in den letzten beiden Jahrzehnten eine beachtliche Anzahl niedergelassener Ärzte und Psychologen/Psychotherapeuten, die das Unbehagen des Autors, an der Materie der menschlichen Psyche arbeiten zu müssen, ohne über einen theoretischen und praktischen Zugang zum Wesen des Menschseins [*bzw. zum eigenen Wesen respektive Persönlichkeitskern*] zu verfügen, zum Tibetischen Buddhismus hingezogen, und nahm bereits vor vielen Jahren unter Anleitung geachteter Meditationsmeister die Schulung ihrer Erkenntnisfähigkeit in die Natur ihres Geistes durch Meditation auf. Viele dieser therapeutisch Tätigen besuchten im Lauf der Jahre ihrer Meditationspraxis eine Unzahl von Kursen und Schulungen zu den verschiedensten Themen buddhistischer Psychologie und Erkenntnistheorie, so daß sich insbesondere in den großen Universitätsstädten immer mehr psychologische Berater/Therapeuten finden lassen, die in einer fundierten Weise buddhistische Elemente in ihre Behandlung einfließen lassen. Auch wenn der Katalog der Richtlinien, denen ein Berater/Therapeut genügen muß, der einen buddhistischen Ansatz anbietet, recht umfangreich ist, brauchen Personen, die eine derartige Beratung/Therapie wünschen, nicht zu verzagen: Befragungen alternativ arbeitender Berater/Psychotherapeuten werden in den meisten Fällen den Weg zu einem entsprechenden Praktiker weisen.

Schließlich sei noch einmal darauf hingewiesen, daß im Sinne des strengen Diktums des historischen Buddha Shakyamuni, auf keinen Fall zu missionieren, keine Werbung mit dem Zusatz ‚buddhistische psychologische Beratung' oder ‚buddhistische Psychotherapie' offeriert werden sollte. Wenn psychologische Berater/Therapeuten sich durch gute beratende/therapeutische Arbeit einen Namen gemacht haben, wird sich dies ohnehin unvermeidlich über Mund-zu-Mund-Propaganda verbreiten. Wer jedoch noch am Anfang seiner psychologisch beratenden/therapeutischen Laufbahn steht, kann schließlich mit seiner traditionellen Berater- oder Psychotherapeutenausbildung auf sich aufmerksam machen. Buddhistisch orientierte Psychotherapie ist kein Beruf, den man in erster Linie deshalb ausübt, weil man Geld verdienen möchte, sondern ein sehr potentes Mittel, um anderen Wesen zu zeigen, wie leidhafte Geisteszustände überwunden werden können – aber nur dann, wenn sich der Berater/Therapeut mit Leib und Seele dieser altruistischen Aufgabe verschrieben hat.

Psychologische Berater/Therapeuten, denen daran gelegen ist, buddhistische Elemente in ihre Behandlung zu integrieren, sollen keinesfalls durch überzogene Qualifizierungsansprüche davon abgehalten werden, sich selbst einem solchen spirituellen Entwicklungsweg zu unterziehen. Wenn hier immer wieder betont wird, daß der psychologische Berater/Therapeut das spirituelle Ziel schon kennen muß, zu dem er seinen Klienten/Patienten den Weg weisen soll, dann liegt dies im Übertragungsprinzip begründet: Wer nicht selbst mit dem geistigen Ziel vertraut ist, kann jemals einer anderen Person den Weg dorthin zeigen. Da die Verwirklichung einer echten und dauerhaften geistigen Entwicklung, die die permanent aus den Tiefen des eigenen Unterbewußtseins emporquellenden negativen geistigen Eindrücke reinigt und so die eigene Erfahrungsebene zur Gänze anhebt, beratend/therapeutisch Tätigen mindestens ebensoviel abverlangt wie die Ausbildung zu einer der klassischen Psychotherapieformen, müssen psychologische Berater/Therapeuten, die buddhistische Elemente in ihre Behandlung integrieren wollen, zunächst einmal viel Zeit und Anstrengungen in ihre eigene geistige Entwicklung investieren.

Aus dem gleichen Grund lassen sich die buddhistischen Elemente einer psychologischen Behandlung hier nicht im Einzelnen aufführen: Viele Kenntnisse, die der psychologische Berater/Therapeut in seiner Behandlung vermittelt, gehen auf seine eigenen Einsichten und subtilen Erkenntnisse zurück, die er während seiner konzentrativen und eventuell sogar meditativen Praxis realisiert hat. Viele der theoretischen Kenntnisse, die er an seine Klienten/Patienten weitergibt, entstammen seinem eigenen durch Studieren der buddhistischen Belehrungen und konzentriertes Nachdenken über sie erlangten intellektuellen Wissen. Welche subtilen Erkenntnisse und welche intellektuell faßlichen Zusammenhänge der psychologische Berater/Therapeut jedoch bestimmten Klienten/Patienten nahebringen möchte, bleibt allein seiner therapeutischen Erfahrung und seinem theoretischen wie praktischen spirituellen Wissen überlassen. Deshalb läßt sich auch kein Katalog allgemeingültiger buddhistischer Interventionensformen erstellen. Einzig dadurch, daß er den geistigen Entwicklungsweg, wie er in der tibetischen Tradition des Buddhismus übermittelt wird, selbst beschreitet und dadurch – zumindestens ansatzweise – direkte Einsicht in die Natur der Phänomene gewonnen hat, wird es dem Berater/Therapeuten möglich, seinen Klienten/Patienten anhand der Erläuterung bestimmter buddhistischer Sichtweisen und anhand bestimmter Elemente buddhistischer Praxis den Weg in ihr eigenes Unterbewußtsein hinein zu ebnen. Es muß nicht betont werden, welche Verantwortung der psychologische Berater/Therapeut dabei zu tragen hat.

Karmische Prädispositionen

Sowohl psychologische Berater/Therapeuten, die eine Neigung dazu verspüren, buddhistische Elemente in ihre Behandlung zu integrieren, als auch Klienten/Patienten, die sich von solchen psychologischen Beratern/Therapeuten angesprochen fühlen, müssen eine gewisse ‚karmische Nähe' zu buddhistischem Gedankengut besitzen, um sich von solchen Verfahren in einem Maße faszinieren zu lassen, daß sie sich daraufhin tatsächlich einer entsprechenden ‚Ausbildung' [*d.h. einem am Tibetischen Buddhismus ausgerichteten spirituellen Entwicklungsweg*] bzw. einer entsprechenden psychologischen Beratung/Therapie unterziehen. Die Gültigkeit des Gesetzes von Ursache und Wirkung, demgemäß nirgends irgendwelche Dinge geschehen können, ohne daß sie von den entsprechenden Konsequenzen gefolgt werden, schließt auch den Umkehrschluß mit ein: Kein Phänomen [*bzw. keine karmische Konsequenz*] kann zum Entstehen gelangen, ohne daß zum Zeitpunkt seiner Entstehung sämtliche für dessen Zustandekommen erforderlichen primären Ursachen und sekundären Bedingungen gegeben wären [*ein bestimmtes Phänomen kann sowohl als Ursache sowie als Wirkung fungieren; es erfüllt dann die Aufgabe einer Ursache, wenn es sich dem Individuum als Bestandteil des situativen Kontextes darbietet, und es wird dadurch zur Wirkung, daß das Individuum handelnd auf es reagiert und ihm so sein eigenes Gepräge aufdrückt*].

Ohne daß die an der beratenden/therapeutischen Situation Beteiligten [*genauer: die ‚nahen' unterbewußten Anteile in den Bewußtseinsströmen dieser Personen, die durch die Transformation des Bewußtseins während des Sterbens ‚ihrer' vorherigen Verkörperung und besonders während des siebenwöchigen Transformationsprozesses, der sich unmittelbar an das Sterben anschloß, ins Unterbewußtsein zurück sanken; siehe S. 18ff*] in vergangenen Existenzen durch das theoretische Befassen mit der buddhistischen Sichtweise und/oder durch das Herstellen eines praktischen Bezuges mit den Meditationen dieser Tradition eine gewisse karmische ‚Nähe' und Vertrautheit mit dieser Systematik hergestellt hätten, ist es nicht denkbar, daß in einer folgenden Existenz die Konsequenz der Teilnahme an einer beratenden/therapeutischen Situation als Berater/Therapeut oder als Klient/Patient eintreten könnte. Entsprechendes gilt selbstverständlich auch für die ‚karmische Verbindung' zwischen gemeinsamen Teilnehmern an sämtlichen anderen Typen von Situationen – handele es sich hier um andere Formen der Therapie oder auch um irgendwelche anderen Typen von situativen Kontexten, die bestimmte Individuen miteinander teilen [*daß beispielsweise einander fremde Personen im Bus oder im Kino eine Zeit lang nebeneinander sitzen*].

Der psychologische Berater/Therapeut hat im Erstgespräch zu prüfen, inwieweit das Interesse eines Bewerbers an buddhistischen Elementen der Behandlung intellektuell aufgesetzt ist oder inwieweit der Bewerber den Empfehlungen von Bekannten oder dem Diktat gewisser ‚modischer' Strömungen folgt, oder aber ob es sich dabei um ein echtes, inneres Bedürfnis und Anliegen des Bewerbers handelt. Nur durch Letzteres scheint gesichert zu sein, daß ihm die buddhistische Sichtweise keinesfalls vom psychologischen Berater/Therapeuten aufgedrängt bzw. gegen dessen innere Widerstände nahegebracht wird. Alle Versuche seitens des psychologischen Beraters/Therapeuten, den Klienten/Patienten – beispielsweise durch Diskussionen – zu einem buddhistisch gefärbten Verständnis seiner eigenen psychischen Problematiken zu veranlassen oder ihn direkt oder indirekt zu manipulieren, sind ausnahmslos zum Scheitern verurteilt! Ist der Klient/Patient von sich aus für eine buddhistisch inspirierte Sichtweise offen, dann wird er alle diesbezüglichen Anregungen des psychologischen Beraters/Therapeuten nur zu bereitwillig aufgreifen und sie in künftigen Schlüsselsituationen vorbehaltlos und ohne jedes Mißtrauen einer persönlichen Überprüfung unterziehen.

Selbst so zentrale Grundsätze der buddhistischen Sichtweise wie das Prinzip, das allgemein als die ,Wahrheit vom Leiden' bekannt ist [*und das nicht – wie dem Buddhismus häufig angelastet wird – in der pessimistischen Behauptung besteht, daß alle Ereignisse schlechthin leidhaft seien, sondern auf den Umstand verweist, daß bedauerlicherweise für alle Wesen und zu allen Zeiten Leiden unvermeidlich sind*] oder das Theorem der zwingenden Ursache-Wirkungs-Relation beim Entstehen von Phänomenen durch Prozesse – d.i. ,Karma' – bedürfen zunächst einer eingehenden persönlichen Überprüfung mittels des Intellekts und einer anschließenden Phase der ausgiebigen praktischen Erprobung, die dazu dient, alle Zweifel und Mißverständnisse auszuräumen, bevor der Klient/Patient jene guten Gewissens – d.h. mit der Überzeugung, dadurch seine Erkenntnisfähigkeit zu steigern und so langfristig für eine Zunahme seines psychischen Wohlbefindens und seiner psychischen Gesundung zu sorgen – in sein kognitives System einbauen kann. Alle offenen oder insgeheimen Überredungskünste des Beraters/Therapeuten verbieten sich schon deshalb, als die Klienten/Patienten durch sie nur in ihrer Gewißheit von der Richtigkeit bzw. Angemessenheit der entsprechenden Grundsätze erschüttert würden; dann bewirkt der psychologische Berater/Therapeut bei seinen Klienten/Patienten kein geistiges Wachstum, sondern eine Zunahme ihrer geistigen Verunsicherug und Ängstlichkeit, die ihre psychische Situation sogar noch weiter komplizieren würde.

Selbst wenn sich das Vertrauen eines Klienten/Patienten in eine psychologische Behandlung auf der Basis einer buddhistisch gefärbten Sichtweise vom menschlichen Bewußtsein und davon, wie sich psychische Probleme manifestieren, im Verlauf der psychologischen Beratung/Therapie erschöpfen sollte, ist der psychologische Berater/Therapeut dazu aufgerufen, ihm in einer freundlichen und entgegenkommenden Weise umgehend den Abbruch der Behandlung anzubieten. Der psychologische Berater/Therapeut darf sein berufliches Selbstwertgefühl nicht über die Zahl der von ihm behandelten Klienten/Patienten, seine Erfolgsbilanz oder seine Abbruchquote definieren: All diese Faktoren unterliegen zum Einen ständigen Schwankungen, und überdies kann die Zahl der eigenen Klienten/Patienten erst nach einigen Jahren Berufserfahrung als ein gewisser Indikator für die Qualität der eigenen Behandlung gewertet werden [*viele außerordentlich gute Therapeuten haben wenige ,karmische Verbindungen' zu Patienten*]. Außerdem ist der moralische Anspruch bei einer buddhistisch ausgerichteten psychologischen Beratung/Therapie besonders hoch: Die Behandlung dient in erster Linie der Steigerung des Wohlbefindens bzw. der Besserung des psychischen Zustandes des Klienten/Patienten – und nicht der Steigerung des Selbstbewußtseins, der Berufserfahrung oder der Einkünfte des Therapeuten!

Altruistisches Engagement

Der psychologische Berater/Therapeut muß von einer sehr reinen altruistischen Motivation geleitet sein, die das Wohl des Klienten/Patienten eindeutig über das eigene Wohl sowie über eigene Belange stellt. Seine Konzentration auf die Interessen des Klienten/Patienten muß von dem tief empfundenen, aufrichtigen Wunsch begleitet sein, dessen Probleme zu verstehen und dazu beitragen zu können, sie zu bessern. Eine buddhistisch orientierte psychologische Beratung/Therapie trachtet schließlich nicht danach, direkt auf die psychische Situation des Klienten/Patienten Einfluß zu nehmen, sondern vertieft die generelle Einsichtsfähigkeit des Klienten/Patienten in einer Geschwindigkeit und in einem Maße, daß jener seine bisherige Erfahrungsebene, auf der naturgemäß auch seine Probleme angesiedelt waren, vollkommen transzendiert, indem er eine tiefgreifendere bzw. subtilere Erfahrungsebene einnimmt. Da die Beeinflussung des Zustandes des Klienten/Patienten in diesem Sinne nicht direkt, sondern äußerst indirekt [*also nicht direkt an den Problempunkten des Klienten/Patienten arbeitend*] erfolgt, ist es unerläßlich, daß der psychologische Berater/Therapeut von einer aufrichtigen altruistischen Motivation dem Klienten bzw. Patienten gegenüber eingenommen ist. Diese altruistische

Grundhaltung besteht in dem zutiefst empfundenen Wunsch, dazu beitragen zu können, daß es denjenigen, die um professionelle psychologische Hilfe bei ihm nachsuchen, durch seine Behandlung besser gehen möge. In reinster Form äußert sich diese altruistische Motivation in der Perfektion der vier grundsätzlichen Einstellungen allen anderen Wesen gegenüber, die traditionellerweise als Liebe, Mitgefühl, Freude und Gleichmut bezeichnet werden [*siehe eingerückter Text auf S. 63*].

Eine echte altruistische Motivation kann nur dadurch hergestellt und aufrechterhalten werden, daß der – anfangs ebenfalls egozentrische – psychologische Berater/Therapeut zunächst regelrecht ‚übt', seinen Klienten/Patienten und später allen Wesen überhaupt immer wieder alles Gute zu wünschen. Durch stete Wiederholung wird der u.U. zu Beginn dieser Übung nicht sehr echte altruistische Wunsch immer aufrichtiger, bis er schließlich ‚von Herzen kommt'. Die buddhistische Psychologie konstatiert, daß ein psychologischer Berater/Therapeut nicht tatsächlich von Nutzen für seine Klienten/Patienten sein kann, ohne solche altruistischen Motive in hohem Maße kultiviert zu haben. Er kann vielleicht durch ein rein technisches Praktizieren von psychologischer Beratung/Therapie gewisse intellektuelle Prozesse bei seinen Klienten/Patienten anregen oder bestimmte Aspekte ihres Verhaltens ändern; tiefgreifende Veränderungen, die deren Erfahrungsebene dauerhaft um eine neue Dimension bereichern, kann ein psychologischer Berater/Therapeut jedoch nur dadurch bei seinen Klienten/Patienten bewirken, indem er ihnen gegenüber durch und durch von einer vollkommen echten altruistischen Motivation vereinnahmt ist.

Der psychologische Berater/Therapeut festigt die altruistische Motivation, die er anfänglich durch Übung künstlich in sich erzeugte, indem er seine eigene geistige Entwicklung zunehmend dem Nutzen anderer Wesen widmet. Erst wenn ein psychologischer Berater/Therapeut konsequent an seinem eigenen Geist arbeitet [*also seine Studien buddhistischer Grund-*

lagentexte und seine meditative Praxis intensiviert], weil er nur dadurch in erwähnenswertem Umfange dazu fähig wird, für die Personen, die um seine Hilfe nachsuchen, wirklich von Nutzen zu sein, wird er mit Gewinn buddhistische Elemente in seine Behandlung integrieren können.

Schließlich sei nicht verschwiegen, daß – zumindestens ansatzweise – das altruistische Element auch beim Klienten/Patienten ausgeprägt sein sollte. Wer kein natürliches Empfinden dafür besitzt, daß alle Lebewesen sich darin gleichen, daß sie Glück erleben und Leid vermeiden wollen – ja daß man sich selbst diesbezüglich in keinster Weise von sämtlichen anderen Lebewesen unterscheidet, während gleichzeitig die eigene Psyche oder Persönlichkeit keine dauerhaft bzw. wirklich existierende Entität darstellt – der wird auch kein Verständnis dafür aufbringen können, daß letztlich dem altruistischen Element mehr Wirklichkeit zukommt als einer eigenständigen, unabhängigen bzw. wirklichen Existenz seines ›Selbst‹ [*also seinen egozentrischen Motiven*]. Wer sich aber verhältnismäßig mühelos zu einem solchen Verständnis bekennen kann, der bringt damit die Grundvoraussetzung dafür mit, mit der eigenen Erkenntnisfähigkeit rasch in große Tiefen seines Unterbewußtseins vorzudringen und dadurch ein rapides geistiges Wachstum zu erfahren. Durch dieses geistige Wachstum wird die Erfahrung der Klienten/Patienten in einem Maße vertieft, daß sie binnen kurzem die Erfahrungsebene verlassen, auf der die Erlebnisse ihrer psychischer Leiden und Beeinträchtigungen angesiedelt waren.

5. Therapeutische Verfahren

Die Überwindung von Geschlechterrollen

In unserer modernen Gesellschaft ‚leiden' die meisten Menschen an einer überstarken Identifikation mit den grundsätzlichen Merkmalen des eigenen Geschlechts. Männer neigen dazu, ihre Betätigung in der äußeren, materiellen und geschäftlichen Welt und ihr gesellschaftliches Ansehen zu ernst zu nehmen, ihre Verantwortung für die Familie überzubetonen, indem sie aus ihrer Funktion, den Unterhalt der Familie zu bestreiten, das Recht auf Dominierung der übrigen Familienmitglieder ableiten, haben einen latenten Hang zur Gewalttätigkeit und idealisieren die Bedeutung begrifflicher Konzepte [*das sind Gedanken, Worte und logische Begriffe*]. Viele Frauen neigen zur Idealisierung eines typisch weiblichen Selbstverständnisses. Hierunter ist zumeist der direkte Ausdruck von Emotionen, bisweilen die Tendenz zur Flucht in eine passive Opferrolle, und – seltener – ein mehr oder weniger aggressiver Feminismus zu zählen.

Von einer typischen Identifikation mit einer idealisierten Frauen- bzw. Männerrolle ist nur deshalb unter dem Vorzeichen einer buddhistisch orientierten psychologischen Beratung/Therapie abzuraten, weil diese die Erlebnisfähigkeit von Frauen und Männern in starkem Maße einschränkt. Männer haben demgemäß meist einen erschwerten Zugang zu ihrer Gefühlswelt, während Frauen emotional unter dem sehr starken Einfluß ihres hormonellen Zyklus' stehen. Viele Angehörige beider Geschlechter neigen zudem dazu, abfällig über die Vertreter des jeweils anderen Geschlechts zu denken und zu sprechen und sich ihnen gegenüber mit einem Mangel an Achtung und Respekt zu verhalten.

Es muß nicht im Einzelnen erläutert werden, daß diese typisch weiblichen bzw. männlichen Arten des Selbstverständnisses die Quelle für sehr viele leidbringende Entwicklungen und persönliche Probleme darstellen. Eine buddhistisch inspirierte psychologische Beratung/Therapie setzt sich deshalb dafür ein, eine jegliche Idealtypisierung des weiblichen oder männlichen Geschlechts wieder aufzulösen. Beide Geschlechter haben ihre Stärken und ihre Schwächen, und überdies gibt es weder Männer noch Frauen, die ihr eigenes Geschlecht in einer vollkommen typischen Weise verkörpern – nach buddhistischem Verständnis hat man nämlich auf drei Ebenen der eigenen psycho-physischen Konstitution drei u.U. inkonsistente Geschlechter: Die äußere Ebene beschreibt das Geschlecht des Körpers; die innere Ebene beschreibt das ‚psychische Geschlecht'; und die geheime Ebene beschreibt das ‚tantrische Geschlecht' [*das die Energien des praktizierten Yidams reflektiert*] – ein bestimmtes Individuum kann also durchaus auf der äußeren und auf der geheimen Ebene weiblich, auf der psychischen Ebene jedoch männlich sein! In manchen Dingen neigen Menschen zudem dazu, die Geschlechterrolle typischer zu erfüllen als in anderen Belangen. Individuen sollten sich jedoch die Freiheit bewahren, ihre Geschlechtszugehörigkeit mit der gleichen geistigen Distanziertheit und Selbstverantwortlichkeit von Moment zu Moment neu zu definieren, mit der sie der Zugehörigkeit zu ihrem Berufsstand, ihrem Besitz, ihrer sozialen Klasse, ihrer Nationalität usw. begegnen.

Es ist nicht das Anliegen einer buddhistisch ausgerichteten psychologischen Beratung/Therapie, Frauen und Männer von einer maßvollen Übereinstimmung mit ihrem jeweiligen Geschlecht wegzuführen oder gar zu männlichen Frauen oder weiblichen Männern ‚umzupolen' [*also ihre geschlechtstypischen Merkmale miteinander zu vermischen und dadurch quasi zu neutralisieren*], sondern ihr eingeschränktes Selbstbild und ihre eingeschränkten Erfahrungs- und Verhaltensmuster – sofern vorhanden – um diejenigen Anteile zu bereichern, die mit der Zugehörigkeit zum eigenen Geschlecht vereinbar sind, obwohl sie dem vorherrschenden geschlechtsbezogenen Rollenverständnis nicht unbedingt entsprechen. In manchen Gesellschaftsschichten gilt es beispielsweise als unmännlich, seine Vorhaben akribisch zu planen, in seinen Dingen Ordnung und Übersicht zu wahren und seine Pflichten mit einer gewissen Sorgfalt zu erledigen. Um nicht als ‚weibisch' verschrien zu werden, passen sich viele Männer den

Normen dieser Gesellschaftsschicht an und handeln impulsiv, legen wenig Wert auf die Reinhaltung ihrer Wohnung, auf ihre Kleidung und Ernährung und versuchen, grobschlächtig und latent gewaltbereit aufzutreten. Natürlich handelt es sich hier um ein extremes Beispiel, und Vertreter dieser Gesellschaftsschicht werden sich kaum jemals freiwillig in eine psychologische Behandlung – geschweige denn in eine buddhistisch ausgerichtete psychologische Beratung/Therapie – begeben. Dennoch eignet sich dieses Beispiel zumindestens dafür, die geschlechtsspezifischen Selbstbilder und Idealtypisierungen zu veranschaulichen. Und: Bei psychischer Überlastung besteht schließlich die Tendenz, bei Verringerung der Distanz zum Geschehen das nach Orientierung suchende Verhalten an entsprechenden Stereotypien auszurichten! Wer den Erfahrungsspielraum jener Männer um die ‚weibliche' Dimension einer gewissen Liebe zum Detail, einer gewissen Ordnungsliebe und Friedfertigkeit bereichern könnte, würde dadurch dazu beitragen, daß diese Männer – und zudem viele ihrer Sozialpartner – künftig sehr viel weniger Leid erfahren müßten.

In diesem Zusammenhang sollen gemäßigtere Beispiele vermieden werden, die dem Verfasser schnell den Ruf eines Verfechters eines typisch männlichen/weiblichen Standpunktes eintragen könnten. Wenn auch nicht in diesem Extrem, so wirkt die ‚Relativierung' geschlechtstypischer Standpunkte, Rollenverständnisse oder gar philosophischer Argumente bei den Klienten/Patienten grundsätzlich leidvermindernd, generell psychisch bereichernd und die geistige Entwicklung anregend, indem verhärtete psychische Strukturen und unangemessene Prädispositionen aufbrechen und nach und nach durch adäquatere und flexiblere ersetzt werden können.

Die Art und Weise, in der in diesem Zusammenhang der psychologische Berater/Therapeut auf seine Klienten/Patienten einwirkt, sollte sich in erster Linie an gesprächspsychotherapeutischen Verfahren orientieren. Der Klient/Patient sollte gegebenenfalls durch vorsichtige Hinweise auf dessen andere Personen schädigenden Verhaltensmuster aufmerksam gemacht werden; dies sollte in einer verständnisvollen, jenen trotz all seiner Schwächen und Defizite als Person achtenden und respektierenden Weise geschehen. Der psychologische Berater/Therapeut kann– im Unterschied zu einer gesprächspsychotherapeutischen Vorgehensweise – zur Veranschaulichung seiner verbalen Hinweise allerdings durchaus illustrierende Beispiele aus vorhergehenden Berichten des Klienten/Patienten heranziehen, die er zur Verdeutlichung auch etwas verfremden oder überakzentuieren darf – wenn er dies dem Behandelten durchsichtig zu machen vermag. Übertreibungen zum Zweck der Veranschaulichung sind dann statthaft, wenn die therapeutische Beziehung dies erlaubt.

Zudem sollte sich die psychologische Beraterin/Therapeutin bzw. der psychologische Berater/Therapeut immer des Umstandes bewußt sein, daß eine jede ihrer/seiner Selbstdarstellungen von ihren/seinen Klientinnen/Patientinnen bzw. Klienten/Patienten grundsätzlich daraufhin überprüft werden wird, ob sie/er auch selber dem hohen Anspruch genügt, tradierte Rollenerwartungen zu überwinden, indem sie/er sich – wo angebracht – unkonventionell und unorthodox gibt. Psychologische Berater/Therapeuten müssen sich ausnahmslos so verhalten, daß sie ihrer Funktion als ‚Vorbild' unter allen Umständen gerecht werden. Je größer die sozialen Defizite des Klienten/Patienten, umso stärker wird diese Vorbildfunktion in Anspruch genommen werden. Berater bzw. Therapeuten beiderlei Geschlechts müssen also dem Kriterium genügen, sich durch die Vertiefung ihrer eigenen Erfahrungsebene – die sie durch das Praktizieren eines buddhistisch inspirierten geistigen Entwicklungsweges [*also durch die intellektuelle Auseinandersetzung damit, wie die Dinge tatsächlich sind, und das anschließende Umsetzen ihrer dadurch intellektuell gewonnenen Erkenntnisse in der Meditation*] realisieren konnten – in einem Maße vom typischen Rollenverständnis ihres Geschlechts emanzipiert zu haben, daß sie in jedem Moment erkennen können, welche Merkmale bestimmter Situationen der geistigen Entwicklung zweckdienlich sind, obwohl sie u. U. nicht im Einklang mit der typischen Geschlechterrolle stehen.

Die Kontrolle der psychischen Funktionen

Die gedanklichen und die emotionalen Muster fächern sich zu den im zweiten Kapitel in verschiedene Kategorien unterteilten psychischen Funktionen auf. Die Auseinandersetzung mit ihnen und Übung in ihnen kann lediglich vom buddhistische Elemente integrierenden psychologischen Berater/Therapeuten geleistet werden. Jener ist dazu aufgerufen, eine Auswahl der bedeutsamsten psychischen Funktionen zu identifizieren, die das Denken, Reden und Handeln seiner Klienten/Patienten maßgeblich bestimmen, und sie daraufhin behutsam sowohl mit ihren positiven psychischen Fähigkeiten als auch mit den negativsten, ihre eigene Befindlichkeit am deutlichsten beeinträchtigenden psychischen Strategien vertraut zu machen. Die Klienten/Patienten sollen durch wiederholte Hinweise auf die sie hauptsächlich determinierenden psychischen Funktionen dazu ermutigt werden, ihren wertvollen psychischen Qualitäten mehr Augenmerk zu schenken und jene dadurch zu stärken, und die psychischen Fallen, in die sie sich immer wieder selber hineinmanövrieren und die sie unmerklich in schädliche und negative psychische Entwicklungen verstricken, zu schwächen und zu kontrollieren.

Die Kontrolle ausgewählter psychischer Funktionen entspricht noch am ehesten einem traditionellen psychotherapeutischen Vorgehen. Es ermöglicht den Klienten/Patienten, problematische Weisen ihres Denkens [*und Fühlens*], Redens und Handelns anderen Menschen gegenüber in Richtung auf ein förderliches, positives, ‚Verdienst' und psychischen Überschuß aufbauendes kognitives, verbales und physisches Verhalten zu beeinflussen. Dadurch schaffen die Betroffenen die notwendigen psychischen Voraussetzungen dafür, daß sich anhaltende Konflikte und psychische Probleme, deren Manifestation bestimmten Mustern folgen, zunehmend auflösen können, und sie sich so in einem Maße von ihrer – sicherlich häufig sehr beeinträchtigten – Lebenssituation emanzipieren können, daß es ihnen zunehmend möglich wird, ihre rigiden kognitiven Muster und ihre emotionalen Störungen zu kontrollieren.

Ausgiebige Selbsterfahrung im Umgang mit der ganzen Bandbreite der psychischen Funktionen, die man nur durch eingehende theoretische Auseinandersetzung mit jenen und – alternierend dazu – durch das Üben konzentrativer und meditativer Übungen erlangen kann, sind die unabdingbare Voraussetzung dafür, Aussagen bezüglich der psychischen Funktionen anderer treffen zu können und zu dürfen. Da die Betroffenen ihre unbewußt wirksamen psychischen Funktionen häufig in einer außergewöhnlich negativen und leidbringenden Weise einsetzen, ist bei der Konfrontation der Klienten/Patienten mit ihren bedeutsamsten psychischen Funktionen äußerstes Einfühlungsvermögen angebracht. Klienten/Patienten voreilig mit einer Beurteilung ihrer vordringlichsten psychischen Funktionen zu konfrontieren kann zur Quelle für schwerwiegende Verletzungserlebnisse werden, die sich später nur unzureichend wieder ausräumen lassen und das Vertrauensverhältnis zwischen dem psychologischen Berater/Therapeuten und seinem Klienten/Patienten langfristig belasten. Deshalb ist der psychologische Berater/Therapeut an dieser Stelle zu größter Vorsicht und u.U. sogar zur Zurückhaltung aufgerufen.

Die Kontrolle rigider kognitiver Muster

Wie bereits im Abschnitt über die willkürlichen und unwillkürlichen Gedanken [*siehe S. 34ff*] aufgezeigt werden konnte, sind diese beiden Arten von Gedanken nicht als diejenigen Instanzen zu mißdeuten, die die eigentliche Erkenntnisleistung des menschlichen Geistes ausmachen. Erkenntnisse und Einsichten sind vielmehr vollkommen ungedanklich – in dem winzigen Sekundenbruchteil, in dem der Geist eine Erkenntnisleistung vollbringt, wird er von keinerlei gedanklicher Aktivität in Anspruch genommen. Erst anschließend verleihen entsprechende willkürliche Gedanken den eigentlichen geistigen Erkenntnissen eine gedankliche Form, in die die Erkenntnisse und Einsichten – handele es sich dabei um Wahrnehmungsakte oder um höhere abstrakte Erkenntnisleistungen – im jeweils direkt auf den Moment der aktuellen Erkenntnis folgenden Moment gekleidet werden. In dem Moment, in dem ein willkürlicher Gedanke innerlich formuliert: „Ah, ich habe etwas erkannt," ist der Moment direkter und ‚ursprünglicher' Erkenntnis bereits unwiederbringlich vorüber. Willkürliche Gedanken stellen deshalb in der buddhistischen Psychologie lediglich die Instrumente [*genauer: die Objekte*] des relativ grob arbeitenden Intellekts dar, mittels derer jener Moment für Moment die mittlerweile eingetretenen Ereignisse neu interpretiert. Der Intellekt ist allerdings im Verlauf seiner Erklärungen und Interpretationen der momentanen Geschehnisse darauf angewiesen, neue, noch unbekannte und unerklärliche Aspekte der Phänomene und Ereignisse, die vom Bewußtsein bereits im vorhergehenden Moment in einer unbegrifflichen Weise direkt erkannt worden sind, auf der Grundlage seiner bisherigen Erfahrungen zu ‚verstehen'. Dabei werden notgedrungen immer wieder die einzigartigen, neuartigen und noch unvertrauten Seiten der stattfindenden Veränderungen [*bzw. der sich ereignenden Geschehnisse*] auf der Grundlage vergangener Erfahrungen mißdeutet und fehlinterpretiert, wodurch es permanent zu folgenschweren intellektuellen Fehleinschätzungen kommt. Diese ungenügenden Interpretationen und Fehldeutungen sind es, die letztlich für das Zustandekommen aller negativen Verhaltensweisen und allen zwischenmenschlichen Leids verantwortlich sind [*beispielsweise geht ein Individuum zum Gegenangriff über, weil es irrigerweise meint, sich verteidigen zu müssen*].

Im Unterschied dazu werden in der modernen, materialistisch-naturwissenschaftlich ausgerichteten westlichen Welt die Gedanken oder gar der Intellekt, der ganze Systematiken solcher Gedankengebäude in der Form kognitiver Muster in sich vereint, die permanent auf den neuesten intellektuellen Stand gebracht werden müssen, als die eigentliche Erkenntnisleistung angesehen. Entsprechend dieser Sichtweise würde es genügen, seine Meinungen und Überzeugungen zu ändern, indem das Individuum an seinen intellektuell erzeugten ‚Erkenntnissen' [*den sog. ‚willkürlichen Gedanken'*] oder zumindest an den für den eigenen Intellekt faßlichen

,Erkenntnissen' [*den sog. Eingebungen oder Ideen, die in der buddhistischen Psychologie als ,unwillkürliche Gedanken' angesehen werden*] ,arbeitet', wenn es seine Persönlichkeit oder Psyche grundlegend ändern [*beispielsweise heilen oder stärken*] möchte. Der Bereich der Emotionen sei hier zunächst ausgeklammert; er wird im nächsten Abschnitt gesondert behandelt.

Als ,Erkenntnisse' gelten in denjenigen Erkenntnistheorien, die – zumindest implizit – den im Westen anerkannten traditionellen Psychotherapieformen zugrundeliegen, bereits solche gedanklichen Konstruktionen, die aufgrund der intellektuellen Reflektion der eigenen psychischen Situation und des eigenen biographischen Werdeganges zustandekommen. Sigmund Freuds Hypothese von der ,Katharsis' [*Reinigung, Befreiung von inneren Konflikten und verdrängten Gefühlen, ihr Abreagieren z.B. durch von einem Psychotherapeuten oder anderen Bezugspersonen provozierte, eventuell heftige Äußerungen; auch im Verlauf eines befreienden, unter starker Gefühlsbeteiligung sich vollziehenden Erlebnisses; vgl. Meyers kleines Lexikon der Psychologie, Hofstätter, P. R. (Hrsg),* MANNHEIM 1986; *oder nach einer anderen Quelle: die Bewußtmachung unbewußter Ängste, Konflikte und Wünsche bewirke eine Heilung psychischer Störungen, indem diese Bewußtmachung – quasi wie die Öffnung eines Ventils – den Überdruck im psychischen System, dem permanent durch sexuelle und aggressive Triebe neue Energie zugeführt werden, vermindere; dadurch sinke die Tendenz zum Ausdruck neuerlichen gleichartigen Verhaltens; zitiert nach Amelang, M. & Bartussek, D.: Differentielle Psychologie und Persönlichkeitsforschung;* STUTTGART 1990, *S. 350 und 405*] sei hier stellvertretend für eine Vielzahl von anderen Therapieformen zugrundeliegenden Grundaussagen angeführt, die sich darin gleichen, daß ihnen gemäß ein intellektuelles ,Erkennen' eigener kritischer Verhaltensmuster deren Besserung oder gar Heilung bewirke.

Dieser grundsätzlichen Überzeugung steht die buddhistische Auffassung gegenüber, daß die Provokation bestimmter unwillkürlicher Gedanken durch psychotherapeutische Techniken noch kein ,kathartisches' Überwinden der zugrundeliegenden psychischen Störungen oder Defekte bewirken kann, sondern lediglich das willkürliche Denken über jene in einer Weise beeinflußt, daß die Betroffenen – jedenfalls für eine gewisse Zeit – in einer unbelasteteren und unängstlicheren Weise über die eigene psychische Problematik nachdenken können. Dies gelingt jedoch einzig durch permanente Beeinflussungen und Manipulationen des willkürlichen Denkens durch den psychologischen Berater/Therapeuten. Ungeachtet der so entstehenden einstweiligen Linderung der Symptomatik verschaffen sich die den psychischen Problematiken zugrundeliegenden unterbewußten Eindrücke [*die ,karmischen' Negativabdrücke zuvor vom Individuum selbst begangener Handlungen*] allerdings weiterhin ungehindert Ausdruck, indem sie als unwillkürliche Gedanken ständig ungehinderten Zugang zu den unbewußten und bewußten Schichten der menschlichen Psyche finden. Solange Individuen auf dieses wahre Trommelfeuer der aus ihrem Unterbewußtsein emporquellenden psychischen Eindrücke hin größtenteils unbewußt – oder doch zumindestens unbewußt ausgelöst – gedanklich, verbal und körperlich reagieren, sinken die dadurch neu entstehenden psychischen Eindrücke – durch die Einzigartigkeit der derzeitigen Ereignisse nur geringfügig modifiziert – wieder ins Unterbewußtsein zurück, um bei abermals gegebenen primären Ursachen und sekundären Bedingungen erneut zutage zu treten. In dieser Weise perpetuieren sich die aus dem Unterbewußtsein bewußt werdenden psychischen Eindrücke trotz einer psychotherapeutischen Behandlung ständig aufs Neue!

Dieser psychische Mechanismus kann nicht unterbrochen oder gar geheilt werden, stellt er doch die eigentliche Funktionsweise des gewöhnlichen [*d.h. nicht durch Meditation transformierten*] menschlichen Geistes bzw. Bewußtseins dar. Psychische Störungen sind einer buddhistischen Psychologie zufolge nicht als Dysfunktionen, Erkrankungen oder Störungen eines idealerweise gesunden psychischen Apparates zu verstehen, sondern stellen die zwangsläufigen Konsequenzen der Handlungen dar, die Individuen zuvor ,nur' in Gedanken und Gefühlen [*kognitive bzw. emotionale*

Handlungen], mittels ihrer Rede [*verbale Handlungen*] und natürlich mittels ihres Körpers [*physische Handlungen*] vollführt haben. Erfährt jemand immer wieder in einer quälenden und ängstigenden Weise bestimmte psychische Eindrücke, die ihn dazu veranlassen, sich anderen oder/und sich selbst gegenüber kognitiv, verbal oder physisch in einer schädigenden Weise zu verhalten [*neurotische Störung*], oder ist er einfach nur in leidhafte Beziehungen mit anderen Personen verstrickt, aus denen er sich nur durch einen Bruch befreien könnte, woraufhin auch seine künftigen Beziehungen unvermeidlich auf den gleichen Konfliktpunkt zusteuern würden [*Störung der zentralen zwischenmenschlichen Beziehungen*], oder gelingt es ihm stattdessen nur nicht, seinem inneren und äußeren Leben eine Richtung zu geben, die einerseits seine psychische Probleme und andererseits seine äußere Lebenssituation in einer positiven, förderlichen Weise entwickelt, statt sich – wie bislang – ohne Orientierung treiben zu lassen [*Orientierungslosigkeit in Bezug auf die Lebensführung und auf Lebensziele*], dann bedarf diese Person eines Zuganges zu ihrem Unterbewußtsein, aus dem diese leidhaften Eindrücke unablässig hervordringen, sowie derjenigen Mittel und Methoden, die diese Eindrücke in ihrem Unterbewußtsein zu neutralisieren und zu löschen vermögen [*psychische Reinigung*]. Ohne diese sehr aufwendige Arbeit zu leisten, die den Betroffenen sprichwörtlich ‚an die Substanz geht', kann sich kein Individuum dauerhaft von seinen belastenden psychischen Eindrücken befreien.

Zu Beginn einer jeden buddhistisch ausgerichteten psychologischen Behandlung muß notwendigerweise eine grundsätzliche psychologische Standortveränderung vorgenommen werden: Der Klient/Patient sollte zunächst mittels seines Intellekts verstehen lernen, daß er nicht als Einziger permanent leidhaften Geisteszuständen bzw. leidhaften psychischen Zuständen augesetzt ist, sondern daß alle Menschen – wie offen und herzlich ihr Lächeln auf den Monitoren oder Titelblättern auch immer wirken mag, wie überzeugend auch immer ihre Beteuerungen klingen mögen, daß es ihnen wirklich außerordentlich gut ginge, und wie befriedigend ihre Lebensumstände auch immer sein mögen – andauernd Enttäuschungen und Leid erleben. Leiden sind absolut unvermeidlich; sie stellen einen vollkommen unausweichlichen Aspekt des menschlichen Lebens – ja der Existenz in der bedingten Wirklichkeit überhaupt – dar. Solange das Individuum die Verwirklichung seines persönlichen Glücks anstrebt, wird es zwangsläufig Rückschläge, Unglück und Leiden erleben. Äußerliche und innerliche Lebensumstände, die die letztendliche Steigerung und Befriedigung persönlichen Glücksstrebens verkörpern, sind nicht denkbar. Wie vermögend, mächtig, berühmt oder beliebt auch immer ein Individuum bereits geworden sein sollte – umso mehr wird die/der Betreffende eine weitere Steigerung seines/ihres vermeintlichen Glücks anstreben, und umso mehr wird er/sie diesbezüglich Rückschläge und Enttäuschungen hinnehmen müssen. Die grundsätzliche egoistische Tendenz in allen Menschen gestattet es ihnen nicht, sich jemals mit dem Erreichten zufrieden zu geben. Stattdessen sind Menschen permanent mit Versuchen zur Steigerung des eigenen Glücks – leider nur zu oft auf Kosten anderer – befaßt. Und: Je höher sie auf der sozialen oder beruflichen Stufenleiter bereits aufgestiegen sein sollten, umso stärker werden paradoxerweise Fehlschläge und mißglückte Versuche als persönliche Niederlagen [*als Beleidigung des persönlichen Stolzes*] erfahren. Interviews mit bedeutenden Persönlichkeiten des Zeitgeschehens in Zeitschriften und TV-Talkshows sprechen hier eine beredte Sprache.

Solange ein Individuum ganz von der Aufgabe vereinnahmt ist, seinen Lebenskampf zu bestehen, indem es seine eigenen Ziele als vorrangig vor den Zielen anderer definiert, wird es zwingend andauernd Leiden erfahren. Eine grundsätzliche Wendung in der Strukturierung der eigenen psychischen Erfahrungen kann nur dadurch zustandekommen, daß die Individuen, die begabt genug sind, ihre leidhaften Geisteszustände als solche zu erkennen [*anstatt sich – wie bislang – in Rechtfertigungen und im Stiften immer neuer Zusammenhänge zwischen irgendwelchen Determinanten des inneren und äußeren Lebens zu verstricken*], und den Mut aufbringen, sich einem langfristigen psychischen Heilungsprozeß zu unterziehen, zu Beginn ihrer Behandlung verstehen, daß alle Lebewesen [*ob Mücke oder Elefant, ob Angehöriger eines Naturvolkes oder ‚geistig hochstehender' Zentraleuropäer*] sich darin gleichen, daß sie permanent danach streben, Glück zu erleben und Leid zu vermeiden. Da alle Lebewesen – und insofern natürlich auch alle Menschen – immerwährend leidhafte Geisteszustände erfahren, die größtenteils auch noch dadurch, daß sie mit Gleichgültigkeit und einer ignoranten Geisteshaltung gepaart auftreten, sehr viel negativer in Erscheinung treten als diejenigen leidhaften Zustände, deretwegen Betroffene um eine psychologische Beratung oder Therapie nachsuchen, gilt es, den Ansatzpunkt ihrer psychischen Bemühungen zu verändern: Wenn alle Menschen permanent unter leidhaften Geisteszuständen leiden, und die meisten Menschen sogar – in Unwissenheit über die Konsequenzen ihrer geistigen, verbalen und körperlichen Handlungen – auf widrige Umstände in einem Maße negativ [*d.h. andere schädigend*] reagieren, daß eine Verschärfung ihrer Konflikte nicht ausbleiben kann, dann kann nur solchen von persönlichem Leid betroffenen Individuen langfristig eine Abkehr von leidhaften Geisteszuständen gelingen, die die Verringerung der Leiden anderer Wesen zu ihrer eigenen Aufgabe machen.

Zu Anfang der Behandlung sollte ein psychologischer Berater/Therapeut, der buddhistische Elemente in seine Behandlung integriert, seinen Klienten/Patienten in einer anschaulichen Weise darlegen, daß deren – wenn auch erst einmal theoretische – innere Zuwendung zu den leidhaften Geisteszuständen der unendlich vielen anderen Individuen automatisch eine gewisse Abwendung von den eigenen psychischen Problemen bewirkt. Dieses Verständnis soll den Klienten/Patienten nicht psychisch entlasten, sondern zu Beginn der Beratung/Therapie erst einmal sein Mitgefühl wekken und anregen. Personen, die eine psychologische Praxis aufsuchen, leiden ebenso wie Menschen, die körperlich erkrankt sind, unter einer Art artifiziellem Egoismus: „Ich bin krank und muß jetzt erst einmal meine ganze Energie auf meinen eigenen Heilungsprozeß konzentrieren.

Bis dahin kann ich mich um nichts anderes kümmern." Darin werden sie üblicherweise von ihren psychologischen Beratern/Therapeuten bestärkt, die ihre Klienten/Patienten mit solchen Standardformulierungen wie: „Hier [*d.h. in diesem geschützten therapeutischen Rahmen*] darfst und sollst Du egoistisch sein!" oder „Grenz Dich doch einmal ab!" oder „Schon wieder diese Schuldgefühle ... " ausdrücklich zum Ausleben einer egozentrischen Grundhaltung auffordern. Solange die eigenen psychischen Leiden auch noch bewußt in den Vordergrund des persönlichen Erlebens gerückt werden, verhärten sie sich in einem Maße, daß sie keine Aufweichung erfahren können. Überdies kann es ausdrücklich nicht das Ziel jeder ernsthaft buddhistisch ausgerichteten psychologischen Beratung bzw. Therapie sein, den Klienten/Patienten lediglich von seinen psychischen Problemen, Konflikten oder gar neurotischen Störungen zu befreien [*was nach dieser Lehre ohnedies ein Ding der Unmöglichkeit ist*], sondern die Ebene seiner Erfahrung bzw. Bewußtheit soweit anzuheben, daß diejenigen Umstände, die zuvor als Leiden erfahren wurden, nun in einer vollkommen anderen, vertiefteren und damit reineren Weise wahrgenommen und erfahren werden können. Aus diesem Grund sollte sich der Klient/Patient zu Beginn einer buddhistsich orientierten psychologischen Beratung/Therapie ernstlich daraufhin prüfen, in welchem Maße und in welcher Weise er trotz seiner psychischen Beschränkungen und Leiden persönlich dazu beitragen kann, die Leiden so vieler anderer Wesen wie nur möglich wirksam zu verringern, um dann nach und nach Anstrengungen zu unternehmen, dies tatsächlich auch zu bewerkstelligen. Diesbezüglich könnte das Motto lauten: „Ich bin nur ein einziger, der sehr leidet. Die Zahl der anderen, die ebenso leiden wie ich – selbst wenn ich nur diejenigen in meine Betrachtung miteinbeziehe, denen ich tagaus, tagein begegne – ist für mich unüberschaubar. Wenn es so viele andere gibt, die so sehr wie ich oder sogar noch mehr leiden, ohne daß ihnen jemand hilft, wie kann dann das Leiden auf dieser Welt jemals verringert werden? Und da nur diejenigen, die gerade ganz unter dem Eindruck ihres eigenen Leids stehen, ein gewisses Verständnis für die Leiden anderer aufbringen, können nur Menschen wie ich, die von ihren eigenen Leiden ausgehöhlt und geschwächt sind, verstehen, wie wichtig es ist, etwas dafür zu tun, daß die Leiden der unüberschaubar vielen Wesen verringert werden. Deshalb sollte ich – wenn es mir einmal besser geht und ich dann sozusagen psychische Kapazitäten frei habe – etwas dafür tun, daß es anderen besser gehen kann." Die Klienten/Patienten sollten sich also anfangs zu wiederholten Malen und in einer eindringlichen Weise intellektuell damit auseinandersetzen, wie unbedeutend ihr persönliches Leid gegenüber den unermeßlichen Leiden ist, die so viele andere Wesen auf der Welt andauernd erfahren.

Das Herstellen einer solchen Motivation wird im Buddhismus traditionellerweise die ‚Entwicklung der erleuchteten Geisteshaltung' (skrt: Bodhicitta; tib: byang.chub.sems.dpa') genannt. Ohne sie kann niemand jemals einen weitreichenden geistigen Entwicklungsweg betreten [*die meisten hinduistisch inspirierten Beratungen/Therapien wie beispielsweise das in Deutschland recht verbreitete ‚Tantra' der ‚Sannyasin' nach Bhagwhan Shree Rajneesh kranken an der unüberwundenen Egoismusschwelle; außerdem ist zu bezweifeln, inwieweit sexuelle ‚Übungen' die Psyche zu heilen vermögen*]. Wer von seinen psychischen Problemen dermaßen vereinnahmt ist, daß er den Leiden der anderen keine ausreichende Aufmerksamkeit schenken kann, weil er entweder einer egoistischen Grundhaltung den Vorzug gibt oder vollkommen unter dem Eindruck einer psychotischen Wirklichkeitsverzerrungen steht, besitzt nicht die geistige Kraft, sein persönliches Leid gegenüber den Leiden anderer Menschen zu relativieren und eignet sich deshalb auch nicht für diese Form der psychologischen Beratung/Therapie. Da es sich hier ebenfalls um ein echtes Ausschlußkriterium für eine unter buddhistischen Vorzeichen stehende psychologische Behandlung handelt, sollte zu Anfang einer Behandlung neben den übrigen unter dem Abschnitt ‚Zielgruppe' [*siehe S. 232f*] zusammengefaßten Eignungskriterien für die hier vorgestellte Form der psychologischen Beratung/Therapie geklärt werden, inwieweit sich der Klient/Patient – zunächst intellektuell – von einer egoistischen Zentriertheit auf die eigene psychische Problematik zu lösen vermag. Klienten/Patienten, die bereits eine Bereitschaft besitzen, ihrer psychischen Problematik gegenüber eine gewisse intellektuelle Distanz zu entwickeln, sollten sich im Aufbringen von Mitgefühl üben. Mitgefühl besteht bekanntlich darin, anderen Menschen aufrichtigen Herzens die Befreiung von gerade jenen Formen des psychischen, physischen oder zwischenmenschlichen Leids zu wünschen, das bei einem selbst einen überwältigenden, schmerzlichen Leidensdruck hervorruft. Je echter dieser vom Mitgefühl getragene Wunsch bereits empfunden werden kann, umso größer wird dadurch der Abstand zu den eigenen leidhaften Erfahrungen [*d.h. umso geringer wird der psychische Leidensdruck*]. Die Abnahme des Leidensdruckes unter ein die Betroffenen vollkommen vereinnahmendes Niveau wird als Voraussetzung für die Aufnahme eines geistigen Entwicklungsprozesses gewertet.

In diesem Zusammenhang sei noch einmal daran erinnert, daß unvermeidlich Moment für Moment und Augenblick für Augenblick Gedanken im Bewußtseinsstrom Gestalt annehmen – ob das Individuum auf sie achtet und sich ihrer bewußt wird oder nicht; jede Sekunde rauschen unzählige gedankliche Bewertungen, Benennungen und prinzipielle Reaktionsbereitschaften [*die sog. Gewohnheitstendenzen oder Prädispositionen*] durch sein Bewußtsein. Wenn in Meditation ungeübte Individuen der meisten von diesen nicht gewahr werden, dann einzig und allein deshalb, weil die Aufmerksamkeitsspanne, die sie den einzelnen Aspekten ihrer Wahrnehmungsobjekte widmen, noch so lang ist, daß sie verhältnismäßig viele einzelne Wahrnehmungsakte und die sich an jene anschließenden gedanklichen Bewertungen, begrifflichen Bezeichnungen und prinzipiellen Reaktionsbereitschaften in einer Weise überlagert, so daß jene ihnen nicht mehr ins Bewußtsein dringen können. So entäußert sich das Bewußtsein ständig in gedanklicher Form, die sich natürlich im Laufe der individuellen Entwicklung zu einer komplexen inneren Sprache verfeinert, die dennoch lediglich auf diesem einfachen psychischen Mechanismus der Wahrnehmung von Objekten [*auch unwillkürlichen Gedanken oder Ideen*], deren anschließender Bewertung, Bezeichnung und der Ausbildung von entsprechenden Reaktionsbereitschaften beruht – gleichgültig ob das Individuum gerade leidhafte oder freudevolle Erfahrungen macht. Eine jede dieser Bewertungen, Benennungen und anschließenden Reaktionsbereitschaften kann in einer mehr oder weniger egoistischen oder altruistischen Weise erfolgen – je nachdem welche grundsätzlichen diesbezüglichen Entscheidungen das betreffende Individuum zuvor bewußt getroffen hat und inwieweit es sich daraufhin auch darin übt, dieser sich selbst vorgegebenen grundsätzlichen mentalen Ausrichtung auch tatsächlich zu folgen.

Wenn das psychische Erleben jedoch insofern in Mitleidenschaft gezogen ist, als eine gestörte Sozialisation und/oder eine gestörte Individuation psychische Störungen hinterließ [*was einem buddhistischen Verständnis entsprechend wiederum karmisch verursacht sein muß*], dann äußert sich dies grundsätzlich darin, daß die Betroffenen einerseits ihren gedanklichen Bewertungen zu viel Wert beimessen [*d.h. daß sie sich ängstlicher an ihren gedanklichen Beurteilungen bestimmter Situationen ‚festklammern'*], und daß andererseits ihre gedanklichen Einschätzungen und Interpretationen momentaner Gegebenheiten das Geschehen neurotisch – also unangemessen – mißdeuten. Orientieren sich selbst bei weitgehend psychisch unbelasteten Individuen [*d.h. bei Individuen, die aufgrund von positiven Taten, die sie in der Vergangenheit begingen, über einen gewissen psychischen Überschuß verfügen, den sie zumeist nach und nach durch den Genuß persönlicher Vorteile wieder aufbrauchen*] die gedanklichen Deutungen der gegenwärtigen Ereignisse in unzulässigem Maße an vorangegangenen eigenen Erfahrungen, wodurch diese unvermeidlich eine Verzerrung in Richtung auf bereits Bekanntes erfahren, so wird dieser Effekt bei Individuen, deren Individuation und/oder Sozialisation beeinträchtigt ist [*die nicht nur über keinen psychischen Überschuß, sondern darüberhinaus sogar noch über einen Mangel an psychischer Energie verfügen*], noch durch relativ grobe neurotische Fehldeutungen der situativen Gegebenheiten verschärft. Das ganze Denken dieser Personen kreist in einem Maße um ihre seelischen Nöte und praktischen Probleme, daß alle Vorkommnisse – und seien sie noch so unabhängig von jenen – in einer willkürlichen und unangemessenen Weise mit entsprechenden Deutungen versehen bzw. irrigerweise in irgendwelche Beziehungen mit den persönlichen psychischen Problematiken des Individuums gestellt werden.

Wenn psychisch belastete oder beeinträchtigte Individuen überzeugt werden könnten, daß sie nicht den Zugriff auf die bestimmenden Merkmale ihres Lebens verlieren, wenn sie – zunächst einmal als kurzzeitiges Experiment – lernen, auf ihre gedanklichen Einschätzungen momentaner Gegebenheiten zu verzichten bzw. jene zunächst einmal vorsichtiger und distanzierter auszuwerten, sondern daß sie im Gegenteil erst dadurch dazu fähig werden, Momente direkter und unmittelbarer Erkenntnis zu erfahren, die ihrem bisherigen Niveau intellektueller Erkenntnis außerordentlich überlegen sind, dann werden dadurch gleich zwei therapeutische Ziele verwirklicht: Der Klient/Patient durchschaut zum einen, daß seine gedanklichen Interpretationen momentaner Ereignisse durchweg mit dem Fehler behaftet sind, durch unstatthafte logisch-intellektuelle Vergleiche mit den definierenden Charakteristika vergangener persönlicher Erfahrungen eine derartige Einbuße an Präzision und Erlebnisfrische zu erfahren, daß den neuen, unbekannten Elementen der momentanen Geschehnisse nicht in hinreichendem Maße Rechnung getragen werden kann; so stieß sein Intellekt bei dem Versuch, die Wirklichkeit zu erfassen, bislang ohnedies an seine Grenzen. Die menschliche Intelligenz präsentiert sich in diesem Licht als Instanz, die auf der relativen Ebene der Wirklichkeit die tatsächlichen Vorkommnisse nur in einer künstlichen, indirekten Weise zu erfassen vermag. Zum Anderen lösen Individuen sich in dem Maße, in dem sie sich von von ihren Bewertungen, begrifflichen Bezeichnungen und anschließenden Handlungsbereitschaften [*den Gewohnheitstendenzen bzw. den Prädispositionen*] emanzipieren, auch von ihren neurotischen Fehldeutungen der aktuellen Wahrnehmungsobjekte und komplexen Situationen, die ihnen bislang ein angemessenes Verständnis der Veränderungen der eigenen Lebensumstände verwehrten. Da die Gedanken lediglich diejenige Form darstellen, in die die eigenen Erkenntnisse durch unzulässigen Vergleich mit vergangenen persönlichen Erfahrungen oder zusätzlich durch eine neurotische Verzerrung in Richtung auf eigene psychische Defekte gekleidet werden, anstatt – wie eine materialistisch-naturwissenschaftlich orientierte Sichtweise betont – die höchste Form der menschlichen Erkenntnisfähigkeit darzustellen, gilt es in der buddhistisch ausgerichteten psychologischen Beratung/Therapie, die Erfahrungsebene, auf der gedankliche Aktivitäten dominieren, zu transformieren.

Wie bereits weiter oben im Abschnitt über die meditative Konzentration [*siehe S. 175ff*] ausführlich erläutert, dient deren Übung der Überwindung einengender gedanklicher und emotionaler Muster gleichermaßen. Um das Bewußtsein daran zu hindern, der Tätigkeit nachzugehen, die es ausübt, solange es nicht durch Konzentration [*beispielsweise durch konzentriertes Nachdenken über ein bestimmtes Problem*] davon abgehalten wird – nämlich unkonzentriert und unkontrolliert umherzuschweifen, so wie der Geist beispielsweise während des Traumgeschehens völlig desorientiert und willkürlich die unterschiedlichsten Tagesreste miteinander kombiniert – müssen Menschen ihr psychophysisches System in einen diesbezüglichen Idealzustand versetzen, der traditionellerweise ‚Yoga' genannt wird [*siehe S. 183f*]. Es wird jedoch eindringlich davor gewarnt, jedwede Yoga-Systeme – beispielsweise eines der hinduistischen Yogas [*etwa Hatha-Yoga*] und buddhistisches Yoga – und auch die verschiedenen Ebenen buddhistischer Yogas miteinander zu vermischen! Ein solches Unterfangen kann nur fatale Konsequenzen nach sich ziehen.

Wer andere belehren will, muß selbst den Status eines Experten erlangt haben. Die folgenden Äußerungen sind in erster Linie für solche psychologischen Berater/Therapeuten gedacht, die erwägen, buddhistische Elemente in ihre Behandlung zu integrieren. Für diesen Personenkreis ist es unerläßlich, unter Anleitung eines erfahrenen Meditationsmeisters ausgiebig praktische Erfahrungen mit dem Geisteszustand, der ‚jenseits' von Gedanken ist, zu sammeln. Haben diese Personen gelernt, ihr psychophysisches System in den Idealzustand von Yoga zu versetzen, dann sollten sie damit beginnen, ihr Bewußtsein in kurzen Sequenzen von etwa dreiminütiger Dauer in meditativer Konzentration zu trainieren [*das genaue Procedere soll hier nicht geschildert werden, um niemanden, der dafür noch nicht vorbereitet ist bzw. der nicht unter Anleitung eines erfahrenen Meditationsmeisters steht, dazu zu verleiten, diese Übungen zu praktizieren*]. Nach Ablauf einer dieser dreiminütigen Konzentrationsphasen soll man sich kurz entspannen, um daraufhin sogleich wieder – und nach einer weiteren kurzen Entspannung wieder und immer wieder – zu üben, seinen Geist in einen konzentrativen Zustand zu versetzen, bis es einem nach Wochen und Monaten regelmäßiger Übung relativ mühelos gelingt, sein Bewußtsein ad hoc in einen konzentrierten, gedankenfreien Zustand zu versetzen und diesen Zustand solange aufrechtzuerhalten, wie man dies wünscht. Nur wer seine Konzentration durch buddhistisches Yoga soweit steigern konnte, daß er seine Erfahrungsebene dadurch grundlegend verändern [*auf eine höhere Stufe heben bzw. ‚transformieren'*] konnte, darf auf einer theoretisch-intellektuellen Ebene auf seine Klienten/Patienten einwirken, deren Gedanken als künstliche Fabrikate ihres Intellekts anzusehen und sich irgendwann in der Zukunft – wiederum nur unter Anleitung eines erfahrenen Meditationsmeisters – selbst solchen konzentrativen und vielleicht später einmal sogar meditativen Methoden zu unterziehen.

Nur nach erfolgreich abgeschlossener buddhistisch ausgerichteter psychologischer Behandlung kann der in konzentrativen Methoden versierte psychologische Berater/Therapeut seine Klienten/Patienten in der weiter oben [*auf Seite 93f*] vorgestellten Übung in meditativer Konzentration trainieren. Keinesfalls jedoch darf der in konzentrativen Methoden vorgebildete psychologische Berater/Therapeut das Ausmaß seiner geistigen Kraft und die Tiefe seiner geistigen Einsicht so überschätzen, daß er die weiterführenden meditativen Methoden weitergibt, die er selber von einem dazu autorisierten, in der Übertragungslinie stehenden Meditationsmeister erhalten hat! Dies wäre nicht nur ein Indiz für die spirituelle Verblendung und Anmaßung des psychologischen Beraters/Therapeuten, sondern würde gleichzeitig das Grundprinzip der Übertragung, das über die letzten zweieinhalb Jahrtausende hinweg die Authentizität buddhistischer Praktiken garantierte, sträflich verletzen. Darüberhinaus würde ein solches Vorgehen die psychische Gesundheit der Klienten/Patienten leichtfertig aufs Spiel setzen.

Jeder Hinweis auf die buddhistisch inspirierte Sichtweise, den Klienten/Patienten von ihrem psychologischen Berater/Therapeuten erhalten, ja allein die Einordnung ihrer psychischen Problematik aus buddhistischer Sicht bewirkt zwangsläufig kurz- oder mittelfristig eine Steigerung der Konzentration bei den Klienten/Patienten. Dadurch ‚konzentrieren' die Klienten/Patienten ihre geistige Wachheit bzw. Bewußtheit auf zweierlei Art auf sich selbst: ① Anstatt sich in der Beratung/Therapie ausführlich mit bestimmten schädlichen Einflüssen in ihrer psychischen Entwicklung oder ihren Beziehungsproblemen zu beschäftigen, lernen sie, sich zunehmend auf ihre eigene Person zu konzentrieren und ihren früheren Peinigern, Widersachern oder Feinden zunehmend mit einem unpersönlichem Mitgefühl zu begegnen [*indem sie sich vor Augen halten, in welchem Maße jene durch ihr schädigendes Verhalten ihre eigene Zukunft negativ beeinflussen, und indem sie erkennen, wie leidhaft deren jetziger Geisteszustand sein muß*]; und ② zudem werden sie auf sich selbst konzentriert, indem sie unter Anleitung des psychologischen Beraters/Therapeuten, der in konzentrativen und meditativen Techniken versiert ist, darin unterwiesen werden, ihrer grundsätzlichen Neigung zum Verharren in dumpfen und trägen Geisteszuständen einerseits und in agitierten Geisteszuständen andererseits zu widerstehen und sich stattdessen mit ihrem psychologischen Berater/Therapeuten in einer konzentrierten Weise mit bestimmten Grundsätzen der buddhistischen Betrachtungsweise [*z.B. der Funktionsweise von Karma*] auseinanderzusetzen. Dadurch steigert sich die Konzentrationsfähigkeit der Klienten/Patienten soweit, daß im weiteren Verlauf – wie im vorigen Abschnitt bereits erläutert – eine vorsichtige Annäherung an konzentrative Verfahren möglich wird. Dem buddhistisch vorgebildeten und erfahrenen psychologischen Berater/Therapeuten ist natürlich jegliche Übermittlung von meditativen Techniken, die einzig authentischen Meditationsmeistern vorbehalten ist, streng untersagt.

Dadurch, daß der psychologische Berater/Therapeut im Verlauf der Behandlung seine Klienten/Patienten mittels der Interventionsformen, die seiner beraterischen/therapeutischen Ausbildung entstammen, immer vertrauter mit dem Umstand macht, daß Gedanken nicht die Wirklichkeit widerspiegeln, sondern sich vielmehr zwischen die Wirklichkeit und sie als die jene erfahrenden Subjekte stellen, wird das Niveau ihrer Erkenntnis mit der Zeit derart angehoben, daß ihnen ihre leidhaften Erfahrungen zwar noch bewußt werden, jedoch nach und nach an Intensität verlieren, weil ihr Intellekt sie immer weniger aufgreift und weiterdenkt. Dieser Geisteszustand ist im herkömmlichen psychotherapeutischen Sinne als ‚geheilt' bzw. ‚gesund' zu bezeichnen. Wenn sie nach erfolgreicher psychologischer Beratung/Therapie sogar die oben erläuterte Übung konzentrativer Methoden bewältigen, können sie sich darüberhinaus weitgehend einem Geisteszustand annähern, der sich selbst kontrolliert, indem er bestimmt, wann sie bewußt denken wollen und wann sie nicht mehr denken – bzw. dem Strom der eigenen Gedanken nicht mehr bewußt folgen – wollen. Dieser Geisteszustand stellt bereits den Übergang zur geistigen bzw. spirituellen Entwicklung dar, obwohl zu seiner Verwirklichung noch keine meditativen Methoden [*die noch ungleich kraftvoller und effektiver sind*] zum Einsatz gekommen sind. In dem Maße, in dem Individuen ihre Übung konzentrativer Methoden vorantreiben und dadurch ihr Bewußtsein in einem friedlichen [*d.h. konzentrativen*] Zustand ruhen lassen, schaffen sie die Voraussetzung dafür, daß schnellere Fortschritte bei der eventuell später erfolgenden Übung von meditativen Methoden erzielt werden können. Klienten/Patienten, die ihre psychischen Probleme durch eine buddhistisch orientierte psychologische Beratung/Therapie erfolgreich bewältigt haben und ungeduldig nach ‚stärkeren' und exotischeren als den konzentrativen Methoden verlangen, können darauf verwiesen werden, daß sie mit dem weiteren Üben von meditativer Konzentration ihre Zeit intensiv nutzen: Selbst wenn sie schon längst die psychische Eignung dafür besitzen sollten, Meditation praktizieren zu können, verkürzen sie durch weiteres Trainieren konzentrativer Verfahren die Zeitspanne, die sie im Anschluß aufbringen müßten, um meditativen Methoden erfolgreich umsetzen zu können!

Die Kontrolle emotionaler Störungen

Aus den Abschnitten dieses Buches, die den archaischen Gefühlen [*siehe S. 40ff*], den betreffenden psychischen Funktionen [*beispielsweise den ‚Empfindungen', aber auch einigen der primären und sekundären negativen psychischen Funktionen wie beispielsweise Trotz, Rachsucht, Ärger und Stolz; siehe S. 58 und 57-60*] sowie dem tantrischen System der Auffächerung der archaischen Gefühle zu den hauptsächlichen fünf bzw. sechs Störgefühlen [*siehe S. 44*] gewidmet sind, geht hervor, daß die Keimzelle sämtlicher Emotionen in den positiven, negativen oder gleichgültigen Beurteilungen der betreffenden Wahrnehmungsobjekte zu finden ist, die irgendwann zuvor aufgrund entsprechender Erfahrungen mit jenen getroffen [*quasi konditioniert*] worden sind. Diese drei emotionalen Basis-Bewertungen werden entweder zu den entsprechenden gefühlsmäßigen psychischen Funktionen [*wie sie im Mahayana gelehrt werden, das für diejenigen Personen von großem praktischen Nutzen ist, die – im öffentlichen Leben stehend – daran arbeiten, ihre unterbewußten Eindrücke durch das Praktizieren der ‚vollkommenen Handlungen' nach und nach zu reinigen*] oder zum System der fünf bzw. sechs hauptsächlichen Störgefühle [*wie es im Vajrayana gelehrt wird, das für jene Personen von außerordentlichem praktischen*

Nutzen ist, die sich den meditativen Praktiken dieser Tradition – idealerweise in einer zeitlich begrenzten Zurückziehung – unterziehen wollen] organisiert.

Gleichgültig ob die Emotionen dem einen oder dem anderen dieser Systeme eingegliedert werden: Grundsätzlich werden die Gefühle aus buddhistischer Sicht als störende und negative psychische Ereignisse angesehen, die prinzipiell egoistische – und damit für andere und für einen selbst zukünftig leidbringende – Tendenzen stärken und sämtliche Erfolge, die das Individuum auf seinem geistigen Entwicklungsweg bereits erarbeitet hat sollte, wieder untergraben. In keiner Hinsicht unterscheidet sich die westliche Psychologie vermutlich mehr von der buddhistischen Psychologie als in Bezug auf den Standpunkt, den beide betreffs der Emotionen beziehen: Werten alle gemeinhin anerkannten psychotherapeutischen Traditionen die Gefühle und Emotionen als natürliche Qualität der menschlichen Psyche, zu deren Entäußerung jede Person nicht nur grundsätzlich berechtigt sei, sondern sogar ermutigt werden sollte, um ihre elementarsten seelischen Impulse nicht unterdrücken, verdrängen oder anderweitig fehlleiten zu müssen [*dieser Auffassung liegt das psychoanalytische Konzept der ‚Triebabfuhr' – der lustvollen Reduktion von als unangenehm erlebter Triebspannung – zugrunde, das von allen anerkannten Psychotherapien zumindestens implizit unterstützt wird*], so betrachtet die buddhistische Psychologie sämtliche Emotionen – mit Ausnahme der selbstlosen Liebe [*die definitionsgemäß den aufrichtigen Wunsch darstellt, daß andere Glück erleben und glücklich sein mögen*] und der Gefühle von Freude [*die beispielsweise erfahren wird, wenn das Individuum unvermutet etwas Schönes sieht oder hört; sie ist von solchen Gefühlen abzugrenzen, die mit Lust oder der ‚profanen' Befriedigung von Bedürfnissen einhergehen*] und Furchtlosigkeit [*d.i. ein sehr entwickeltes Gefühl, das nur derjenige erfahren kann, der jede Furcht und Angst überwunden hat und folglich sogar im Angesicht des Todes zu höchster Konzentration in der Lage ist*] – als negative, Schaden bewirkende und deshalb unbedingt zu kontrollierende psychische Qualitäten, weil sie das menschliche Bewußtsein davon abhalten, in einem Zustand der Ruhe zu verweilen. Stattdessen bewirken die Gefühle aus buddhistischer Sicht das Zustandekommen von aufgewühlten, agitierten Geisteszuständen, aus denen heraus das Individuum dazu neigt, unüberlegte und eigennützige Handlungen – und im Extremfall sogar Kurzschlußreaktionen – zu begehen, die sämtliche Formen psychischen Wachstums, die es sich jemals [*in traditionellen Texten heißt es an dieser Stelle: während endloser Lebenszeiten*] errungen haben sollte, binnen kürzester Zeit – u.U. in Sekundenbruchteilen – wieder zunichte machen können.

Das Verständnis, das herkömmliche Psychotherapieformen den Emotionen entgegenbringen, erscheint insofern gerechtfertigt, als diese es sich – wenn auch nur unausgesprochen – zur Aufgabe gesetzt haben, die relativ kurzfristige [*d.h. noch in derselben Lebensphase erfahrene*] psychische Befindlichkeit von Menschen zu verbessern. Daß im Tibetischen Buddhismus ein völlig konträres Verständnis vom natürlichen, gesunden emotionalen Erleben des Menschen vertreten wird, findet seine Erklärung darin, daß die therapeutischen Interventionen, die auf der Grundlage einer buddhistischen Sichtweise eingesetzt werden, längerfristige Wirkungen zeitigen sollen: Das Praktizieren buddhistischer Methoden dient dem Zweck, daß die Praktizierenden nicht nur besser leben, sondern auch besser sterben und sogar besser wiedergeboren werden und dann erneut besser leben sollen. Behauptungen, nach denen Personen ein Recht auf die Entäußerung ihrer Wut, Trauer und ähnlicher destruktiver Gefühle anderen gegenüber haben, gelten zwar als zeitgemäß und veranlassen eventuelle Zeugen des Geschehens schon lange nicht mehr dazu, sich darüber moralisch zu entrüsten, daß durch das Zeigen negativer Emotionen die Gefühle anderer Menschen verletzt werden; wer jedoch seine Emotionen bedenkenlos und in einer egozentrischen Weise anderen gegenüber auslebt, um sich kurzfristig psychisch zu entlasten, wird erst dann, wenn es für einen grundsätzlichen Richtungswechsel zu spät sein wird – nämlich wenn er aus der entsprechenden Lebensphase ‚herausgealtert' ist – das ganze Ausmaß seiner geistigen Verarmung erfassen, nach der er sein ganzes Leben ausgerichtet hat. Dies wird spätestens dann der Fall sein, wenn er alt und schwach geworden ist und damit unvermeidlich die Krankheiten und Gebrechen eingesetzt haben werden, die ihn zunehmend auf die Unterstützung durch andere Menschen angewiesen sein lassen [*vgl. hierzu das eingangs aufgeführte Zitat von H.H. dem 14. Dalai Lama*]. Das unkontrollierte Ausleben eigener Gefühle führt also nicht nur nicht zu dauerhaftem Glück [*sondern höchstens zu kurzen Episoden des Triumphes über andere*]; vielmehr bewirkt es, daß das Individuum langfristig [*d.h. in späteren Lebensphasen*] sogar verbittert werden wird. Diese Verbitterung wird umso schwerwiegender und hoffnungsloser sein, je unbeugsamer es früher auf seinem scheinbar unabdingbaren Recht auf das Ausleben seiner Gefühle und Emotionen bestanden haben sollte. Der buddhistischen Psychologie zufolge haben kurzfristige emotionale Entlastungen notgedrungen zur Konsequenz, daß die betreffenden Personen dadurch die Gelegenheit ungenutzt verstreichen lassen, ihnen selbst entgegengebrachte Schädigungen und Ungerechtigkeiten als psychische Reinigungen aufzufassen und so mittelfristig [*d.h. schon nach Ablauf einiger Tage oder Wochen*] eine spürbare Vertiefung ihrer Erkenntnisfähigkeit zu erfahren.

Gelten in allen westlichen Psychotherapien solche Methoden, die das Unterdrücken von Emotionen bewirken, als therapeutisch kontraindiziert, weil sie durch die damit verbundene Steigerung der sog. ‚Abwehrmechanismen' nur zu einem weiteren Anstieg des mit jenen verbundenen Triebstaus führen würden, der sich daraufhin womöglich in der Zukunft gewaltsam entladen oder sich gar in Form einer psychosomatischen Erkrankung gegen das Individuum selbst richten könnte [*vgl. insbesondere Freuds Schriften zur ›Psychopathologie des Alltagslebens‹ (1904), seine ›Vorlesungen zur Einführung in die Psychoanalyse‹ (1917) sowie seinen ›Abriß der Psychoanalyse‹ (1938); auf die psychoanalytische Krankheitslehre beziehen sich die meisten modernen Psychotherapien wie beispielsweise die Gesprächspsychotherapie oder die Gestalttherapie – ob ausgesprochenermaßen oder zumindest implizit*], so ist gemäß der buddhistischen Psychologie die Unterdrückung negativer Emotionen bestimmten Personen oder Objekten gegenüber sogar zwingend geboten! Dieser scheinbare Widerspruch löst sich auf, wenn man berücksichtigt, daß eine buddhistisch orientierte psychologische Beratung/Therapie sich an Menschen wendet, die die Bereitschaft besitzen, ihre seelischen Qualen und Beeinträchtigungen vollkommen zu transformieren und dadurch einen hohen Grad psychischer Reife zu erlangen. Diese Individuen sind ohnedies dazu aufgerufen, die Tiefe ihrer Einsicht innerhalb relativ kurzer Zeiträume weit über das Niveau hinaus zu steigern, auf dem die Abwehrmechanismen des psychoanalytischen Menschenbildes zum Tragen kommen. Personen, die diese Bereitschaft mitbringen, sind natürlich auch willens, sich unangenehme Gefühle und Empfindungen oder gar seelische Schmerzen und leidhafte Geisteszustände, die aus einem generellen willentlichen Verzicht darauf, andere Menschen zu schädigen oder zu deren Nachteil zu handeln – selbst wenn jene ihnen selbst Schaden zugefügt haben sollten und immer wieder Schaden zufügen – bewußt zu machen und jene auf das Konto ihrer psychischen Wachstumsschmerzen zu verbuchen, anstatt sie zu verdrängen, ungeschehen machen zu wollen oder sie durch einen anderen psychischen Abwehrmechanismus ins Unterbewußtsein zurückzudrängen. Menschen dagegen, die unbewußt nach dem Lustprinzip leben, bieten sich dagegen eher dafür an, zum Opfer solcher unbewußt wirksamer Abwehrmechanismen zu werden. Insofern erscheint für solche Individuen, die danach streben, ihre persönliche Reife auf eine hohe Stufe zu heben, die bewußte Kontrolle negativer Emotionen nicht nur gerechtfertigt, sondern sogar zwingend angezeigt zu sein.

Zu diesem Zweck sollten die Klienten/Patienten darin unterwiesen werden, sich permanent und in einer konsequenten Weise daraufhin zu überprüfen, inwieweit sie gerade unter dem Einfluß eines oder mehrerer der sechs Störgefühle [*siehe S. 44*] stehen. Jeder, der das ernsthafte Anliegen hat, sich spirituell zu entwickeln, muß ohnedies lernen, sich selbst in jeder Situation grundsätzlich mit dem Mißtrauen entgegenzutreten, daß er womöglich – wenn auch nur unmerklich und in einer noch so unbewußten Weise – mindestens von einem dieser Störgefühle vereinnahmt ist. Durch diese therapeutische Strategie verfeinert das Individuum sein Verständnis von den psychischen Mechanismen, die es bisher subtil [*d.h. in einer unbewußten Weise*] beeinflußten und lenkten, immer mehr, bis es seine Einsicht in diese Vorgänge soweit vervollkommnet, daß es sie sogar willkürlich steuern und verändern kann. Langfristig macht das Befolgen dieser therapeutischen Strategie das Individuum nicht etwa zu einem völlig lustlos-gehemmten, überkontrollierten, ‚verkopften' und verbissenen Charakter, wie eine unkritische psychoanalytisch ausgerichtete Sichtweise dies vielleicht nahelegen könnte; vielmehr entwickelt es sich dadurch, daß es das Wohl der anderen im Auge hat und zugleich konsequent auf die Entäußerung seiner negativen Emotionen verzichtet [*wodurch jene immer mehr verblassen*], in einer natürlichen Weise zu einer liebevollen und reifen Persönlichkeit, die im Frieden mit sich selbst lebt und eine sehr positive Ausstrahlung auf andere Menschen besitzt.

Natürlich ist es bis dahin ein langer und dornenreicher Weg, und das Individuum stößt nur zu häufig an seine Grenzen, indem es sich vollkommen sicher ist, in bestimmten inneren und äußeren Lagen keinerlei störenden Gefühlen unterworfen zu sein: Sämtliche Komplikationen scheinen ausnahmslos von den anderen an der betreffenden Situation beteiligten Personen auszugehen. Da die Theorie und die bisherige Erfahrung das Individuum jedoch lehrt, daß es in jedem Moment psychischen Erlebens abwechselnd einem der störenden Gefühle oder gar einer Kombination mehrerer störender Gefühle unterliegt, sollte es natürlich dann erst recht den Mut aufbringen, sich zu einem der Störgefühle – zumeist demjenigen, das sich einzugestehen mit außerordentlich starken Widerständen verbunden ist – zu bekennen. Daraufhin werden sich unweigerlich und umgehend zunächst die eigene psychische Situation – und bald auch die äußerlichen Gegebenheiten – entkrampfen, und das Individuum wird verstehen, daß es gerade einen weiteren Blick hinter die Kulissen des eigenen psychischen Theaters werfen und sich davon überzeugen konnte, daß dort kein wahrhaft existierendes ›Selbst‹ – keine Psyche, Seele oder Persönlichkeit – an den Fäden der eigenen Geisteszustände zog, sondern daß die von der Psychoanalyse formulierten psychischen Abwehrmechanismen nur solange greifen, als es die Verantwortung für seine Störgefühle, die es bislang unbewußt zu bestimmten leidinduzierenden Handlungen verleiteten [*d.h. die bislang für die Aufrechterhaltung der unbewußt wirksamen Gewohnheitstendenzen bzw. der Prädispositionen verantwortlich waren*], nicht bewußt übernimmt. Störgefühle fungieren also als Vermittler zwischen dem Unterbewußtsein einerseits und den bewußten Schichten des eigenen Geistes andererseits, indem sie – passend zur karmischen Verursachung – eine Färbung annehmen, die die eigene ignorante Haltung während des Ausübens der ursprünglichen Tat [*d.h. während der Erzeugung des ursprünglichen negativen ,karmischen' Eindrucks, der u.U. sehr lange zurückliegt*] widerspiegelt. Es gilt, diese ignorante, zur Leugnung bzw. zur Aktualisierung der verschiedensten Abwehrmechanismen nur zu bereite psychische Tendenz zu überwinden, wenn das Individuum die Erfahrungsebene transformiert, auf der die leidhaften und leidbringenden Geisteszustände angesiedelt sind. Wenn die Klienten/Patienten erst einmal soviel Vertrauen zu ihrem psychologischen Berater/Therapeuten gefaßt haben, daß sie – quasi als Experiment – an relativ bedeutungslosen Problempunkten erste Erfahrungen mit dem Bewußtmachen, Eingestehen und Kontrollieren [*also Unterdrücken*] bestimmter negativer Emotionen sammeln können, werden sie erfahrungsgemäß binnen kurzem ihre Widerstände gegen dieses Vorgehen aufgeben und rasche Fortschritte in ihrer geistigen Entwicklung erzielen.

Psychische Reinigung 2

Psychische Reinigungen erfahren alle Personen, die sehr kraftvolle und effektive [*d.h. rasch wirksame*] Methoden zur eigenen geistigen Entwicklung einsetzen. Sie stellen sozusagen die Wachstumsschmerzen der eigenen psychischen oder geistigen Entwicklung dar. Psychische Reinigungen können sich ⇨ als bedrückte Stimmungen äußern, die sich von den verschiedenen Formen der Depression darin unterscheiden, daß sie das Individuum in relativ kurzen, mehrere Minuten bis einige wenige Stunden währenden Episoden mit einer Vielzahl ungewohnter und überfordernder geistiger Erfahrungen konfrontieren, denen es zuvor in einer unreiferen, egoistischeren Weise begegnete; diese Stimmungen sind insofern schmerzhaft und unausweichlich, als sie es ihm verwehren, sich beispielsweise durch innerlichen Rückzug auf einen rigideren psychischen Standpunkt wieder aus ihnen zu befreien. Darüberhinaus kann psychische Reinigung aber auch ⇨ die Form einer starken, aber gegenstandslosen Trauer annehmen [*manche Betroffene berichten von starken Weinkrämpfen, ohne berichten zu können, was sie traurig machte; diese sporadischen Trauerschübe werden als psychische Entlastung erfahren*]. Psychische Reinigung kann das Individuum auch ⇨ mit bestimmten Merkmalen problematischer Situationen konfrontieren, die ihm die Grenzen des theoretisch bereits als richtig erkannten, aber praktisch noch nicht mit ausreichender Konsequenz geübten Verhaltens in einem Maße aufzeigen, daß es sich durch sie beinahe sanft, aber bestimmt zur praktischen Integration seiner Erkenntnisse gedrängt sieht.

Psychische Reinigung setzt unwiderruflich bereits zu dem Zeitpunkt ein, zu dem ein Klient/Patient das erste Mal konzentriert und ernsthaft darüber nachdenkt, daß er sich in Bezug auf die für ihn zentralen und absolut maßgeblichen psychischen Motive – nämlich in jeder Situation Glück erleben [*oder steigern*] und Leid vermeiden zu wollen – in keinster Weise von anderen Menschen [*genauer: von irgendwelchen Lebewesen*] unterscheidet. Von diesem Moment an ist die Auseinandersetzung mit seinem Gewissen immer dann unausweichlich, sobald es zum Schaden oder Nachteil anderer Wesen gehandelt haben sollte.

Psychologische Berater/Therapeuten, die in ihren Behandlungen auf buddhistische Elemente zurückgreifen, brauchen bei ihren Klienten/Patienten keine psychischen Reinigungen zu provozieren. Vielmehr ist das Eintreten von psychischer Reinigung sogar dann schon unvermeidlich, sobald jene damit beginnen, sich ‚lediglich' theoretisch mit buddhistischem Gedankengut auseinanderzusetzen. Erst recht kommt es natürlich dann zu psychischer Reinigung, wenn Individuen in ihrem Verhalten überpersönliche Gesichtspunkte zu berücksichtigen und sich deshalb geistig zu verändern und zu entwickeln beginnen. Psychische Reinigungen ängstigen die von ihr Betroffenen selten in einem solchen Maße, daß jene dadurch in ihren Reaktionen eingeschränkt würden; vielmehr provozieren sie oftmals kurzzeitige Rückfälle in aggressive Verhaltensweisen, weil demjenigen, der durch seine psychische und/oder geistige Entwicklung sehr beansprucht ist, immer wieder plötzliche, blitzhafte Erfahrungen von tiefer Einsicht in die wirklichen Zusammenhänge der von ihm experimentell veränderten Umstände widerfahren, die ihm sein jetzt noch verfügbares Verhaltensrepertoire und die Grenzen seiner psychischen Entwicklung mit so schmerzhafter Deutlichkeit vor Augen führen, daß er sich zuweilen versucht fühlt, diesen entlarvenden Einsichten durch Gefühle der Wut [*psychoanalytisch: Leugnung; buddhistisch: Zorn, der als die Unfähigkeit definiert ist, Leiden widerspruchslos hinzunehmen*] zu begegnen.

Der psychologische Berater/Therapeut ist schon deshalb dazu aufgerufen, den psychischen Reinigungen seiner Klienten/Patienten mit aufrichtigem Mitgefühl zu begegnen, weil die Klienten/Patienten ihn permanent daraufhin überprüfen werden, inwieweit er selber die Grundsätze einer buddhistisch orientierten psychologischen Beratung/Therapie verinnerlicht hat. Mitgefühl bedeutet ja <u>nicht</u> Bedauern oder Mitleid, sondern stellt den aufrichtigen, mit großer Kraft mindestens einen Moment lang gehegten Wunsch dar, andere mögen tatsächlich ‚frei vom Leiden' sein. Ist dieser Wunsch nur stark und aufrichtig genug, dann kann er als Rettungsanker fungieren, an den der Klient/Patient sich mit seinem – natürlich noch eigennützigen – Wunsch klammern kann, selbst ‚frei vom Leid' zu sein [*die Wendung ‚frei vom Leiden' entstammt einem Gebet – also einem ritualisierten Wunsch – das jeder Tibetische Buddhist mehrmals täglich rezitiert. Dort heißt es: „Mögen alle Wesen das Glück und die Ursache des Glücks haben. Mögen sie frei sein vom Leiden und den Ursachen des Leidens. Mögen sie nicht vom wahren Glück, welches ohne Leiden ist, getrennt sein. Mögen sie in großem Gleichmut verharren – frei von Verhaftung an das, was man mag, und Abneigung gegen das, was man nicht mag;" vgl. die Widmung zu den vier vorbereitenden Praktiken des sog. ‚Ngöndro'*]. Dadurch wird er tatsächlich umgehend von seinen leidhaften psychischen Reinigungen befreit, indem es ihm gelingt, die entsprechende Erfahrungsebene zu transformieren.

Das Praktizieren von ‚Geistberuhigung' [*d.i. die Übung meditativer Konzentration*] stellt eine außerordentlich effektive Technik zur Reinigung unterbewußter geistiger Eindrücke dar, indem durch sie den unwillkürlichen und den willkürlichen Gedanken, die häufig in bestimmte Reaktionsbereitschaften [*die sog. Gewohnheitstendenzen*] einmünden, Einhalt geboten wird. Immer dann, wenn seine psychischen Mechanismen [*beispielsweise die Produktion bestimmter Gedanken*] dem Individuum die Kontrolle über die momentane Situation verwehren, kommt es zur Erfahrung psychischer Reinigung. Werden diese psychischen Reinigungen kondensiert, indem es es sich beispielsweise nicht gestattet, den aus seinem Unterbewußtsein emporquellenden unwillkürlichen Gedanken mittels der von ihm selbst fabrizierten willkürlichen Gedanken zu folgen und sie ‚weiterzuspinnen', dann reinigt das Individuum während einer Sitzung unermeßliche Beträge von leidhaften psychischen Eindrücken aus seinem Unterbewußtsein heraus, die anderenfalls irgendwann in der Zukunft die

Umsetzung negativer Gewohnheitstendenzen [*also solcher Handlungsbereitschaften, die einem entsprechenden negativen Muster gehorchen*] zur Folge gehabt hätten.

Das Praktizieren der sog. ‚vollkommenen Handlungen' bewirkt an sich zwar ebenfalls psychische Reinigung; diese wirken jedoch im Vergleich zu den bereits erwähnten Formen der psychischen Reinigung relativ langsam und weniger kraftvoll. Dennoch ist das Praktizieren dieser ‚vollkommenen Handlungen' eine unverzichtbare Voraussetzung für sämtliche anderen Formen psychischer Reinigung: Wer sein Verhalten nicht zumindestens grob an den ‚vollkommenen Handlungen' ausrichtet, wird seine psychischen Eindrücke nicht in bemerkenswertem Umfang reinigen und deshalb seine geistige Entwicklung auch nicht kraftvoll vorantreiben können. Deshalb kommt der psychologische Berater/Therapeut, der buddhistische Elemente in seine Behandlung integrieren möchte, nicht umhin, sich zunächst einmal eingehend mit den ‚vollkommenen Handlungen' auseinanderzusetzen und in ihrer praktischen Umsetzung bereits erste Fortschritte gemacht zu haben, bevor er seine Klienten/Patienten buddhistischen Interventionsmethoden aussetzt. Die Klienten/Patienten können zu einem fortgeschrittenen Zeitpunkt der Behandlung im groben Rahmen mit den entsprechenden Prinzipien dieser ‚vollkommenen Handlungen' vertraut gemacht werden. Immer, wenn sie sich anschließend im Widerspruch zu diesen Grundsätzen verhalten sollten, genügt ein entsprechender verständnisvoller Hinweis des psychologischen Beraters/Therapeuten, um sie zu einer kritischen Reflektion ihres eigenen Verhaltens zu veranlassen.

Die stärkste psychische Reinigung wird durch das Praktizieren der Reinigungsmeditation von ‚Dorje Sempa' (tib: rdo.rje.sems.dpa'; skrt: Vajrasattva) erzielt, die jedem sie Praktizierenden von einem hohen Meditationsmeister in Form einer Einweihung und zudem als Ermächtigung verliehen worden sein muß. Sie wird traditionellerweise als die zweite der vier sog. ‚vorbereitenden Übungen' (tib: sngon.'gro) praktiziert. Diese vorbereitenden Übungen sind aus dem Grund als Vorbereitung für die eigentlichen Meditationen unerläßlich, weil sie das Bewußtsein in einem Umfang reinigen und geschmeidig machen, das dem Individuum im Anschluß an sie Meditation überhaupt erst ermöglicht. Im Verlauf dieser Praxis wird in Verbindung mit einer bestimmten Visualisierung ein hundertsilbiges Mantra [*das sog. Reinigungsmantra*] einhunderttausend Mal wiederholt. Durch diese etwa ein Jahr in Anspruch nehmende spirituelle Praxis werden selbst die tiefsten Schichten des Unterbewußtseins – also unterbewußte Eindrücke, die von unendlich lange zurückliegenden Lebenszeiten herrühren – gereinigt. Daß diese Meditation erfolgreich praktiziert wird, zeigt sich häufig daran, daß der Praktizierende an bestimmten Stellen seines Körpers Pickel und nässende Furunkel bekommt; körperliche Krankheiten, die ihn ohne die Ausübung dieser Reinigungstechnik noch bevorgestanden hätten, verlassen ihn in dieser Form. Auch die oben erwähnten Formen psychischer Reinigung werden in komprimierter Form erfahren, indem dem Individuum immer wieder Momente geistiger Desorientierung widerfahren, die jedoch insofern unumgänglich sind, als sie ihm die Umorientierung zentraler psychischer Funktionen gestatten. Das Traumerleben wird zudem durch das Praktizieren der Reinigungsmeditation außerordentlich intensiviert. Selbstredend verbietet es sich, diese effektivste Form der psychischen Reinigung an seine Klienten/Patienten weiterzugeben [*nur hochverwirklichte Meditationsmeister sind dazu befugt*].

Idealerweise sollte der behandelnde psychologische Berater/Therapeut diese Praxis selbst bereits abgeschlossen haben. Außerdem ist er dazu aufgerufen, den psychischen Reinigungen seiner Klienten/Patienten größte Aufmerksamkeit zu schenken. Psychische Reinigungen kennzeichnen die ‚karmisch' wunden Punkte der Klienten/Patienten, an denen sie in ganz besonderem Maße darauf angewiesen sind, die erforderlichen Gegenmittel zur Anwendung zu bringen [*siehe beispielsweise S. 146*], die ihnen nur der psychologische Berater/Therapeut aufzeigen kann.

Ausblick

Natürlich kann weder das konzentrierte Durcharbeiten dieses Buches psychologische Berater/Therapeuten dazu befähigen, buddhistische Elemente in ihre Behandlung zu integrieren, noch ermöglicht es interessierten Klienten/Patienten, sich in einer ‚Eigentherapie' selbst diesen buddhistischen Elementen zu unterziehen. Aufmerksame Leserinnen und Leser – ob sie ‚lediglich' ihrem Informationsinteresse nachgehen oder ob sie potentielle Berater/Therapeuten und Klienten/Patienten sein sollten – sollen durch dieses Buch zunächst dazu ermutigt werden, Buddhismus als beispiellos tiefgründige und außerordentlich ernstzunehmende Wissenschaft vom menschlichen Geist zu verstehen und ihm den Makel einer fernöstlichen ‚esoterischen' Weltanschauung zu nehmen; darüberhinaus sollen sie auch dazu inspiriert werden, sich eingehender mit buddhistischen Originaltexten zu befassen oder Buddhismus an einem der eingangs erwähnten Institute in New Delhi/Indien oder in Kathmandu/Nepal zu studieren. Ich möchte außerdem meiner Hoffnung Ausdruck verleihen, daß dieses Buch dazu beitragen möge, Laien und Fachleute der verschiedensten Heilberufe dazu anzuregen, ihre Einschätzung von der Beschaffenheit der eigenen Psyche und/oder die psychologische Behandlung ihrer Klienten/Patienten in einer Weise zu erweitern, daß sie dadurch einen Zugang zu einer neuen geistigen Dimension finden.

Dieses Buch kann nur eine Übersicht über die Nahtstelle zwischen Psychologie/Psychotherapie einerseits und Buddhismus andererseits bieten. Interessierten Lesern wird empfohlen, Originalliteratur [*d.h. verläßliche Übersetzungen von Texten, die entweder auf den historischen Buddha selbst oder hochverwirklichte Gelehrte und Meditationsmeister der tibetischen Tradition des Buddhismus zurückgehen*] zu studieren. Erst seit Mitte der neunziger Jahre werden erfreulicherweise in größerem Umfange qualitativ hochwertige Übersetzungen der tibetischen Originalliteratur veröffentlicht. Zu warnen ist jedoch grundsätzlich vor sämtlichen Veröffentlichungen über theoretische Aspekte des Tibetischen Buddhismus, deren Verfasser nicht in der Studien-Übertragungslinie stehen. Dieser Kategorie dürften fast alle westlichen Autoren angehören, die entweder auf populärwissenschaftlichem Niveau Schriften über den Tibetischen Buddhismus oder Sekundärliteratur und Schriften zur vergleichenden Religionswissenschaft verfaßt haben, ohne daß der Leser nachvollziehen könnte, wie sich diese Autoren solch weitreichendes Wissen aneignen konnten. Dementsprechend stellt auch das vorliegende Buch keinen Versuch dar, psychologisch vorgebildeten Lesern buddhistische Belehrungen zu präsentieren. Vielmehr soll diese Veröffentlichung ausschließlich buddhistisches Gedankengut zum Menschenbild sowie zur Genese von psychischen Störungen und deren Behandlung transparent machen.

Wer vor der Frage steht, wie er Kontakt zu einem authentischen Meditationsmeister [*einer der vier großen Traditionen des Tibetischen Buddhismus, also der Kagyüpa, der Nyingmapa, der Shakyapa oder der Gelugpa, die ja sämtlich – wenn auch unterschiedliche Ausschnitte der – Originalbelehrungen des historischen Buddha vermitteln*] des Tibetischen Buddhismus aufnehmen kann, der sei auf Aushänge verwiesen, die öffentliche Vorträge solcher hoher tibetischer Lamas [*der sog. ‚Rinpoches' – das heißt ‚Verehrungswürdiger', weil Menschen, die den Großteil ihres Lebens unter größten Mühen damit zugebracht haben, sich sämtliche Voraussetzungen anzueignen, damit sie anderen Menschen die Lehre, die erklärt, wie die Dinge sind, theoretisch wie praktisch nahebringen können, in der Tat verehrungswürdig sind*] ankündigen. Sie finden dieser Tage im Abstand von einigen Wochen oder Monaten in den größeren deutschen Städten statt. Man sollte solche Meister jedoch nur dann darum bitten, einem Einweihungen und tiefgreifende Belehrungen über die Natur des eigenen Geistes zu geben, nachdem man sie über einen längeren Zeitraum eingehend – ja sogar mißtrauisch – auf deren außergewöhnliche geistige und spirituelle Qualitäten hin überprüft hat; dazu fordern uns die traditionellen Schriften des Tibetischen Buddhismus nachdrücklich auf. Es ist aus dem Grund anzuraten, den in Frage kommenden Meditationsmeister anfänglich lange und gründlich zu prüfen, bevor man ihm seinen eigenen geistigen Werdegang anvertraut, weil man anschließend dazu aufgerufen ist, dessen u.U. recht strengen und zuweilen nicht leicht zu befolgenden Anweisungen buchstabengetreu auszuführen; wem es dann an Vertrauen fehlt, ist unwiderruflich in eine spirituelle Sackgasse geraten! Davor sollte man sich rechtzeitig schützen, indem man den für spirituelle Übertragungen in Frage kommenden Meditationslehrer zunächst einmal argwöhnisch daraufhin prüft, ob er alle erforderlichen Voraussetzungen erfüllt, die an ihn zu stellen sind [*zur Qualifikation eines spirituellen Lehrers vgl. beispielsweise Gampopas ›Juwelenschmuck der Befreiung‹ in der Übertragung aus dem Tibetischen von Albrecht Frasch*, TASHI VERLAG 1999, *S. 17-25*].

Auch wenn es sicherlich überflüssig sein dürfte, so möchte ich dennoch nicht verabsäumen, alle Leser ausdrücklich darum bitten, keinesfalls irgendwelche Elemente buddhistischer Theorie und Praxis in die verbale Auseinandersetzung mit Unbeteiligten [*beispielsweise: „Das ist jetzt nur Dein Karma, das gerade reif wird.*"] oder in öffentliches Verhalten [*beispielsweise ‚Meditationsversuche' in der Öffentlichkeit*] einfließen zu lassen. Solche Verhaltensweisen würden den Tibetischen Buddhismus nur in Mißkredit bringen, indem dadurch in konservativen Kreisen ihm gegenüber sicherlich Vorurteile geschürt würden. Ich verfolge mit diesem Buch den entgegengesetzten Zweck, nämlich den Tibetischen Buddhismus auch in der deutschsprachigen Region als unerschöpfliche Quelle geistigen Wissens und starker Methoden zur geistigen Gesundung und zu spirituellem Wachstum bekannt zu machen.

Referenzbibliographie

sämtlicher von Albrecht Frasch verfaßten, übersetzten bzw. bearbeiteten Texte, auf die im vorliegenden Text verwiesen wird

Tibetischer Buddhismus & westliche Psychologie

›Eine neue Dimension - Geist und Psyche‹ stellt die Organisation des Bewußtseins in einer zeitgenössischen Psychologen und Psychotherapeuten verständlichen Weise dar und zeigt Ansätze und Grenzen der Beeinflussung psychischer Beeinträchtigungen sowie den Entwurf einer buddhistisch orientierten Psychotherapie auf TASHI VERLAG 1999; ISBN 3-9806802-3-1

Tibetisch-Lehrbuch

›Lehrbuch der tibetischen Umgangs- und Schriftsprache‹ – umfangreiches, von Khenpo Tshultrim Gyamtso Rinpoche authorisiertes und sorgfältig rezensiertes Lehrbuch der Tibetischen Sprache, das Studenten an das Übersetzen religiöser Texte heranführt; mit ausführlichem Grammatikteil, rezensiert von Jane Friedewald TASHI VERLAG 1999; ISBN 3-9806802-0-7

Texte zur buddhistischen Logik und Erkenntnistheorie

Khenpo Chöthrak Thenpel Rinpoches [KIBI] Kommentar zu Sakya Panditas ›Schatz der Begründungen und gültigen Erkenntnisse‹ mit einer allgemeinen Einführung in die buddhistische Logik

Khenpo Chöthrak Thenpel Rinpoches [KIBI] Kommentar zu Dignagas ›Pramanasamuccaya‹

Ein Kommentar von Khenpo Chöthrak Thenpel Rinpoche [KIBI] zu Dharmakirtis ›Pramanavarttika‹

Ein Kommentar von Acharya Thobchu [RUMTEK] zu Khenpo Tshultrim Gyamtso Rinpoches ›Kern des Ozeans der Logiktexte‹ einschließlich einer wörtlichen Übersetzung des Wurzeltextes von Karl Brunnhölzl; Bearbeiter: Albrecht Frasch

Übersetzungen Tibetischer Originaltexte

Gampopas ›Juwelenschmuck der Befreiung‹ in einer sorgfältigen Wort-für-Wort-Übersetzung direkt aus dem Tibetischen, die den Charakter des Originals bewahrt – das ‚Kompendium des Tibetischen Buddhismus'; Übersetzer: Albrecht Frasch TASHI-VERLAG 1999; ISBN 3-9806802-2-3

›Buddhistische Grundbegriffe‹; dieser von Albrecht Frasch zusammengestellte Grundlagentext stellt die Termini Technici allgemeinverständlich dar, auf denen die Argumentationen der verschiedenen philosophischen Traditionen des Tibetischen Buddhismus aufbauen

Neu-Übersetzung des ersten Buches von Tashi Namgyals ›Strahlen des Mondlichts, die die Meditationsstufen des Mahamudra außerordentlich erhellen‹ aus dem Tibetischen von Albrecht Frasch

Mipham Rinpoches Kommentar zu Maitreya via Asangas ›Dharmadharmatavibhanga‹ [einer der sog. ‚Fünf Schätze von Maitreya'], Übersetzer: Jim Scott, Bearbeiter: Albrecht Frasch

Mipham Rinpoches Kommentar zu Maitreya via Asangas ›Maddhyantavibhanga‹ [ein weiterer der fünf sog. ‚Fünf Schätze von Maitreya'], Übersetzer: Karl Brunnhölzl, Bearbeiter: Albrecht Frasch

Die ›Befreiung durch Hören im Zwischenzustand‹ [als ›Tibetisches Totenbuch‹ bekannt] in einer sorgfältigen Wort-für-Wort-Übersetzung aus dem Tibetischen, die zum rituellen Verlesen am Sterbelager und für den Toten geeignet ist; der Text wird von einer Fülle von Erläuterungen hoher tibetischer Gelehrter zum Thema Sterben, Tod und Wiedergeburt ergänzt; Übersetzer: Albrecht Frasch TASHI-VERLAG 1999; ISBN 3-9806802-1-5

Texte zur Meditation im Tibetischen Buddhismus

Thrangu Rinpoches Kommentar zum ›Mahayana-Uttaratantrashastra‹ erläutert die Buddhanatur eingehend

Khenpo Tshultrim Gyamtso Rinpoches Kommentar zu Nagarjunas ›Siebzig Stanzas über die Leerheit‹ erklärt die absolute Ebene der Wirklichkeit auf einem sehr hohen theoretischen Niveau

Sangye Nyenpa Rinpoches Kommentar zum Shastra des dritten Gyalwa Karmapa Rangjung Dorje ›Über die Buddhanatur‹ beschreibt die höchste Ebene des Geistes, der sich selbst erfährt

Khenpo Tshultrim Gyamtso Rinpoches Kommentar zu einigen Versen von Milarepa, Tibets großem Yogi, die jener aus seiner direkten Verwirklichung der wahren Natur des Geistes spontan komponiert hat

Die Zusammenfassung der mündlichen Kommentierungen von Tenga Rinpoche, Shamar Rinpoche, Thrangu Rinpoche, Pönlop Rinpoche und Khenpo Lama Thubten zum Shastra des dritten Gyalwa Karmapa Rangjung Dorje, genannt ›Abhandlung, die zwischen Bewußtsein und Weisheit unterscheidet‹ beschreibt die relative und die absolute Ebene des Geistes

Eine Zusammenfassung der mündlichen Kommentierungen von Tenga Rinpoche, Kathar Rinpoche und Khenpo Lama Thubten zum Shastra des dritten Gyalwa Karmapa Rangjung Dorje, genannt ›Die tiefgründige innere Bedeutung‹ beschreibt die Verbindung zwischen der relativen und der absoluten Ebene des Geistes

Die mündliche Kommentierung von Thrangu Rinpoche zum achten Kapitel von Jamgön Kongtrul Lodrö Thayes ›Schatz des Wissens‹ stellt eine ausführliche Präsentation der Meditation der Geistesruhe und der Meditation des durchdringenden Gewahrseins dar

Tenga Rinpoches mündliche Kommentierung zu Chekawa Yeshe Dorjes ›Sieben-Punkte-Geistestraining‹, zur Shine- und Lhagtong-Meditation gemäß des ›Ozean der Gewißheit‹ vom neunten Gyalwa Karmapa Wangchuk Dorje, zur ›Nicht-Verschiedenheit von Wind und Geist‹ des achten Gyalwa Karmapa Mikyö Dorje und zu den sog. ›Fünf Nägeln von Naropa‹

Texte zur Psychologie des Tibetischen Buddhismus

Khenpo Chöthrak Thenpel Rinpoches [KIBI] Kommentar zum ›Sutra der Betrachtung der Drei Juwelen‹ klärt wichtige buddhistische Grundbegriffe und präsentiert viele grundlegende Systematiken

Khenpo Chöthrak Thenpel Rinpoches [KIBI] Kommentar zum ›Sutra des Reissprößlings‹ führt den Leser an ein grundlegendes Verständnis des Prozesses des Entstehens in gegenseitiger Abhängigkeit heran

Khenpo Chöthrak Thenpel Rinpoches [KIBI] Kommentar zum sechsten Kapitel des ›Schatzes des Wissens‹ vom zweiten Jamgön Kongtrul Lodrö Thaye erläutert die unterschiedlichen philosophischen Schulen im Tibetischen Buddhismus

Khenpo Chöthrak Thenpel Rinpoches [KIBI] Kommentar zu Vasubandhus ›Abhidharmakosha‹ erklärt die Skandhas, Dhatus und Ayathanas. Dieser Text beinhaltet eine kurze Darstellung der buddhistischen Psychologie

Khenpo Chöthrak Thenpel Rinpoches [KIBI] Kommentar zu Shantarakshitas ›Madhyamakalamkara‹ präsentiert den Madhyamaka aus der Sicht des Yogacharya-Svatantrika

Khenpo Chöthrak Thenpel Rinpoches [KIBI] Kommentar zu Chandrakirtis ›Madhyamakavatara‹ ist eine umfassende Darstellung des höchsten buddhistischen Fahrzeugs; angefügt ist Khenpo Tshultrim Gyamtso Rinpoches Kommentierung des sechsten Kapitels

Khenpo Tshultrim Sangpos [KIBI] Kommentar zu den ersten drei Kapiteln von Maitreya via Asangas ›Abhisamayalamkara‹ erläutert die Ursache für die sog. ‚Drei Arten der Kenntnis', wie sie auf verschiedenen Stationen des buddhistischen Praxisweges durchlaufen werden

Khenpo Chöthrak Thenpel Rinpoches [KIBI] Kommentar zu Haribhadras ›Prajñaparamitasamcayagatha‹